DAS
VERBORGENE
GENIE

MARIE
BENEDICT

DAS VERBORGENE GENIE

Roman

Aus dem Englischen von
Kristin Lohmann

MARIE BENEDICT

Kiepenheuer & Witsch

Die Arbeit der Übersetzerin am vorliegenden Text wurde im Rahmen des Programms »NEUSTART KULTUR« aus Mitteln der Beauftragten der Bundesregierung für Kultur und Medien vom Deutschen Übersetzerfonds gefördert.

TEIL 1

KAPITEL 1

3. Februar 1947
Paris

Ein dünner Nebel hängt über der Seine in der frühen Morgenluft. *Seltsam, denke ich, diese blaugrünliche Färbung. Ganz anders als der gelbe Dunst über der trüben Themse daheim in London.* Könnte es sein, dass der Dunstschleier – der ja leichter ist als Nebel, eine geringere Dichte hat, weil er weniger Wassermoleküle enthält – vielleicht das klarere Wasser der Seine reflektiert? Staunend betrachte ich das Zusammentreffen von Himmel und Wasser, in dem die Türme von Notre-Dame zwischen dünnen Wolkenfetzen herausragen, auch im Winter ein atemberaubendes Schauspiel. Das Himmelreich berührt die Erde, würde Papa sagen, aber ich glaube an die Wissenschaft, nicht an Gott.

Ich schüttle die Gedanken an meine Familie ab und versuche, mich ganz dem Spaziergang von meiner Wohnung im sechsten hinunter ins vierte Arrondissement hinzugeben. Je weiter ich komme, desto spärlicher gesät sind die Cafés an der *Rive Gauche* mit ihren Tischen auf den Gehsteigen, die selbst an einem frühen Februarmorgen gut besucht sind, und als ich den Fluss schließlich überquere, gelange ich in die geordnete, elegante Welt der *Rive Droite*. So unterschiedlich sich die beiden Arrondissements auch geben, tragen sie beide doch noch immer Narben aus dem Krieg, viele Gebäude sind beschädigt, die Bewohner noch immer auf der Hut. Bei uns ist es nicht anders, auch wenn in Paris offenbar die Menschen mehr von der Wucht des Krieges abbekommen haben als die Häuser; vielleicht sitzt ihnen ja auch immer noch das Schreckgespenst der Nazibesatzung im Nacken.

Eine unerhörte, verstörende Frage kommt mir in den Sinn, eine Frage, die sich wohl kaum wissenschaftlich ergründen lässt. Als die Nazis unschuldige Franzosen und unbescholtene Juden erschossen – schlugen da möglicherweise Moleküle der deutschen Soldaten über die Gewehrkugeln durch die Opfer hindurch? Ist Paris vielleicht nicht nur von physischen Überresten des Krieges gezeichnet, sondern zugleich durchsetzt von mikroskopisch kleinen wissenschaftlichen Relikten der Feinde und Opfer, auf eine Weise miteinander verschmolzen, die bei den Nazis pures Entsetzen hervorrufen würde? Würden sich die Überreste von Deutschen und Juden bei näherer Betrachtung am Ende gar als identisch erweisen?

Diese Art der Fragestellung hatte der französische Physiker Jean Perrin wohl kaum vor Augen, als er 1926 für den Nachweis der Existenz von Molekülen mit dem Nobelpreis ausgezeichnet wurde. *Unvorstellbar*, denke ich kopfschüttelnd, *dass noch vor zwanzig Jahren umstritten war, ob es das Subuniversum, das heute meine gesamte Arbeit ausmacht, überhaupt gibt.*

Als ich mich dem Laboratoire Central des Services Chimiques nähere, bleibe ich stehen. Ich bin verwirrt. Das soll das ehrwürdige Chemie-Institut sein? Das Gebäude hat zwar durchaus Patina, aber die Ehrbarkeit und Erhabenheit, die ich von einer Institution erwartet hätte, in der eine derart herausragende innovative Forschung betrieben wird, strahlt es nicht gerade aus. Das hier könnte genauso gut ein x-beliebiges Regierungsgebäude irgendwo auf der Welt sein. Als ich die Stufen zum Haupteingang hinaufsteige, kann ich förmlich hören, wie Papa an meiner Entscheidung herummäkelt: *Deine harte Arbeit und dein Engagement für die Wissenschaft sind ja lobenswert*, hatte er gemeint, *aber warum musst du ausgerechnet nach Paris gehen, warum ausgerechnet in eine Stadt, die noch immer mit den Folgen der Besatzung und der schrecklichen Verluste zu kämpfen hat? Warum ausgerechnet in eine Stadt, in der die Nazis* – das Wort auszusprechen, hatte ihn sichtlich Mühe gekostet – *geherrscht und überall Spuren ihres Grauens hinterlassen haben?* Es verlangt mir einiges ab, Papa wieder aus meinen Gedanken zu verscheuchen.

»*Bonjour*«, begrüße ich die Empfangsdame. »*Je m'appelle Rosalind Franklin, et j'ai un rendez-vous.*«

In meinen Ohren klingt meine Stimme rau und mein Französisch gestelzt. Aber die adrett gekleidete junge Frau – mit knallroten Lippen und einem breiten Ledergürtel um die schmale Taille – antwortet ungezwungen und freundlich lächelnd. »*Ah, bienvenue! Monsieur Mathieu vous attend.*«

»Monsieur Mathieu persönlich erwartet mich?«, platze ich heraus, ohne daran zu denken, dass ich mich besser kurz zügeln sollte, bevor ich etwas sage. Ohne dieses kurze Innehalten und das sorgfältige Abwägen meiner Worte werde ich nämlich schnell als brüsk wahrgenommen, in einer etwas hitzigeren Stimmung sogar als angriffslustig. Vermutlich ein Relikt aus meiner Kindheit und Jugend – die ich bei Eltern verbrachte, die nicht nur die Söhne, sondern immer auch ihre Tochter ermutigten, sich am Gespräch zu beteiligen und mitzudiskutieren, und einem Vater, der beides perfekt beherrschte.

»Genau der, Monsieur Mathieu persönlich!«, ruft eine Stimme vom anderen Ende der Lobby, und als ich hinüberblicke, sehe ich eine vertraute Gestalt mit ausgestreckter Hand auf mich zukommen. »Ich will doch unseren neuesten *chercheur* angemessen begrüßen! Herzlich willkommen in Paris!«

»Welch unerwartete Ehre, Monsieur«, antworte ich dem leitenden Wissenschaftler des Verteidigungsministeriums, der an einem Großteil der staatlichen wissenschaftlichen Forschung des Landes beteiligt ist, und finde, dass mein Titel – *chercheur*, Forscher beziehungsweise Forscherin in meinem Fall – aus dem Mund eines französischen Muttersprachlers ganz wundervoll klingt. Richtig exotisch, wenn auch auf dem Papier nicht ganz so hochtrabend wie meine frühere Funktion als Forschungsassistentin bei der British Coal Utilisation Research Association (die wir unter uns nur BCURA nannten).»Ich habe nicht damit gerechnet, Ihnen schon am ersten Tag zu begegnen.«

»Immerhin sind Sie ein Protegé meiner teuren Freundin Madame Adrienne Weill, und deren Zorn möchte ich bestimmt nicht auf mich ziehen«, sagt er grinsend, und ich muss lächeln über diesen so überraschend schelmischen Gentleman, der für sein wissenschaftliches Talent genauso bekannt ist wie für seinen Untergrundeinsatz bei der Résistance während des Krieges. Meine Freundschaft mit der französischen Wissenschaftlerin Adrienne, die ich während meiner Jahre in Cambridge kennengelernt hatte, hatte mir schon viele unerwartete Vorteile eingebracht, nicht zuletzt die Bekanntschaft mit Monsieur Mathieu – gerade dann, als ich es am dringendsten brauchte.

»Sie und Madame Weill haben schon so viel für mich getan«, antworte ich in Gedanken an all die Gefallen, die mir Adrienne im Laufe der Jahre erwiesen hat.»Sie haben mir diese Stelle vermittelt und Adrienne hat eine Wohnung für mich gefunden.«

»Ein außerordentlicher Geist verdient eben außerordentlich viel Aufmerksamkeit.« Das Grinsen ist verschwunden, sein Gesicht ist ernst.»Nachdem ich Ihre Präsentation an der Royal Institution in London gesehen hatte und wie Sie darin so mühelos Ordnung in das ungeordnete Reich der Kohle brachten – und als Sie dann auch noch so elegant die Messungen der Röntgenspektren dieses anderen Redners korrigierten –, da musste ich Ihnen einfach eine Stelle anbieten. Wie könnten wir uns die Gelegenheit entgehen lassen, uns einen *chercheur* mit einem derart mühelosen Verständnis für *trous dans le charbon* ins Haus zu holen?« Er hält kurz inne, dann erstrahlt sein Lächeln erneut und er sagt:»Oder Löcher in Kohle, wie Sie es nannten.«

Zu meiner Erleichterung lacht er herzhaft über meine englische Formulierung »Löcher in Kohle« *und* über die Erinnerung an meinen Vortrag. Denn als ich damals während der Konferenz der Royal Institution aufgestanden war, um auf die Fehler in den Daten des anderen Referenten hinzuweisen, war das nicht bei jedem auf Begeisterung gestoßen. Zwei der Wissenschaftler im Publikum hatten mich sogar aufgefordert, mich wieder zu setzen – »Eine Frau sollte wissen, wo sie hingehört«, hatte der eine gerufen –, und ich sah die Bestürzung in den Gesichtern einiger anderer. Bestürzung wohlgemerkt nicht über die Ausfälligkeit der beiden Wissenschaftler, sondern über meine Dreistigkeit, einen männlichen Kollegen zu korrigieren.

Wir müssen beide lachen, dann lobt er meine Forschung über die Mikrostruktur von Kohle. Es stimmt zwar, dass ich meine eigenen Versuchsmethoden angewandt und unübliche Messungen durchgeführt habe – nämlich mittels Helium –, aber ich würde nicht behaupten, dass das Arbeitsgebiet Kohle dadurch vollständig entschlüsselt ist.

»Sie wissen, dass ich meine Methoden auch auf andere Bereiche anwenden kann?«, frage ich und denke dabei, wie überrascht meine Familie wäre, würde sie mich so spielerisch und scherzhaft auf Französisch parlieren hören. So ein leichtfüßiger Small Talk fällt mir im Französischen fast leichter als im Englischen, wo ich mich manchmal etwas ungeschickt anstelle – nämlich entweder zu schüchtern oder zu unverblümt. Als würde mir die französische Sprache Mut machen und zugleich meine scharfen Kanten schleifen.

»Genau darauf zählen wir«, sagt er. Unser Lachen ist verstummt, er aber lächelt noch immer. »Wobei Sie wahrscheinlich bald schon merken werden, dass eine gute Wohnung im Nachkriegsfrankreich schwerer zu ergattern ist als eine ordentliche Stelle als Wissenschaftler. Sie werden Madame Weill daher vermutlich noch deutlich dankbarer sein als mir«, fügt er an.

Mir ist durchaus bewusst, was für ein Riesenglück ich hatte, dass Adrienne mir ein Zimmer in einer weitläufigen Wohnung in der Rue Garancière besorgen konnte, nur wenige Blocks entfernt von so berühmten Treffpunkten wie dem Café de Flore und dem Les Deux Magots am linken Seine-Ufer. Die Eigentümerin der Wohnung, eine strenge Professorenwitwe, die noch immer Trauerkleidung trägt und sich mit *Madame* anreden lässt, hatte mich nur auf Bitten Adriennes akzeptiert, einer früheren Kollegin ihres verstorbenen Mannes; ohne Empfehlung ist es in Paris nahezu unmöglich, eine Unterkunft zu finden. Mal abgesehen davon, dass ich die Badewanne nur einmal wöchentlich und die Küche nach Feierabend gar nicht mehr benutzen darf, sind die hohen Decken und die Bücherwände in meiner zum Schlafzimmer umfunktionierten Bibliothek ein Traum.

»Kommen Sie.« Monsieur Mathieu deutet auf einen langen Korridor, der von der Lobby abgeht. »Monsieur Jacques Mering brennt schon darauf, seinen neuen *chercheur* kennenzulernen.« Monsieur Mathieu führt mich durch ein Labyrinth von Gängen, vorbei an drei weiß bekittelten Forschergruppen, unter denen sich, sehr zu meinem Erstaunen, auch mehrere Frauen befinden. Ich hatte zwar gehört, dass in Frankreich Intelligenz mehr als alles andere zählt, egal, ob dahinter nun ein Mann oder eine Frau steckt, aber da solche Aussagen meist von Franzosen kamen, hatte ich sie als Gerede abgetan. Doch allein die schiere Anzahl der hier tätigen Frauen spricht für sich – eine schockierende Diskrepanz gegenüber meiner letzten Stelle bei der BCURA.

Endlich sind wir da. Wir stehen vor einer offenen Tür, die den Blick auf einen weiträumigen, luftigen Raum voller schwarzer Labortische und -geräte und einen Bienenstock von Wissenschaftlern freigibt, die allesamt so sehr in ihre Arbeit vertieft sind, dass sie uns gar nicht bemerken. Dieses Summen der wissenschaftlichen Apparate, dazu all die klugen Köpfe, tief versunken in ihre wegweisenden Forschungen, das klingt wie eine Symphonie in meinen Ohren. Ich glaube zwar nicht an ein Leben nach dem Tod – täte ich es doch, ich würde mir einen Raum wie diesen vorstellen.

Unvermittelt blickt einer der Männer auf. Seine hellgrünen Augen treffen auf meine, in ihren Winkeln bilden sich Falten, als sich ein Lächeln auf seinem Gesicht abzeichnet. Auch als er jetzt auf uns zukommt, hört er nicht auf zu grinsen, was seine hohen Wangenknochen noch betont. Ich kann gar nicht anders, als zurückzugrinsen; seine Freude ist ansteckend.

»Ah, Mademoiselle Franklin, wir haben uns schon sehr auf Sie gefreut«, sagt er. »*Docteur* Franklin meine ich natürlich.«

»Docteur Franklin, genau«, wiederholt Monsieur Mathieu. »Darf ich Ihnen den Leiter des *labo* vorstellen, in dem Sie arbeiten werden? Das hier ist Monsieur Jacques Mering.«

»Schön, Sie kennenzulernen«, sagt Monsieur Mering und streckt die Hand aus. »Wir haben Sie schon erwartet.«

Mir stockt der Atem bei dieser warmherzigen Begrüßung und ich denke: *Jetzt bin ich wohl endlich angekommen.*

KAPITEL 2

3. Februar 1947
Paris

»Das hier ist also unser *labo*«, sagt Monsieur Mering lächelnd und mit einer ausladenden Geste, die den ganzen Raum umfasst. Mit Monsieur Mathieu im Schlepptau führt er mich von Tisch zu Tisch und unterbricht die *chercheurs* und Assistenten dabei mit so kollegialem Charme, dass sie gar nicht anders können, als gut gelaunt zu reagieren. *Wie anders Monsieur Mering mit seinen Mitarbeitern umgeht als Professor Norrish in Cambridge oder selbst Dr. Bangham an der BCURA*, denke ich, und mich schaudert bei der Erinnerung an die beiden.

Dann führt mich mein neuer Vorgesetzter zu einem leeren Platz an einem ausladenden langen schwarzen Labortisch und setzt sich neben mich auf einen Hocker. »Monsieur Mathieu hat Ihnen sicher schon gesagt, wie beeindruckt wir von Ihrer bahnbrechenden Analyse der atomaren Kohlestruktur waren. Durch Ihre innovativen Versuchsmethoden haben Sie sich einen einzigartigen Einblick in die Struktur von Kohle verschafft und uns die Unterschiede zwischen den einzelnen Arten verdeutlicht. Wir hoffen, Sie können Ihre Erforschung der Miniaturwelten, also in diesem Fall der Kohle, mithilfe unserer technischen Ausrüstung hier weiter vorantreiben. Wie Sie wissen, gehört Monsieur Mathieu zu den führenden Experten auf dem Gebiet der Röntgenkristallographie. Ich hatte das Glück, ihn zum Lehrer zu haben – und jetzt würde ich mich sehr freuen, wenn ich Ihr Lehrer sein darf«, sagt er unter den Blicken von Monsieur Mathieu.

Seine Worte – diese so aufrichtig formulierte Bitte – berühren mich. Ich bin es nicht gewohnt, von Kollegen behandelt zu werden, als wären *sie* froh, mit *mir* zu arbeiten – normalerweise ist es eher andersherum.

»Das wäre mir eine Ehre«, erwidere ich und sehe die beiden an. »Ich freue mich sehr darauf, diese neue Methode zu erlernen, und ich bin gespannt, wohin sie mich führen wird.« Nie hätte ich zu hoffen gewagt, dass Monsieur Mathieu und Monsieur Mering genau dies nun auch von mir erwarten.

Seit meiner Begegnung mit Monsieur Mathieu vor drei Monaten male ich mir immer wieder aus, auf welche molekularen Welten ich wohl stoßen werde mithilfe dieses noch recht neuen wissenschaftlichen Ansatzes. Dabei wird ein schmaler Röntgenstrahl auf die Kristallstruktur einer Substanz gerichtet, deren Atome gleichförmig angeordnet sind; die Röntgenstrahlen werden gebeugt und hinterlassen Spuren auf einer fotografischen Platte. Anhand mehrerer Aufnahmen unter verschiedenen Winkeln und Bedingungen kann dann das Beugungsmuster untersucht und so die dreidimensionale atomare Kristallstruktur der Substanz berechnet werden.

»Das sind wir auch«, schaltet Monsieur Mathieu sich ein. »Unsere Einrichtung dient keinen bestimmten wirtschaftlichen Interessen, wissen Sie; wir bauen darauf, dass unsere Wissenschaftler, solange wir ihnen den Freiraum lassen, ganz nach ihren Interessen und Talenten zu forschen, in jedem Fall nützliche Ergebnisse erzielen. Bei der Kombination aus Ihrer Begabung und unseren Methoden sind wir jedenfalls sehr zuversichtlich, was die letztendliche Zweckdienlichkeit Ihrer Arbeit betrifft.«

Als Monsieur Mathieu sich verabschiedet, taucht ein anderer *chercheur* neben Monsieur Mering auf und zieht ihn beiseite, sodass ich allein an meinem künftigen Arbeitsplatz zurückbleibe. Der Platz ist mit denselben Gerätschaften ausgestattet, die ich auch an den Arbeitsplätzen anderer *chercheurs* gesehen habe – einem leistungsstarken Mikroskop, einer ganzen Reihe von Bechern und Röhrchen, Zubehör für die Vorbereitung von Objektträgern und einem Bunsenbrenner –, neben dem Waschbecken, das zu meinem Platz gehört, türmt sich aber auch ein Stapel Papier. Beim Durchblättern sehe ich, dass es sich um Projektbeschreibungen anderer *chercheurs* des *labo* und von Monsieur Mering selbst handelt. Ich lasse mich auf meinem Stuhl nieder und verliere mich in Merings elegant formulierten Einblicken in Tone, Silikate und andere Materialien, die er mittels Röntgenbeugungsmethoden gewinnen konnte; selbst wenn er nur einen kleinen Teil seines kristallografischen Könnens mit mir teilt, wird er einen ausgezeichneten Lehrer abgeben. Als ich aufblicke, sind zwei Stunden vergangen, und ich will mehr als je zuvor die Sprache der Röntgenkristallographie erlernen und ihrem Potenzial alle möglichen Substanzen aussetzen. Zu wie vielen Miniaturwelten sie mir wohl Zugang verschaffen wird? Welten, die uns den eigentlichen Kern des Lebens offenbaren?

Die Minuten verstreichen wie im Flug, während ich die Unterlagen über die laufenden Projekte des *labo* durchsehe. Ich spüre ein nagendes Gefühl im Magen, achte aber nicht weiter darauf. Vielleicht kann ich den täglichen Mittagshunger ja einfach wegwünschen, so tun, als gehöre er zu jemand anderem, nicht zu mir, damit solche Alltagsbedürfnisse und störenden Ablenkungen meine Konzentration nicht länger beeinträchtigen. Apropos: Wo würde ich hier überhaupt zu Mittag essen und mit wem? An der BCURA hatte ich mich daran gewöhnt, mein von zu Hause mitgebrachtes Essen an einem notdürftig geschrubbten Labortisch zu mir zu nehmen, während meine männlichen Kollegen im Pub aßen. Ich ärgerte mich zwar über mein Ausgeschlossensein, war mir aber gleichzeitig bewusst, welches Glück ich hatte, meine Fähigkeiten als Wissenschaftlerin in den Dienst des Krieges stellen zu können, statt landwirtschaftliche

Arbeit bei der Women's Land Army zu leisten, wie mein Vater es mir nahegelegt hatte.

»Mademoiselle Franklin?« Eine Stimme reißt mich aus meinen Gedanken, und ich spüre einen leichten Druck auf der Schulter.

Widerstrebend sehe ich von den Papieren auf und blicke in das Gesicht einer jungen Frau mit strahlend blauen, durch dicke Brillengläser vergrößerten Augen, ihrem Laborkittel nach zu urteilen wohl ebenfalls ein *chercheur*. »*Oui?*«, sage ich.

»Wir hatten gehofft, dass Sie mit uns zu Mittag essen.« Ihre Geste umfasst eine ganze Gruppe von Männern und Frauen in Laborkitteln, ein Dutzend vielleicht, und ich frage mich, wie lange sie wohl schon dort stehen und versuchen, auf sich aufmerksam zu machen. Mama sagte immer, wenn ich in »meine Wissenschaft« abgetaucht bin, sei ich völlig abgeschottet von der echten Welt.

Nach dem relativen Mangel an Kollegialität an der BCURA – genau wie auch schon in Cambridge, wo ich nicht selten die einzige Frau in einem Klassenraum oder Labor voller distanzierter Männer gewesen war – weiß ich gar nicht recht, wie ich reagieren soll. Ist das jetzt als echte Willkommensgeste gemeint oder fühlen sich die anderen eher verpflichtet, mich einzuladen? Ich will auf keinen Fall, dass sich irgendjemand genötigt fühlt. Ich bin es schließlich gewohnt, allein zu arbeiten und zu essen, und habe mich extra dafür gewappnet, bevor ich aus London weg bin.

»Mittagessen?«, platze ich heraus, ohne mir die so wichtige Bedenkzeit zu nehmen, bevor ich den Mund aufmache.

»Sie essen doch wohl, oder nicht?«, fragt die junge Frau nicht unfreundlich.

»Oh, ja, natürlich.«

»Wir gehen meistens ins *Chez Solange*, und dann –«, sagt einer der Männer.

»– und dann pflegen wir da noch so ein gewisses Ritual, in das wir Sie gerne einführen möchten«, unterbricht ihn die Frau. Als wir das Gebäude verlassen und die Seine überqueren, werde ich von den lebhaften Gesprächen und Gesten wie von einer Welle mitgerissen. Regelrecht trostlos kommen mir London und die Londoner im Vergleich mit der strahlenden Kulisse hier und den temperamentvollen Parisern vor. Wie kann es sein, dass die Menschen hier, die die Besatzung und die Gräueltaten der Nazis am eigenen Leib erfahren haben, so viel hoffnungsvoller und positiver zu sein scheinen als andere, die das Ganze nur aus der Ferne ertrugen? Nicht dass ich die schrecklichen Verluste der Engländer durch die Luftangriffe und auf den Schlachtfeldern kleinreden will – aber immerhin standen sie den Nazis nicht von Angesicht zu Angesicht gegenüber und mussten auch nicht dabei zusehen, wie sie durch die Straßen ihrer Städte marschierten, als würden sie dort hingehören.

Auf dem Weg zum Restaurant lausche ich dem Gespräch zweier *chercheurs* – einem Mann und einer Frau – über einen Essay in der von Simone de Beauvoir und Jean-Paul Sartre herausgegebenen politischen Zeitschrift *Les Temps Modernes*. Ich habe zwar schon von den beiden gehört, bin aber nicht wirklich vertraut mit den Artikeln, die in ihrer Zeitschrift erscheinen, und verfolge also gespannt, wie die beiden ihre völlig unterschiedlichen Meinungen darlegen und am Ende dennoch irgendwie freundschaftlich zusammen lachen. Keine Spur von hirnlosem Geschwätz kommt über die Lippen dieser vitalen Wissenschaftler.

Stumm verfolge ich die Diskussion während des traditionellen französischen *déjeuner* – Cassoulet und Salat –, die sich von Sartre und de Beauvoir hin zur aktuellen politischen Situation in Frankreich verlagert. Männer wie Frauen beteiligen sich gleichermaßen an der gutgelaunten Debatte, und ich bin beeindruckt, wie ungezwungen hier der Austausch zwischen den Geschlechtern abläuft; es scheint überhaupt keine Rolle zu spielen, von wem jeweils die wortgewandten Erläuterungen eines Standpunkts kommen. Anscheinend halten die weiblichen *chercheurs* hier weder die falsche Zurückhaltung noch die schrille Streitlust für nötig, die bei Engländerinnen außerhalb der reinen Mädchenschulen, wie der St. Paul's, die ich besucht habe, an der Tagesordnung sind. Dieser Aspekt der französischen Gesellschaft trifft mich wirklich unerwartet. Wenn überhaupt, dann spiegeln die französischen Umgangsformen allenfalls die Gepflogenheiten der Familie Franklin wider, und die empfinden die meisten Engländer als äußerst befremdlich.

»Was meinen Sie dazu, Mademoiselle Franklin?«

»Ach bitte, nennen Sie mich doch Rosalind.« Mir war aufgefallen, dass die anderen sich alle beim Vornamen nennen – nicht, dass ich ihre Namen wiedergeben könnte –, und ich möchte nicht für zu förmlich gehalten werden. Geschweige denn, dass ich auf den noch formelleren Titel *Docteur* bestehen würde, der mir ja eigentlich zusteht.

»Gut, also Rosalind«, sagt eine andere Frau, Geneviève vielleicht, »was meinen Sie, sollte sich Frankreich künftig politisch an Amerika oder an der Sowjetunion orientieren? Welchen Weg sollte unser schönes Land einschlagen, wenn es sich aus der Asche der Naziverwüstung erhoben hat?«

»Ich weiß nicht recht, ob mir überhaupt eine der beiden Optionen zusagt.«

Zwei Männer, Alain und Gabriel, glaube ich, die sich am stärksten für die jeweils entgegengesetzte Position eingesetzt hatten, werfen sich einen Blick zu, und Alain fragt: »Wie meinen Sie das?«

»Ja, lassen Sie uns wissen, woran *Sie* glauben«, schaltet Gabriel sich ein.

Interessieren sie sich wirklich für meine Ansichten? Mal abgesehen von meiner engsten Familie sind mir bisher kaum

Männer begegnet, die sonderlich erpicht darauf waren, meine Meinung zu hören – weder in wissenschaftlichen Belangen noch anderswo.

»Nun.« Diese Kunstpause erlaube ich mir, um meine Gedanken zu sortieren. Den Trick hat mir meine langjährige Kinderfrau Nannie Griffiths beigebracht, die meinen Hang zu ungefilterten Äußerungen häufiger miterlebt hat, als ihr lieb sein konnte. Am Ende allerdings beschließe ich, mich in dieser Runde weder verbal noch emotional zu zügeln. »Sowohl Amerika als auch die Sowjetunion haben einen destruktiven Weg eingeschlagen, mit all der Aufrüstung und dem Bau immer tödlicherer Waffen. Haben wir nicht genug Krieg und Blutvergießen erlebt? Wäre es nicht besser, auf Einheit zu setzen statt auf eine geteilte Welt?« Bei diesem Punkt, den ich auch mit meinem Vater diskutiert habe, wird meine Stimme lauter. »Meiner Meinung nach wäre ein frischer, ganz neuer Weg die bessere Lösung.«

Am Tisch ist es still geworden. Selbst die Nebengespräche, die am Rande der politischen Diskussion aufgekommen waren, sind verstummt. Alle Augen sind auf mich gerichtet, am liebsten würde ich unter den Tisch kriechen. Habe ich mich danebenbenommen, so wie damals in Cambridge, als ich Professor Norrish so unverblümt auf einen entscheidenden Fehler in seiner Forschung hinwies? Dieser Fehltritt hatte damals einen riesigen Streit mit Norrish vom Zaun gebrochen und mir auch noch den Vorwurf eingebracht, ich würde seine Forschung abkupfern, was meine Promotion in der Folge über ein Jahr aufs Abstellgleis verfrachtet hatte. Einen so groben Schnitzer will ich mir nie wieder erlauben.

»Sie wirkt zwar leicht schüchtern, aber Temperament hat sie«, sagt Alain zu Gabriel, so laut, dass ich es offensichtlich auch mitbekommen soll. »Zumindest, wenn sie in Fahrt ist.«

»Absolut«, stimmt Gabriel ihm zu und fügt an: »Ihr Feuer können wir im *labo* jedenfalls gut gebrauchen.«

Ich weiß nicht, was ich sagen soll. Erwarten sie eine Reaktion von mir? Es haben zwar alle ihre Bemerkungen mitbekommen, aber bestimmt waren sie ja offensichtlich nur füreinander. Gefallen den beiden meine etwas drastischen Statements etwa? Fühlen sie sich gar nicht angegriffen, halten sie meine Äußerungen nicht für unziemlich für eine Frau?

Als wir uns allmählich erheben und in unsere Mäntel schlüpfen, meint eine der Frauen: »Na? Und jetzt noch ins *Les Cafés de PC*?«

»*Mais bien sûr*«, antwortet Alain.

»Wir gehen noch in ein anderes Café? Müssen wir nicht zurück zur Arbeit?«, frage ich leicht panisch angesichts meiner doch recht langen Abwesenheit gleich am ersten Tag.

Allgemeines Gelächter bricht aus, und einer der Männer ruft: »Das *labo* und *Les Cafés de PC* sind sowieso fast dasselbe. Kommen Sie, wir zeigen es Ihnen!«

Auf dem Weg zurück über die Seine deutet einer der Männer auf die École de Physique et de Chimie, an der Marie und Pierre Curie ihre berühmten Entdeckungen machten, für die sie schließlich den Nobelpreis bekamen. Die Vorstellung, dass ich als Physikochemikerin am selben Ort arbeite wie mein illustres Vorbild, begeistert mich.

Zurück im Institut, schlägt die Gruppe nicht den Weg in Richtung *labo* ein, sondern betritt einen ungenutzten Teil des Gebäudes, in dem sich ein leeres Labor befindet. Wortlos verteilen sich alle im Raum und jeder *chercheur* übernimmt eine bestimmte Aufgabe. Drei spülen die Laborkolben, einer holt einen Beutel mit Kaffeepulver aus einem verschlossenen Schrank, wieder zwei andere halten die frisch gereinigten Kolben über Bunsenbrenner, bis das Wasser mit dem Kaffeepulver darin zu kochen beginnt. Innerhalb weniger Minuten schlürfen wir alle *café* aus dampfenden Schalen und knüpfen an das politische Gespräch an, das wir beim Mittagessen unterbrochen hatten.

Als ich mich umsehe und die Wissenschaftler dabei beobachte, wie sie an den Labor- und Schreibtischen lümmeln und ihren Kaffee aus den Laborgefäßen trinken, muss ich plötzlich lachen über die skurrile Szene. Es dauert nicht lange, bis die anderen in mein Gelächter einstimmen. Ich öffne die Tür zu einem Gedanken, den ich nie für möglich gehalten habe: Könnte es sein, dass ich zum ersten Mal in meinem Leben einen Ort gefunden habe, an dem ich richtig bin?

KAPITEL 3

14. März 1947
Paris

Monsieur Mering lässt mich nicht aus den Augen, während ich die Kristallprobe auf dem Goniometer positioniere, exakt nach seinen Vorgaben. Dann stelle ich das Gerät so ein, dass sich der Kristall genau in der vereinbarten Position befindet; wir wollen ganz bestimmte Winkel und damit Muster erhalten, wenn die Röntgenstrahlen den Kristall durchdringen. Anhand der Reflexionen können wir dann mittels der Fourier-Transformation ein dreidimensionales Modell seiner Atome erstellen. Ich kehre zurück zu Mering und kann es kaum erwarten, das Innerste des Kristalls zu entschlüsseln und seine lang gehüteten Geheimnisse zu lüften.

»Sie sind vermutlich die auffassungsschnellste Röntgenkristallographiestudentin, die mir je begegnet ist«, raunt Monsieur Mering, während er meine Hand zu dem Teil des Kristallographiegeräts führt, das den Röntgenstrahl erzeugt – unangenehmerweise ist mir der Name des Teils auch nach Wochen im *labo* immer noch unbekannt. Ich stelle mir vor, wie der Strahl den Kristall durchdringt, sich in unzählige Richtungen zerstreut und dabei Muster zeichnet, die wir später auf dem Röntgenfilm studieren können, und dann denke ich an all die Möglichkeiten dieses ungeheuerlichen Gerätes, an die unvorstellbar winzigen Welten, in die es uns zu blicken erlaubt. Das Verfahren ist zwar nicht unaufwendig und das Gerät kein Zauberstab, trotzdem ist es ein bisschen wie Magie – wenn auch eine recht träge Magie, es kann Stunden oder sogar Tage dauern, bis wir das fertige Bild zu Gesicht bekommen.

»Danke«, erwidere ich und versuche, meine geröteten Wangen hinter den Geräten zu verbergen. Aus dem Munde des Mannes, der die Methode von Monsieur Mathieu erlernt hat, der sie wiederum an der Royal Institution in London von einem der Begründer der Röntgenkristallographie selbst, dem Nobelpreisträger William Henry Bragg, beigebracht bekommen hat, ist das ein großes Lob. Aber mein Gesicht kühlt schnell wieder ab, denn was mich vor allem interessiert, sind die Mikrowelten, die sich mir durch diese Methode eröffnen werden. Ob sie wohl auch auf andere Stoffe als auf Kristalle angewendet werden kann, frage ich mich. Oder anders gefragt: Welche Substanzen könnten wir wohl in Kristallform bringen, um die Methode anwenden zu können?

»Kein Wort zu den anderen«, fügt er mit einem verschwörerischen Zwinkern hinzu und lässt den Blick durch den geschäftigen Raum schweifen, der von gedämpften Besprechungen der Wissenschaftler und dem Klackern der Bechergläser erfüllt ist. »Manche sind immer noch nicht richtig sattelfest darin.«

»Keine Sorge, Sir.« Ich würde zwar schon aus reinem Pflichtgefühl ihm gegenüber kein Wort darüber verlieren, spüre aber einen gewissen Beschützerinstinkt meinen neu gewonnenen Freunden gegenüber und muss mich zusammenreißen, ihre Fähigkeiten nicht geradeheraus zu verteidigen. Obwohl wir uns gerade mal sechs Wochen kennen, ist mein Gefühl von Kameradschaft schon so ausgeprägt, dass ich sicher bin, sie würden dasselbe für mich tun.

»Oh, wann bin ich denn zum ›Sir‹ geworden?« Unsere Blicke treffen sich, seine Augen blitzen heiter auf. Zum ersten Mal heute bin ich mir der Gegenwart eines Menschen voll bewusst, nicht nur der Wissenschaft, die mir hier zur Verfügung steht.

»Ich mag für das *labo* verantwortlich sein und wir mögen formal in den Zuständigkeitsbereich des Verteidigungsministeriums fallen, aber ich leite hier ja keine Militäroperation. Ich bin kein ›Sir‹, weder jetzt noch zu irgendeinem anderen Zeitpunkt.«

»Verstanden, S …« Ich halte mich gerade noch zurück, wieder in die alte Angewohnheit zu verfallen, ein Überbleibsel meiner unerfreulichen Studienjahre unter Professor Norrish in Cambridge. Selbst an der BCURA, wo es unter dem onkelhaften Dr. Bangham viel ungezwungener und unabhängiger zugegangen war, hatte ich mir das »Sir« nicht abgewöhnen können. Hier werde ich mir mehr Mühe geben müssen, ich will nicht als Außenseiterin gelten. »Monsieur Mering.«

Ich frage mich, wer sich hinter dem freundlichen Auftreten und dem scharfen Verstand tatsächlich verbirgt. Bei einem unserer inzwischen regelmäßigen Mittagessen im *Chez Solange* hatten mir die anderen *chercheurs* erzählt, dass er Gerüchten zufolge Jude sei und Paris, wie so viele andere französisch-jüdische Wissenschaftler auch, während der Nazibesatzung verlassen habe, um sich in ein weniger gefährliches Labor auf dem Land zurückzuziehen, ohne dort jedoch seine jüdische Herkunft anzugeben. In Kriegszeiten keine ordentlichen Ausweispapiere vorzeigen zu können, war zwar durchaus riskant – aber immer noch besser als die Alternative: Wir alle kannten Jüdinnen und Juden, die von den Nazis verschleppt und in Konzentrationslagern ermordet worden waren. Meine eigene Familie hatte sogar selbst jüdische Flüchtlinge aufgenommen, die es geschafft hatten, noch während des Krieges zu fliehen. Einmal hatten zwei meiner Kolleginnen – Geneviève und Marie – auf dem Weg zurück zum *labo* darüber getuschelt, dass Monsieur Mering wohl ursprünglich in Russland zur Welt gekommen sei, seinem perfekten Französisch zum Trotz. Außerdem gestanden sie sich gegenseitig ein, ihn ziemlich attraktiv zu finden, was mich erröten ließ. Ich bin zwar ganz ihrer Meinung, aber zugeben will ich das nicht, nicht mal mir selbst gegenüber. Abgesehen davon scheint niemand etwas Näheres über Monsieur Merings derzeitiges Privatleben zu wissen, was angesichts der vielfältigen sozialen Kontakte der Kollegen innerhalb und außerhalb des *labo* eigentlich erstaunlich ist.

Wer ist dieser Jacques Mering? Das wüsste ich doch nur zu gerne. Und warum komme ich, eine sechsundzwanzigjährige Frau, mir wie ein kleines Mädchen vor, wenn ich an ihn denke?

»Also«, sagt Monsieur Mering im Bemühen um ein möglichst professorales Auftreten. »Was sehen Sie, wenn Sie dieses Bild betrachten?« Er reicht mir eine Aufnahme, die wir Anfang der Woche gemacht haben; damit wir ein solches Bild erhalten, wird die Probe, die wir heute für das Röntgengerät präpariert haben, mehr als einen ganzen Tag lang mit Röntgenstrahlen bombardiert werden.

Ich mustere die verstreuten Punkte auf der fotografischen Platte und die unterschiedlich grau, weiß und schwarz abgestuften konzentrischen Kreise in der Mitte. Dann lasse ich meinen Blick weich werden, eine kuriose Gabe, die mich schon mein Leben lang begleitet, und die Muster offenbaren sich mir.

»Natürlich muss ich erst noch die entsprechenden Messungen durchführen, aber die Art und Weise, wie sich die Flecken hier in ihrer Intensität verändern, lässt darauf schließen, dass die Röntgenstrahlen aufgrund der Beschaffenheit des Kristalls in manchen Bereichen konzentrierter, in anderen dagegen komplett abgeblockt waren« – ich deute auf die abgebildeten Flecken –, »und das wiederum kann uns eine Idee von der räumlichen Anordnung der Atome vermitteln.«

»Was genau sehen Sie?«

Ich greife nach Papier und Bleistift und fertige die grobe Skizze einer dreidimensionalen Zeichnung an. »Wenn ich eine Einschätzung abgeben soll – was ich nur ungern tue, weil ich lieber auf Grundlage *aller* verfügbaren Daten arbeite –, dann würde ich sagen, die Struktur könnte aus dieser Perspektive in etwa so aussehen.« Ich zögere kurz und reiche ihm dann die Skizze. Wie kann ich mich nur zu einer solchen Vermutung hinreißen lassen? Anderen gegenüber eine Schlussfolgerung zu äußern, die nicht auf der Grundlage von Versuchen beruht und auch auf keiner vollständigen Beweisführung, widerspricht komplett meiner wissenschaftlichen Ausbildung; und es widerspricht meinem Perfektionismus, der mir von Kindesbeinen an zu eigen ist, und meinem Widerwillen, das Handtuch zu werfen, egal in welcher Situation. Und doch kann ich nicht Nein sagen; ich will ihn nicht enttäuschen. Also reiche ich ihm die Skizze.

Fast unmerklich weiten sich seine Augen, dann fragt er, ohne die Skizze zu kommentieren: »Würden Sie irgendetwas verändern vor der nächsten Aufnahme?«

»Ich könnte die Röntgenstrahlen in einer Reihe bestimmter Winkel ausrichten, um die Beugung zu verändern, außerdem habe ich ein paar Ideen, wie ich den Kristall so positionieren könnte, dass sich seine Struktur am ehesten vollständig erfassen lässt.« Ich notiere ein paar Berechnungen und zeige ihm meinen Röntgenkristallographieplan für diese konkrete Probe.

»*Incroyable*«, raunt er, ohne die Augen von meinen abzuwenden. »Und Ihr Blick für Muster ist erstaunlich. Bei Ihrem Talent, Materialien für Versuche und Analysen zu präparieren, und Ihren ganzen innovativen Methoden kann ich es kaum erwarten, bis ich Ihre Entdeckungen zu sehen bekomme. Stellen Sie sich nur mal vor, was Ihre Erkenntnisse über die Architektur von Substanzen uns alles über deren Verhalten und Funktion verraten können!«

»Ich hoffe sehr, dass ich Ihren Erwartungen gerecht werden kann, Monsieur Mering.«

Das sonst in seinen Augen oder Mundwinkeln allgegenwärtige Lachen verflüchtigt sich, und einen Moment lang denke ich, er ist enttäuscht von mir. »Rosalind«, sagt er dann, und mir stockt der Atem, als ich das erste Mal meinen Namen aus seinem Mund höre. »Wie können Sie so etwas sagen? Wo Sie doch jede einzelne meiner Erwartungen in Sie längst übertroffen haben.«

KAPITEL 4

22. März 1947
Paris

»Ich glaube ja fast, du bist verliebt in Paris, Rosalind. Richtig aufgeblüht bist du, so habe ich dich in Cambridge nie erlebt. Sogar deine Kleidung ist schon richtig französisch«, sagt Adrienne und nippt an ihrem Espresso, den sie uns nach dem gemeinsamen Dinner serviert hat.

Ich streiche meinen weit geschnittenen smaragdgrünen Rock glatt, in den ich eine blütenweiße Bluse im neuesten Stil gesteckt habe, und freue mich über das Kompliment. Adriennes Lob gilt normalerweise ausschließlich meinem Geist.

In ihrem spärlich, aber gemütlich eingerichteten Appartement nehmen die Familienfotos einen prominenten Platz ein; kurz vor dem Einmarsch der Nazis hatte sie es gerade noch rechtzeitig geschafft, die Bilder einzupacken und nach London zu gehen, bis es wieder sicher war in Paris. Zum Glück war Adrienne schon früh davon ausgegangen, dass sie als Jüdin und Wissenschaftlerin ins Visier der Nazis geraten würde. »Ich hatte ja eigentlich erwartet, dich hier regelmäßig sonntags zum Abendessen dazuhaben«, sagt sie mit einer ausladenden Geste, die den ganzen Raum einschließt, »aber es ist ganz schön schwierig – « Sie hält inne, sucht nach den richtigen Worten. »Wie sagen die Engländer – einen Platz auf deiner Tanzkarte zu ergattern.«

Ich muss lachen über die weltgewandte Adrienne, wie sie sich an einer umgangssprachlichen englischen Redewendung versucht. Das passt natürlich hinten und vorne nicht, ihr Intellekt und ihre Weltanschauung sind viel zu weit für die beengte englische Gesellschaft. »Tut mir leid, Adrienne, aber die anderen *chercheurs* halten mich ganz schön auf Trab an den Wochenenden. Als es noch kälter war, waren wir ab und an Ski laufen, und jetzt, wo es etwas wärmer ist, gehen wir im Wald von Chantilly spazieren oder sehen uns an verregneten Nachmittagen eine Ausstellung im Grand Palais an.«

»Das klingt wundervoll – und nach genau der richtigen Mischung für dein Alter und deine Interessen. Dann hoffe ich mal, dich zumindest im späteren Frühjahr häufiger zu Gesicht zu bekommen; zum Beispiel zum regelmäßigen Tennisspiel mit meinen Freunden und mir«, sagt sie in Anspielung auf den Sport, dem wir beide so gerne nachgegangen waren, als wir noch zusammen in Cambridge wohnten. Ihre Gabel schwebt über dem Pudding, den ich zum Nachtisch mitgebracht habe, einem Gemengsel aus den spärlichen Zutaten, die momentan in den Geschäften zu haben sind: Dosenmilch, Rahmkäse, Zucker, etwas gehackte Schokolade, die ich von zu Hause geschickt bekommen habe, und eine Banane. »Wie auch immer, ich würde ohnehin nicht wollen, dass du die Wochenenden mit einer alten Frau verbringst, sosehr du mir auch am Herzen liegst.«

Beinahe schnaube ich laut auf. Kein Mensch würde auf die Idee kommen, Adrienne Weill als alte Frau zu bezeichnen. Ja, diese brillante jüdische Physikerin und Ingenieurin ist Ende vierzig und hat sogar noch bei Marie Curie selbst studiert, nichtsdestotrotz nimmt sie weit stärker am Leben um sich herum teil als die meisten mit Ende zwanzig. Als Metallurgin in einem staatlich geförderten Forschungslabor der Marine ist sie außerdem nicht nur in die aktuellsten wissenschaftlichen Entwicklungen, sondern auch in die politischen Geschehnisse involviert.

»Deine Familie hat dich vermutlich schon besucht? Und deine Tanzkarte ebenfalls ordentlich aufgefüllt?«, fragt sie mit verhaltenem Lächeln. Während ihrer Jahre in England haben Adrienne und ihre Tochter Marianne, die mit ihr nach London gezogen war, meine Familie recht gut kennengelernt. Wir luden sie grundsätzlich zu den jüdischen Feiertagen zu uns ein, und meine Geschwister fanden immer einen Grund, mich in dem Studentenwohnheim in Cambridge zu besuchen, das Adrienne neben ihrer Lehrtätigkeit für ein paar ihrer Studenten unterhielt. Wie anders mein Leben doch aussähe ohne diese außergewöhnliche Freundin, die so beispielhaft das reichhaltige Leben repräsentiert, das eine Wissenschaftlerin eben auch führen kann. *Wo ich heute wohl stünde*, sinniere ich, *hätte ich nie an ihre Tür in Cambridge geklopft und den Französischunterricht eingefordert, den sie jedem versprochen hatte, der in den Fonds für ihr Professorinnengehalt einzahlte?*

»Bisher waren nur Jenifer und Colin hier.« Ich berichte von Colins Besuch, dem älteren meiner beiden jüngeren Brüder, und dem der neun Jahre jüngeren Jenifer, die immer noch auf die St. Paul's School geht und mir manchmal eher wie eine Nichte als wie eine Schwester vorkommt.»Wobei Mama schon ihren Besuch für nächste Woche angekündigt hat, wenn Madame für vierzehn Tage verreist ist. Ich werde ihr ein Bett im Salon herrichten.«

»Deine Mutter will nicht ins Hotel?« Adrienne wirkt überrascht.

»Sie will haargenau wissen, wie ich lebe, und das heißt: wohnen, wo ich wohne, essen, wo ich esse, und natürlich das *labo* besichtigen. So hat sie es jedenfalls gesagt.«

Adrienne zieht eine ihrer eindrucksvollen Brauen hoch. »Denkst du, es steckt etwas anderes dahinter?«

»Du weißt ja, meine Eltern waren nicht gerade begeistert, als ich ihnen eröffnet habe, dass ich nach Paris gehen würde. Sie hatten einfach Angst, dass die Stadt noch arg zu kämpfen hat nach dem Krieg und dass ich vielleicht nicht …«

»Dass du nicht den Lebensstandard halten könntest, den du von zu Hause gewohnt warst«, unterbricht Adrienne.

Tatsächlich gehört die Familie Franklin einer ziemlich exklusiven anglojüdischen Gemeinschaft an, räume ich insgeheim ein, deren Wurzeln sich nicht nur bis zum großen Rabbi Löw von Prag ins 16. Jahrhundert zurückverfolgen lassen, sondern sogar bis zu König David, dem Gründer Jerusalems und König von Israel um 1000 vor Christus. Nicht lange nachdem meine Vorfahren im 18. Jahrhundert von Polen nach England gekommen waren, traten sie in die Geschäfts- und Finanzwelt ein, woraufhin Jahrhunderte des Wohlstands und hochrangiger Regierungsämter einschließlich eines Kabinettspostens folgten. Dabei hat Papa trotz des großen Reichtums der Familie stets Wert auf eine bedachtsame und eher bescheidene Lebensführung gelegt, die ohne jede Protzerei auskommt. So wuchsen meine vier Geschwister und ich zwar komfortabel, aber genügsam in unserem Haus in Bayswater auf, obwohl mein Großvater ein prächtiges Townhouse in London und auch noch ein Anwesen in Buckinghamshire besaß, und es war vollkommen normal für uns, mit der Metro zu fahren und einen beträchtlichen Teil unserer Freizeit wohltätigen Zwecken zu widmen, insbesondere durch die Unterstützung Hunderter jüdischer Flüchtlinge, für die wir Einreisegenehmigungen organisierten und deren Kinder aus den Kindertransporten wir bei uns aufnahmen. Das alles geschah neben unserem regulären Engagement für Papas bevorzugte Wohltätigkeitsorganisation, das von ihm selbst geleitete Working Men's College, an dem er abends im Rahmen eines Lehrprogramms unterrichtete, das auch der Arbeiterklasse Chancen bieten und dadurch die Kluft zwischen den Gesellschaftsschichten überbrücken sollte.

Wie immer, wenn der Wohlstand meiner Familie erwähnt wird, fangen meine Wangen an zu glühen, eine Mischung aus Verlegenheit und Ärger. Dabei weiß Adrienne besser als sonst jemand, dass meine Familie nie geprahlt hat mit ihrem Reichtum – im Gegenteil: Mein Vater gibt sich sogar alle Mühe, seinen Wohlstand herunterzuspielen. Es fällt mir daher nicht leicht, meine Stimme zu mäßigen, als ich antworte. »Nicht wirklich. Es ging eher um die Vorstellung, mich so kurz nach Kriegsende so weit weg zu wissen.«

»Das kann ich gut verstehen, Rosalind. Du bist eine bezaubernde junge Frau und ganz auf dich selbst gestellt in einer Stadt, die noch vor Kurzem von den Nazis besetzt war. Natürlich machen sich Muriel und Ellis Gedanken um dich.« Sie nippt an ihrem Espresso. »Und genau deshalb musst du deiner Mutter zeigen, dass es nicht den geringsten Grund zur Sorge gibt und sie sich im Gegenteil darüber freuen kann, dass du in Paris lebst.«

Ich muss lächeln, weil Adrienne meine Familie so haargenau durchschaut. »Genau das habe ich vor. Die vier Tage sind schon bis ins Detail durchgeplant. Ich werde das reichhaltige Lebensmittelangebot auf dem Markt voll auskosten und ein paar typisch französische Gerichte für sie zubereiten ...«

Wir lachen über die notorische Lebensmittelknappheit auf den Märkten.

»... und am Wochenende werden wir eine Impressionismusausstellung besuchen und in die Comédie-Française gehen. Außerdem bekommt sie eine umfassende Führung durchs *labo* und ich werde ihr meine charmanten *chercheur*-Freunde vorstellen. Damit schlage ich gleich zwei Fliegen mit einer Klappe: Sie kann berichten, dass ich erstens an wichtigen Dingen arbeite und zweitens nicht einsam bin – zwei der Hauptbedenken meines Vaters.«

»*Parfait*«, sagt Adrienne und nickt. »Soll ich Marcel dazubitten, wenn deine Mutter das *labo* besucht?«

»Ich glaube nicht, dass es nötig ist, Monsieur Mathieu von seinen Verpflichtungen abzuhalten. Monsieur Mering wird dem *labo* sicher den angemessenen Glanz verleihen und meine Arbeit gebührend loben.«

»Apropos Monsieur Mering.« Adriennes Blick verweilt auf meinem Gesicht. »Wir haben noch gar nicht über das *labo* gesprochen. Die Arbeit und die Leute, meine ich.«

Voller Freude, meine neue Tätigkeit in der Röntgenkristallographie endlich mit jemandem teilen zu können, der nicht nur versteht, wovon ich spreche, sondern auch selbst ernsthaft daran interessiert ist, berichte ich lebhaft von meinen Entdeckungen und den skurrilen Gewohnheiten meiner Forscherkollegen. Nur Monsieur Mering selbst lasse ich außen vor. Ich habe in letzter Zeit festgestellt, dass meine Gefühle für ihn doch recht kompliziert sind und ich deutlich häufiger an ihn als Mann – statt als Wissenschaftler – denke, als mir lieb ist.

»Hört sich an, als hättest du schon eine echte Verbindung zu den anderen Wissenschaftlern aufgebaut.« Sie lächelt. »Wer weiß, vielleicht heiratest du ja auch mal einen von ihnen, so wie ich. Und bleibst für immer in Frankreich.«

»Niemals! Ich könnte nie Wissenschaftlerin und Ehefrau und Mutter gleichzeitig sein«, platze ich heraus. Mein dünner Vorrat an Zurückhaltung ist erschöpft. Adrienne ist meine Ausbrüche zwar gewohnt, aber diesmal bin ich wohl zu weit gegangen.

»Warum das denn, Rosalind?« Ihre Schultern versteifen sich und ich würde am liebsten die so brüsk herausgeplatzten Wörter wieder einfangen. Wie konnte ich so etwas nur ausgerechnet Adrienne gegenüber sagen? Ich tappe doch einfach in jedes Fettnäpfchen! Auch wenn ich es tatsächlich so gemeint habe, sollte ich mir eine solche Aussage zumindest der Frau gegenüber verkneifen, die mir ein erfolgreiches Dasein als Wissenschaftlerin nicht nur immer vorgelebt, sondern mir auch noch selbst den Weg dorthin geebnet hat. »*Ich bin* Wissenschaftlerin und Mutter. Und vor dem Tod meines Mannes war ich auch noch Ehefrau.«

»Ich fürchte, damit bist du die Ausnahme, Adrienne. Außerdem hat dein Mann deine Karriere immer voll und ganz unterstützt, ähnlich wie Pierre Curie seine Frau unterstützte; solche Männer sind rar. Und das Muttersein hat auch nur funktioniert, weil dein Terminkalender dir genügend Zeit für Marianne gelassen hat. Ein Kind sollte eine Mutter haben, die für es da ist und die ihm die Fürsorge und Zuneigung gibt, die es braucht. Das kann eine berufstätige Frau nicht leisten.«

»Wie kannst du so etwas sagen? Du und deine vier Geschwister, ihr seid doch hauptsächlich von Nannie Griffiths aufgezogen worden, während deine Mutter ihre ganze Zeit und Aufmerksamkeit deinem Vater und ihrem Freiwilligendienst gewidmet hat – sehr zum Wohle der ärmeren Bevölkerung Englands und der jüdischen Flüchtlinge von überallher –, und daran hast du ja wohl nicht den geringsten Schaden genommen, wie es scheint.«

Ihre Worte treffen mich, vor allem, weil es stimmt, was sie sagt. Wie kann ausgerechnet ich gegen eine Tatsache ankämpfen? Das widerstrebt mir schon von Natur aus und umso mehr aufgrund meiner Ausbildung.

»Oh Adrienne, es tut mir furchtbar leid. Ich wollte nicht ...«

Sie winkt ab, ein Zeichen dafür, dass die Auseinandersetzung beendet und alles wieder in Ordnung ist zwischen uns, ganz nach französischer Manier. »Du bist jung und du bist unschuldig. Die Zeit – und vielleicht die Liebe – werden deine Meinung schon noch ändern.«

Ich will widersprechen, will ihr sagen, dass ich schon vor Langem zu dem Schluss gekommen bin, dass Wissenschaft und Liebe nicht zusammenpassen. Aber Adrienne gibt mir nicht die Gelegenheit dazu. Stattdessen spürt sie, ganz die Ausnahmeforscherin, dass es da eine Lücke gibt in meiner Antwort, und sie ist fest entschlossen, diese Lücke aufzuspüren.

»Erzähl mir lieber noch etwas über Monsieur Mering. Du hast

ihn kaum erwähnt bisher, dabei muss er doch allgegenwärtig sein im *labo*.«

Wieder glühen meine Wangen und ich kann ihr nicht in die Augen sehen.

»Er ist ein exzellenter Wissenschaftler. Und Lehrer.«

»Und du bist sicher eine exzellente Schülerin.« Dann wird sie ganz ruhig und besonnen. »Pass gut auf dich auf, *ma chère*. Du bist genau die Art attraktives Mädchen, die seine Aufmerksamkeit erregt.«

KAPITEL 5

21. Mai 1947
London

Ich verfolge, wie David und Myrtle unter der Chuppah ihr Gelübde ablegen. Mein sonst eher stoischer älterer Bruder blickt so zärtlich auf seine Braut, dass mir die Tränen kommen; einen so sanften Ausdruck sieht man bei ihm nur selten. Eigentlich gilt das für alle Franklins. Sentimentalität und offen zur Schau getragene Zuneigung sind rar in unserer Familie – beziehungsweise werden sie sogar eher bewusst unterdrückt – und so löst Davids Anblick diese unerwartete Reaktion in mir aus. Ich senke den Blick – Papa wäre entsetzt, würde er mich so sehen.

Als der Rabbi seinen Segensspruch intoniert, sind meine Tränen getrocknet und ich kann wieder aufblicken. Unter großem Beifall schreiten Braut und Bräutigam nun zum Altar, eingehend beäugt von einer Phalanx von Franklins, die sich in den gegenüberliegenden Bankreihen niedergelassen hat. Meine Eltern geben den Sebag-Montefiores, Myrtles Mutter und Vater, die Hand, es ist offensichtlich, wie stolz sie sind auf diese Verbindung, auf den Zusammenschluss mit einer weiteren wohlhabenden, etablierten jüdischen Familie.

Mit meiner jüngeren Schwester Jenifer und meinen beiden jüngeren Brüdern Roland, einundzwanzig Jahre alt, und Colin, vierundzwanzig, im Schlepptau schließe ich mich den Gästen an, die nun in den Empfangssaal strömen. Wir gesellen uns zu dreien von Papas fünf Geschwistern, die gemeinsam die vor der Empfangsreihe aus Brautpaar, meinen Eltern und den

Sebag-Montefiores Schlange stehenden Hochzeitsgäste in Augenschein nehmen.

»Was für eine Verschwendung. Wenn man sich vorstellt, was die Fawcett Society oder die Townswomen's Guild mit all dem Geld tun könnten – für Frauen.« Tante Alice meint die üppigen Blumengebinde, den von Kellnern in weißen Anzügen auf Silbertabletts dargebotenen Wein und die koscheren Horsd'œvres mit rationiertem Fleisch, die die Sebag-Montefiores ein kleines Vermögen gekostet haben müssen. Ihre Sichtweise überrascht mich keineswegs, auch wenn sie sich dadurch bislang nicht hat bewegen lassen, ihre hübsche Wohnung oder ihren komfortablen Lebensstil aufzugeben. Tante Alice war vor annähernd vierzig Jahren bei Hofe vorgestellt worden, hatte das High-Society-Dasein aber schon bald gegen ein von einer sozialistischen Frauenrechtspolitik geprägtes Leben eingetauscht, sich die Haare kurz geschoren und eine nebulöse Langzeitbeziehung mit einer Mitbewohnerin geführt, auf die lieber niemand näher eingehen will. Dennoch bin ich ein wenig schockiert, dass sie es wagt, ihre Gefühle hier derart offen zu äußern.

Onkel Hugh beäugt die Szenerie durch seine dicken Brillengläser und schnaubt. »Du sagst es, Alice«, meint er knapp und verfällt wieder in Schweigen. Was den Kapitalismus und Frauenrechte betrifft, ist er zwar ganz auf Tante Alice' Seite – er landete wegen seiner vehementen suffragistischen Ansichten sogar schon einmal im Gefängnis, nachdem er Winston Churchill wegen dessen ausbleibender Unterstützung des Frauenwahlrechts mit einer Peitsche attackiert hatte –, weiß sich im innersten Kreis der Familien Franklin und Sebag-Montefiores aber zurückzuhalten. Die Art Philanthropie, die mein Großvater Arthur Franklin, der vor über zehn Jahren verstorbene Patriarch unserer Familie, seinen Nachkommen – Papa ist der Jüngste – nahegelegt hatte, ist jedenfalls nicht seine Sache.

Ein vehementes Zischen lässt mich herumfahren – Tante Mamie steht direkt hinter uns. »Das reicht jetzt aber, ihr beiden. Das hier ist eine Feier zu Ehren von David und Myrtle und ihrem neuen gemeinsamen Leben als Franklins und keine Verurteilung der Sebag-Montefiores'schen Großzügigkeit.« Tante Mamie sitzt zwar für die Labourpartei im London County Council, vertritt aber deutlich moderatere Ansichten, jedenfalls moderatere als Alice. Die Jahre an der Seite ihres Ehemannes, meines Onkels Norman Bentwich, der unter der britischen Mandatsherrschaft über Palästina die Position eines Attorney General innehatte, haben sämtliche eventuell vorhandenen extremen Ansichten abgeschliffen. »Denkt doch mal an all die guten Taten und die ausgeprägte Philanthropie der Sebag-Montefiores. Wisst ihr nicht mehr, was sie alles für die jüdischen Kriegswaisen getan haben?«

Mit vor Empörung geröteten Wangen funkeln sich meine Tanten an – eine der wenigen in der Familie Franklin geduldeten Emotionen. Papa wäre allerdings über jeglichen emotionalen Ausbruch auf Davids Hochzeit außer sich, also gebe ich mein Bestes, den Funken zu löschen, der sich zwischen den dreien gerade zu entfachen beginnt.

»Das ist das erste Mal, dass ich euch seit meinem Umzug nach Paris wieder alle zusammen sehe«, sage ich in einem offensichtlichen Versuch, das Gespräch in weniger brisante Gefilde zu lenken.

»Ah ja, Rosalind. Und? Wie *ist* Paris?«, fragt Tante Mamie, wendet den Blick abrupt von ihrer Schwester ab und drückt meine Hand.

»Einfach wundervoll! Und im Labor beschäftigen wir uns mit den allerspannendsten Dingen – zum Beispiel suchen wir nach neuen Wegen, die uns ins Mikrouniversum blicken lassen. Oh, und meine Kollegen sind einfach brillant und so witzig und …«

»Hättest du nicht auch hier in London in einem Labor arbeiten können?«, unterbricht mich Tante Alice mit einem Naserümpfen, als hätte ich gerade etwas äußerst Geschmackloses von mir gegeben. Und ich frage mich, ob es wirklich Paris ist, woran sie sich stört, oder doch eher meine wissenschaftliche Arbeit. Komisch, wo sie sich doch selbst immer als jemand gegeben hat, der abseits der Norm lebt und auch andere darin unterstützt, ungewöhnliche Wege zu gehen. »Warum den ganzen weiten Weg nach Paris pilgern, wo doch so viele Engländer vom Krieg betroffen sind und deine Hilfe gut gebrauchen könnten?«

»Nun, ich hoffe, meine wissenschaftlichen Entdeckungen kommen nicht nur den Menschen *eines* Landes zugute, Tante Alice. Zumindest irgendwann einmal.«

»Nein, Rosalind«, sagt sie, »das meinte ich nicht. Wenn du hier wärst, könntest du dich in deiner Freizeit in einer der vielen englischen Wohltätigkeitsorganisationen engagieren, in die unsere Familie eingebunden ist – in der Flüchtlingshilfe oder in der Unterstützung der Familien von Militärangehörigen. In deiner Freizeit oder vielleicht sogar *statt* deiner Arbeit.«

Es ist nämlich so: Die Frauen der Franklin-Familie sollen zwar klug und gebildet sein, sie nehmen auch an denselben Diskussionen wie die Männer teil und werden mit derselben Strenge behandelt; Papa nahm mich beispielsweise immer zu denselben Aktivitäten mit wie meine Brüder, vom Bergwandern bis zu Tischlerarbeiten. Nur sollen sie ihre intellektuellen Qualitäten dann bitte sehr auch zum Wohle der Menschheit einsetzen, sei es über das Engagement in Wohltätigkeitsorganisationen, über Regierungsämter, gute Taten oder, selbstverständlich, eine angemessene Ehe. Jedenfalls nicht über eine bezahlte Anstellung. Schließlich mussten wir weiblichen Franklins noch nie einer Erwerbstätigkeit für unseren Lebensunterhalt nachgehen. Dafür haben Fonds gesorgt sowie die männlichen Mitglieder unserer Familie, allesamt Banker, die in Finanzunternehmen tätig sind. Ich mit meiner Hingabe an die Wissenschaft bin in den Augen der Franklins die absolute Außenseiterin, der Sonderling. Welchen Weg Jenifer wohl einschlagen wird, wenn sie älter ist? Auch wenn sie nicht in allen Punkten meiner Meinung ist, hat mich Tante Mamie über die Jahre hinweg immer verteidigt, und sie macht auch heute keine Ausnahme. Doch als sie gerade für mich in die Bresche springen will, vernehme ich ein vertrautes Kreischen: »Miss Rosalind!«

Zu meiner großen Erleichterung und Freude sehe ich mein Lieblingsfamilienmitglied – meine Cousine Ursula – auf mich zustürmen. »Miss Ursula!«, rufe ich ihr entgegen. Die Tochter von Cecil, dem ältesten Bruder meines Vaters, war schon immer mehr als nur eine Cousine für mich; wir waren schon Schulkameradinnen auf der St. Paul's School gewesen, wo uns eine enge Freundschaft verband, was uns einander gleich in doppelter Hinsicht nahebrachte. Weil Jenifer so viel jünger ist als ich und sich in einer ganz anderen Lebensphase befindet, fühlt sich Ursula in gewisser Hinsicht viel mehr wie eine Schwester für mich an. Wir sind zwar in manchen Dingen sehr unterschiedlich – mit ihrer philanthropischen Tätigkeit und ihren Verabredungen mit jüdischen Männern hat Ursula nach St. Paul einen Weg eingeschlagen, der den Traditionen der Franklins deutlich besser entspricht als meiner –, aber weil wir uns schon ein Leben lang kennen und gegenseitig schätzen, verbindet uns dennoch eine tiefe Aufrichtigkeit und Vertrautheit.

Ursula ist bekannt für ihren Humor und ihre Lebhaftigkeit, und wir haben immer noch Spaß an unseren Spitznamen aus Kindertagen, auch wenn wir dafür schräge Blicke ernten. Als wir früher die Wochenenden mit unserem Großvater in Chartridge Lodge verbrachten, seinem Landsitz in Buckinghamshire, war es üblich, dass sich alle, auch die engsten Familienangehörigen, formell ansprachen. Dass wir uns heute noch gegenseitig »Miss« nennen, ist also eine Erinnerung an unser gemeinsames Erbe.

»Du bist meine Rettung«, flüstere ich, als wir uns nach einer kurzen Umarmung untergehakt von all den Tanten, Onkeln und Geschwistern wegschleichen.

Ursula kichert. Sie kennt die harsche Art und die strikten Ansichten unserer Tanten und Onkel nur zu gut, und wir haben uns im Laufe der Jahre immer wieder gegenseitig aus dem Schussfeld gezogen.

Als wir durch den gut gefüllten Empfangsraum schlendern, stößt sie mich mit dem Ellbogen an: »Du siehst umwerfend aus. Paris steht dir richtig gut.«

Ich muss grinsen. Ich hatte gehofft, dass Ursula meine Aufmachung gefallen würde. »Das ist eine Hommage an Christian Diors New Look. In Paris ist das der letzte Schrei.«

»Das Kleid ist von Dior?« Ihre Augen weiten sich. Sie weiß nur zu gut, was Papa von verschwenderischen Ausgaben hält. Ich habe mich gerade erst von der Standpauke erholt, die Papa mir gestern Abend hielt, nachdem er erfahren hatte, dass ich von Paris nach London geflogen war, statt die deutlich billigere, aber auch Übelkeit erregende und unendlich zeitaufwendigere Fähre über den Kanal zu nehmen.

»Natürlich nicht!«, schelte ich sie und verpasse ihr einen spielerischen Klaps auf den Arm. »Das habe ich selbst gemacht. Mama musste mir extra Fallschirmseide für den Reifrock schicken, damit das Kleid auch richtig ausgestellt ist. Seide ist natürlich extreme Mangelware in Paris, das kannst du dir ja vorstellen.«

Ich winde mich aus der Umarmung und drehe mich einmal um die eigene Achse. Vor niemandem sonst kann ich mich auch nur ansatzweise frivol geben, ohne mich gleich beurteilt zu fühlen.

»Dagegen wirkt unsere Londoner Mode ja so etwas von plump und kantig. Diese betonte Taille und die schmalen Schultern und dann dieser schwingende lange Rock, das ist wirklich schmeichelhaft.« Sie fährt sich mit der Hand über den gerade geschnittenen Rock ihres auch sehr eleganten pfirsichfarbenen Kleides, das wunderbar mit ihrem Teint und dem dunkelbraunen schwungvoll gelockten Haar harmoniert. »Und dein Haar? Gehört das auch zum New Look, dass du es jetzt länger trägst und die Seiten mit Kämmchen zurücksteckst?«

»Nein, das habe ich mir einfach von den Pariser Ladys abgeschaut. Sie sind sehr modebewusst und sehr frei in ihrem Stil, Miss Ursula. Kaum zu glauben, dass sie noch vor zwei Jahren unter der Herrschaft der Nazis gelebt haben.« Ich schüttle den Kopf.

»Jedenfalls passt das Pariser Leben zu dir. Sieh dich nur vor, Miss Rosalind, sonst wird noch einer der französischen Wissenschaftler auf dich aufmerksam«, neckt sie mich wohlwollend. Ursula kennt meine Ansichten zu Wissenschaft und Ehe nur zu gut. Eigentlich gilt das für meine ganze Familie. Und zwar so sehr, dass meine Tanten und Onkel es inzwischen aufgegeben haben, das Thema Zukunftspläne anzusprechen.

Diesmal aber kommt sie der Wahrheit mit ihrer Stichelei unangenehm nahe. Ich spüre die Wärme meiner Wangen und hoffe nur, nicht rot zu werden, denn gerade Ursula würde mir das nie ohne eingehende Befragung oder wenigstens entsprechende Kommentare durchgehen lassen. Und meine Gefühle sind noch zu frisch und ungewohnt, als dass ich darüber sprechen könnte.

Ich versuche, das Thema zu wechseln. »Hast du eigentlich schon …«

Sie unterbricht mich. »Komm bloß nicht auf die Idee, mich vom Kurs abzubringen, Miss Rosalind. Ich sehe doch dein rotes Gesicht. Also, raus mit der Sprache.«

»Sei nicht albern, es gibt nichts zu erzählen.« Ich winke ab.

»Und was bedeuten dann die roten Bäckchen?«

»Es ist eben stickig hier drin.« Ich wedle mir mit der Hand Luft zu, als könnte ich eine Abkühlung gebrauchen.

Sie hakt mich wieder unter, so wie sie es schon als Kind getan hat. »Tut mir leid, liebste Cousine, aber du kannst nun mal nichts vor mir geheim halten.«

»Es ist nur ...« Ich zögere. Zu viel will ich nicht preisgeben, aber mir ist auch klar, dass ich Ursula *irgendetwas* erzählen muss. »Die Franzosen sind ganz anders als Engländer.«

»Aha.« Ihre Augen funkeln. »Das berühmte französische Flirten also. Bist du ihm zum Opfer gefallen, Miss Rosalind?«

»Natürlich nicht, Miss Ursula.« Ich lächle in mich hinein, als ich an Monsieur Mering denke, wage es aber nicht, seinen Namen laut auszusprechen. »Aber Flirten macht eben rote Bäckchen.«

KAPITEL 6

8. November 1947
Paris

Ich streiche mir eine Haarsträhne aus den Augen und stelle fest, dass ich mir dabei wahrscheinlich Schmiere von den Röntgenkristallographiegeräten über Wangen und Stirn gestrichen habe. *Egal*, denke ich. *Ich bin ja allein.* Wer sonst würde seinen Samstag im *labo* verbringen?

Wieder auf allen vieren starre ich auf den Apparat, den ich zum Reinigen auseinandergenommen habe. Rechts von mir befindet sich die Röntgenröhre, links liegen die Diffusionspumpen. Für Montag und Dienstag habe ich mehrere wichtige Experimente geplant, und die werde ich nur dann in der vorgesehenen Zeit durchführen können, wenn die Pumpen von den Ablagerungen befreit und vor allem das Schmierfett aus dem Vakuumbereich entfernt ist. Ganz abgesehen davon, will ich mich nicht lange mit den Sicherheitsvorkehrungen aufhalten, die hier allen Wissenschaftlern auferlegt werden, die häufiger mit den Geräten befasst sind; das hält nur auf, außerdem hat bislang noch keine einzige wissenschaftliche Studie nachweisen können, dass die Strahlung und die Geräte tatsächlich schädlich sind. Die bisherige Literatur konzentriert sich auf die seltenen Spezialfälle, in denen gleich eine erhebliche Schädigung aufgetreten ist.

Ich bin zwar inzwischen bestens vertraut mit den Geräten und den Untersuchungsmethoden, trotzdem lässt es sich nicht mehr vermeiden, dass ich auch an den Wochenenden ins *labo* komme. Früher habe ich mich nie leicht ablenken lassen, aber in letzter Zeit ist mein Fokus gespalten. Einerseits bin ich unter der Woche voll und ganz in meine Studien vertieft, zugleich aber ist mir lückenlos präsent, wo sich Monsieur Mering gerade aufhält und was er gerade treibt. Ob er im *labo* ist oder in seinem Büro, ob er für sich allein die Ergebnisse seiner eigenen Projekte durchgeht oder andere *chercheurs* zu ihrer Arbeit befragt – ich weiß haargenau, wo er ist und mit wem. Ich wünschte, ich könnte aufhören mit dieser permanenten Bestandsaufnahme, aber es gelingt mir einfach nicht. Die dauernde Ablenkung wirkt sich zwar nicht auf die Qualität meiner Arbeit aus, aber sie verlangsamt sie – und das muss ich dann an den Wochenenden kompensieren.

Die Arbeit geht doch gut voran und so langsam werden mir auch die Zusammenhänge klar, rede ich mir gut zu, wenn ich allein zu Hause in meinem Zimmer bin, wütend darüber, dass die Gedanken an einen Mann – und wenn er noch so brillant, witzig und nett ist – meine Konzentration ins Wanken bringen. Denn tatsächlich erweist sich meine Röntgenanalyse von Kohlenstoffen und Graphiten als so aufschlussreich, dass ich in Erwägung ziehe, einen Aufsatz über meine Ergebnisse zu schreiben; natürlich nur, wenn Monsieur Mering einverstanden ist. Vielleicht sogar mehrere.

Als ich nach dem Benzol greife, um die Röhren zu reinigen, höre ich eine Tür zuschlagen. Ich fahre zusammen und verschütte dabei beinahe die klare, leicht entzündliche Flüssigkeit. Immer noch auf Knien richte ich mich auf, stelle die Flasche ab und drehe mich um, um die Ursache des Geräuschs ausfindig zu machen.

»Rosalind«, höre ich jemanden rufen und mein Herz schlägt ein paar Takte schneller. Könnte das Monsieur Mering sein? Wir wären das erste Mal allein im *labo*. Oder überhaupt irgendwo.

»Ja?«, antworte ich, während ich mich aufrapple und mir das

Haar wieder ordentlich zurückstecke. Auch die Flecken von meinem weißen Kittel versuche ich abzubürsten, merke dann aber, dass die schwarzen Schlieren schon einer gründlicheren Reinigung bedürften. *Ob ich den Kittel ausziehen sollte?*, frage ich mich. *Nein*, denke ich. Das würde die Aufmerksamkeit nur auf meine Hose lenken, die ich gewagt habe, zum Arbeiten anzuziehen. Und ich will Monsieur Mering doch auf keinen Fall enttäuschen.

»Was tust du hier, Rosalind?«, fragt dieselbe Stimme und ich erkenne an ihrem nasalen Klang, dass sie nicht Monsieur Mering gehört. Es ist Michel, ein Neuzugang in den Reihen der *chercheurs*. »Hast du nicht das Schild am Eingang gesehen?«

Doch, hatte ich – an der Tür hatte ein Schild mit der Auskunft gehangen, das *labo* sei am Wochenende geschlossen. Ich hatte es einfach umgedreht und war trotzdem hineingegangen. Er hatte das leere Schild wohl seltsam gefunden und sich die Rückseite angesehen.

Ich muss lachen über seine Frage. »Und du? Sieht ganz so aus, als hättest du das *labo* ebenfalls betreten.«

»Ertappt«, sagt er, und wir müssen lachen. »Wir sind wohl beide nicht besonders gut darin, uns an die Regeln zu halten.«

»Jedenfalls nicht, was die Arbeit betrifft.«

Michel mustert mein Gesicht. »Du bist ja ganz schmutzig.«

»Schmierig, nicht schmutzig. Das kommt von den Röntgenkristallographiegeräten. Ich reinige sie gerade.«

»Und das konnte nicht bis Montag warten? Ich dachte, ein paar der *chercheurs* wollten am Wochenende den Wald von Chantilly erkunden, und du meintest doch, du würdest so gerne wandern gehen. Habt ihr nicht alle zusammen eine Exkursion in die Haute-Savoie gemacht diesen Sommer?«

Bei dem Gedanken an unsere einwöchige Trekkingtour durch die Glaciers de la Vanoise, eine so atemberaubende wie herausfordernde Gletscherkette, kann ich mir ein Lächeln nicht verkneifen. Wir waren noch vor der Morgendämmerung inmitten von Wolken und Nebel zu der fünfundzwanzig Kilometer langen Tour entlang des Grats des Péclet-Polset aufgebrochen und hatten den Sonnenaufgang auf dem Gletscher erlebt – eines der erhabensten Erlebnisse, an die ich mich erinnern kann.

»Doch, wir haben den Grat des Péclet-Polset bestiegen«, sage ich und bemerke, wie Michel die Augenbrauen hochzieht, als ich die bekanntermaßen herausfordernde Tour erwähne. »Ich wäre zu gerne mit nach Chantilly gefahren, aber nachdem ich gleich Montagmorgen anfangen will, konnte die Reinigung der Geräte nicht länger warten.«

»Deine Hingabe ist wirklich bewundernswert«, sagt er etwas kleinlaut. »Ich dagegen bin peinlicherweise nur hier, um einen Mantel zu holen, den ich liegen gelassen habe. Es wird kühl morgen«, meint er und hält einen braunen Tweedmantel hoch.

»Wie geht es übrigens Jacques? Irgendwelche Neuigkeiten?«

Eine Sekunde lang ist mein Kopf so angefüllt von Monsieur Mering, dass ich denke, er meint ihn. Aber dann wird mir klar, dass es um Jacques Maire geht, meinen Forschungsstudenten, der vergangene Woche in aller Eile ein paar Röntgenfilme entwickelt und sich dabei an der Hand verletzt hat. Für solche Vorgänge gibt es eindeutige, auf stichhaltigen Studien beruhende Vorschriften, wie mit den Chemikalien umgegangen werden muss – Jacques hätte sich einfach daran halten müssen. Dass er es nicht tat, schmälert allerdings nicht mein Mitgefühl.

»Er will morgen wieder zur Arbeit kommen.«

»Da bin ich erleichtert.«

»Ja«, sage ich mit einem Seufzen, »wobei ich fürchte, dass es zu früh ist; er scheint es immer so eilig zu haben. Ich möchte auf keinen Fall, dass er eine dauerhafte Verletzung ausgerechnet an diesem Finger davonträgt.«

»Hast du ihm das gesagt?«

»Habe ich. Er hat nur mit den Schultern gezuckt und gemeint, ich würde mir zu viele Sorgen machen. Er kann es kaum erwarten zurückzukommen.«

»Sieht ganz so aus, als würde er für genau den passenden *chercheur* arbeiten«, sagt Michel.

»Wie meinst du das?«

»Na ja, du befolgst die Sicherheitsanweisungen ja auch nicht gerade aufs Genaueste. Drehst einfach das Schild um und betrittst das *labo*, um in Ruhe arbeiten zu können. Was, wenn eine Chemikalie ausgelaufen wäre?«

Ich muss lachen. Dafür, dass Michel erst vor Kurzem bei uns als *chercheur* angefangen hat, durchschaut er mich schon ziemlich gut. »Jetzt hast *du mich* ertappt.«

»Mal ganz abgesehen davon, dass du auch die Warnungen ignorierst, die dich selbst betreffen.«

»Was meinst du damit?«

Er zeigt auf das Pult am Laboreingang, auf dem die Ergebnisse aus den Filmdosimetern ausliegen. Wir alle tragen diese Strahlenmessgeräte, die Ernest Wollan zum Schutz der am Manhattan-Projekt beteiligten Wissenschaftler entwickelt hat. Am Ende jeder Woche werden die in den Geräten eingesetzten Filme entwickelt; so zeigen sie die Strahlenexposition an, der wir ausgesetzt waren. Ich hatte ganz vergessen, sie zu prüfen, als ich heute Morgen ins *labo* kam.

Ich gehe zu dem Pult hinüber. Zwischen all den Filmen mit sicheren Strahlungswerten mache ich einen aus, der eine extrem hohe Belastung anzeigt.

Ich kneife die Augen zusammen und erkenne meinen Namen am oberen Rand des Films.

Wenn das jemand erfährt, werde ich für Wochen aus dem *labo* verbannt – zu meiner eigenen Sicherheit, wie es heißen wird. Das kann ich auf keinen Fall zulassen, zumal es gar keinen eindeutigen Beweis dafür gibt, dass Röntgenstrahlen tatsächlich derart schädlich sind. Natürlich kennen wir alle die schrecklichen Schicksale von Menschen, die einer übermäßigen Strahlenbelastung ausgesetzt waren – allen voran Clarence Dally, einem von Thomas Edisons Glasbläsern, der nach andauerndem Beschuss mit Röntgenstrahlen schließlich sein Leben verlor; im Vergleich zu Edisons Problemen mit seinem Augenlicht und seinen Verdauungsstörungen das deutlich tragischere Schicksal. Dennoch bin ich davon überzeugt, bei bester Gesundheit zu sein, den Ergebnissen der Dosimeter zum Trotz. So extrem oder lange wie Edison oder seine Mitarbeiter war ich den Strahlen ja auch nie ausgesetzt, erst recht nicht einer so unvorstellbaren Belastung wie die Wissenschaftler, die während des Krieges am Manhattan-Projekt arbeiteten. *Diese* Art von entweder dauerhafter oder, wie in manchen Fällen, extremer Belastung war es, wegen der schließlich aus Sicherheitsgründen Geräte zur Überwachung der Strahlenbelastung eingeführt wurden – nicht die geringen Dosen, mit denen ich täglich zu tun habe.

Mit einem Seitenblick zu Michel lasse ich den Film in die Tasche meines verschmierten Laborkittels gleiten. Seine Augen weiten sich und mir fällt wieder ein, dass er ja neu ist im *labo*. Dass die Filme ignoriert oder – wie in diesem Fall – bewusst verschwinden gelassen werden, ist nichts Außergewöhnliches bei uns. Niemand will, dass seine Versuche durch die Dosimeter vereitelt werden. Trotzdem kann ich nicht riskieren, dass Michel mich meldet; Monsieur Mering mag ein Auge zudrücken, wenn seine *chercheurs* die Sicherheitsvorkehrungen missachten, aber wenn er aktiv auf einen solchen Fall aufmerksam gemacht wird, kann er nicht mehr so nachsichtig sein.

»Was dagegen, wenn das unser kleines Geheimnis bleibt?«

KAPITEL 7

17. November 1947
Paris

Ich stürme die drei Treppen hinauf zur Witwenwohnung, stecke hastig den Schlüssel ins Türschloss und verlangsame dann meinen Schritt auf dem Weg durch die Haupträume bis zu der schmalen Treppe, die hinauf in mein Zimmer auf dem Dachboden führt. Ich habe zwar keine Bedenken, Madame Dumas hier über den Weg zu laufen – sie hält sich weitgehend in ihren eigenen Räumen auf, nicht erst seit meiner Ankunft, sondern schon seit dem Tod ihres Mannes –, aber als Inbegriff der Schicklichkeit wäre sie dennoch entsetzt, mich so durch ihre Wohnung poltern zu hören.

Ich hatte zwar durchaus gehofft, es mit meiner Forschung in diese renommierte Fachzeitschrift zu schaffen, und vertraue auch grundsätzlich auf meine Fähigkeiten; aber dass auch Monsieur Mering meine Arbeit als so wertvoll ansieht, dass er sie eigenhändig einreicht, macht mich regelrecht berauscht. Das allein wäre schon Wertschätzung genug.

Als ich die letzten Stufen praktisch hinauffliege, lasse ich die Szene, die sich eben im *labo* abgespielt hat, noch einmal Revue passieren.

Ich war eben dabei, mich nach der Arbeit zum Gehen fertig zu machen, als Monsieur Mering auf mich zukam. »Mademoiselle Franklin, wie läuft es mit Ihrem Projekt?«

Ich reichte ihm die gerade fertiggestellte Tabelle, in der ich die Kohlen in zwei Kategorien eingeteilt hatte: solche, die graphitieren, also unter Hitzeeinwirkung zu Graphit werden, und solche, die dies nicht tun.

Er überflog die Tabelle und meinte: »Wirklich beeindruckend, wie Sie die Muster der verschiedenen Kohlearten identifizieren. Haben Sie eine Theorie dazu, warum manche Kohlearten sich verändern und manche nicht?«

»Letztlich liegt es an der Struktur – an der Art der Moleküle, aus denen sich die Kohle zusammensetzt«, sage ich und zeige auf eine der Spalten.

»Wie meinen Sie das?«

Mit geschlossenen Augen beschrieb ich ihm, was ich vor meinem geistigen Auge sah.

»Ich glaube, dass die nicht graphitierenden Kohlen reich an Sauerstoff und arm an Wasserstoff sind, dass sie eine stark vernetzte innere Struktur aufweisen, die die Graphitierung verhindert. Und bei der anderen Art ist es genau umgekehrt.« Als er nicht reagierte, hatte ich etwas nervös hinzugefügt: »Ich müsste natürlich noch weitere Tests durchführen und viel mehr Aufnahmen machen. Bis jetzt sind das alles nur Spekulationen auf der Basis erster Ergebnisse. Und von Spekulationen halte ich nicht viel, das hatte ich, glaube ich, schon erwähnt. Ich baue meine Theorien grundsätzlich auf Experimenten und objektiven Fakten auf.«

»Was würden Sie davon halten, wenn Ihre Ergebnisse in der *Acta Crystallographica* veröffentlicht würden?«

Ich glaube, in dem Moment stand mir einfach nur der Mund offen.

»Mir schwebt sogar eine ganze Reihe von Aufsätzen vor«, fuhr er fort. »Der erste wäre eine Zusammenfassung der Ergebnisse – natürlich erst, wenn sie abgeschlossen sind. Dann könnten ein oder zwei Aufsätze folgen, in denen Sie die Röntgenkristallographietechniken näher beschreiben, durch die Sie auf die Ergebnisse gekommen sind, und dann vielleicht noch ein abschließender Aufsatz, in dem Sie Ihre Theorie dazu darlegen.«

»Nichts würde ich l-lieber ...«, stammelte ich ungläubig.

»Ausgezeichnet«, hatte er erwidert, mit diesem unwiderstehlichen Grinsen, das sich über sein ganzes kantiges Gesicht zieht. Dann streckte er die Hand nach mir aus, und einen Moment lang dachte ich, er wollte mir über die Wange streichen. Stattdessen rubbelte er mir sanft über die Nase. »Ich kann doch meinen Star-*chercheur* nicht mit Graphit auf der Nasenspitze herumlaufen lassen.«

*

Auf der obersten Stufe angekommen, stoße ich die Tür zum Dachgeschoss auf, ich kann es kaum erwarten, in mein Zimmer zu stürmen und mich für den heutigen Kinobesuch umzuziehen. Alain, Geneviève und ich wollen uns *Heinrich V.* mit Laurence Olivier in der Hauptrolle ansehen.

Ich sehe mir dieses patriotischste aller Shakespeare-Dramen damit schon zum dritten Mal an und bin begeistert, dass sich endlich zwei der *chercheurs* bereit erklärt haben, mich zu begleiten.

»Au!«, schreit eine Stimme hinter mir auf.

Wer kann das denn sein? Das Dienstmädchen ist längst weg und die Witwe würde nicht im Traum auf die Idee kommen, hier hinaufzusteigen. Hier oben bin ich *immer* für mich allein.

Ich drehe mich um und sehe einen schlaksigen dunkelhaarigen Mann mit olivefarbenem Teint auf dem Treppenabsatz stehen, der sich die Nase hält. Eine zierliche blonde Frau kommt aus dem Gästezimmer des Dachgeschosses gestürmt. »Vittorio, *est-ce que ça va?*«

»*Ça va, ça va*«, erwidert der Mann und nimmt die Hand von der Nase. »Kein Blut«, fügt er lächelnd hinzu.

»Oh nein, das tut mir wirklich leid!«, rufe ich. »Ich hatte ja keine Ahnung, dass Madame Dumas neue Untermieter aufgenommen hat. Ich dachte, das Zimmer wäre leer. Sonst hätte ich niemals ...«

»Bitte, machen Sie sich keine Gedanken«, erwidert er. »Ich hätte Sie vorwarnen sollen.«

»Ich fühle mich schrecklich. Geht es Ihnen wirklich gut?«

»So gut, wie diese Nase noch zu riechen in der Lage ist«, verkündet er feierlich und hebt wie zum Schwur die Hand.

Ich kann gar nicht anders, als über diesen umgänglichen, sonderbaren Mann zu lachen. »Was für eine unorthodoxe Bekanntmachung!«, sage ich. »Bitte, erlauben Sie mir, mich noch einmal zu entschuldigen und mich vorzustellen. Ich bin Rosalind Franklin.«

»Vittorio Luzzatti, zu Ihren Diensten«, entgegnet er mit einer galanten Verbeugung. Dann deutet er auf die blonde Frau. »Und das ist Denise, meine wundervolle Frau.«

Als wir uns die Hände schütteln, bemerke ich Vittorios leichten Akzent, auch wenn sein Französisch ansonsten tadellos ist. Seine Frau dagegen scheint eine Muttersprachlerin zu sein. »Sind Sie neu in Paris? Oder sind Sie nur innerhalb der Stadt umgezogen?«

»Weder noch und sowohl als auch«, erklärt Vittorio, worüber Denise und ich lachen müssen. »Als der Krieg begann, bin ich von Genua nach Buenos Aires emigriert ...«

»Ah, kein Mussolini-Freund also?«, unterbreche ich ihn und schelte mich sogleich, wieder einmal einfach so herauszuplatzen. In politischen Dingen weiß man schließlich nie genau, und immerhin sind wir jetzt Nachbarn.

Aber Vittorio bleibt so freundlich und schonungslos offen wie bisher. »Nein. Und genau wie Hitler war Mussolini auch kein Freund meines Volkes, der Juden.«

»Das kann ich gut verstehen – auch ich gehöre dem jüdischen Volk an.«

Wir nicken uns wissend zu, dann fährt er fort: »In Argentinien habe ich dann dieses umwerfende französische Geschöpf hier kennengelernt.« Er zieht seine Frau zu sich und küsst sie auf die Wange. »Sie hat dort Medizin studiert. Als der verdammte Krieg endlich vorbei war, sind wir nach Paris zurückgegangen, wo Denise aufgewachsen ist. Und hier sind wir nun.«

»Ich freue mich sehr, dass Sie beide hier sind. Willkommen in Paris und Ihrem neuen Zuhause«, sage ich mit einer ausladenden Handbewegung, die das ganze Dachgeschoss umfasst.

Die Arme jeweils um die Taille des anderen geschlungen stehen die beiden vor mir und strahlen etwas sehr Zufriedenes und Kollegiales aus. Ich kann mich wirklich glücklich schätzen, dass gerade *sie* hier gelandet sind.

»Wie haben Sie die Witwe davon überzeugt, Ihnen das Zimmer zu vermieten? Sie ist doch sehr wählerisch.« Kaum habe ich den Satz beendet, wird mir klar, wie sie ihn missverstehen könnten, und ich versuche zurückzurudern. »Ich will damit nicht ...«

Vittorio hebt die Hand. »Ich glaube, wir sind über denselben Weg hierhergekommen wie Sie: Adrienne Weill.«

»Sie kennen Adrienne?«

»So ist es. Und Sie kenne ich auch.«

»Über Adrienne?«

»Adrienne hat Sie erwähnt, ja. Aber einen wirklichen Eindruck von Ihnen habe ich durch jemand anderen bekommen. Durch Monsieur Mering nämlich.«

»Ach, was für ein Zufall! Und woher kennen Sie Monsieur Mering?«, frage ich und spüre, wie mir die Hitze in die Wangen schießt, als ich seinen Namen ausspreche.

»Ich bin auch Röntgenkristallograph. Und werde sogar mit Ihnen zusammen arbeiten im Laboratoire Central des Services Chimiques. Unser gemeinsamer Chef beschreibt Sie übrigens als seinen *chercheur* mit den goldenen Händen.«

KAPITEL 8

9. März 1948
Paris

Ich schlüpfe in meinen leichten blauen Gabardine-Mantel und kichere verlegen über Genevièves Bemerkung. »So puritanisch bin ich gar nicht.«
»Ach, wirklich?«, neckt mich Geneviève. »Warum stimmst du dann nicht Simone de Beauvoirs Kernaussage zu, in der sie meint, Frauen seien gegenüber Männern aufgrund der Versklavung durch ihre Bestimmung zur Reproduktion immer schon untergeordnet gewesen?«
»Ich widerspreche ihr ja gar nicht wirklich, aber ...« Ich winde mich um eine Antwort. Ich habe mich zwar auch deshalb gegen Ehe und Kinder entschieden, weil der Stellenwert von Frauen eben immer noch fest an ihre Mutterschaft geknüpft ist; aber abgesehen davon fühle ich mich generell äußerst unwohl in meiner Haut, wenn es um Sex oder Geschlechterfragen geht. Und weil meine Forscherkollegen das haargenau wissen, machen sie sich gerne einen Spaß daraus, mich in Verlegenheit zu bringen.
»Aber?«, hakt Vittorio grinsend nach. Mein Mitbewohner hat sich so nahtlos in die Reihen der *chercheurs* eingefügt – und zwar in Sachen Arbeit *und* Fopperei –, dass ich mir gar nicht mehr vorstellen kann, wie es ohne ihn war.
»A-aber«, stottere ich, während wir uns alle gemeinsam auf den Weg in Richtung *labo*-Ausgang machen. Sie wissen genau, dass ich mich zusammenreißen muss, um nicht mit irgendeiner

Peinlichkeit herauszuplatzen. Es ist schon etwas befremdlich, dass ich mit meinen achtundzwanzig Jahren immer noch nicht meine kindliche Befangenheit in Bezug auf alles Sexuelle abgelegt habe, das für meine Kollegen ganz lapidar unter »Elementarbiologie« fällt.

Dann höre ich plötzlich meinen Namen. »Mademoiselle Franklin?« Es ist Monsieur Mering. Er spricht mich mal mit *Mademoiselle*, mal mit *Docteur* an, aber immer auf so nette Weise, dass es mir nie unangenehm ist.

»Vom Chef persönlich gerettet«, flüstert Geneviève und kichert.

»Haben Sie eine Minute für mich?«, fragt er.

»Natürlich«, erwidere ich. »Geht ruhig schon vor«, sage ich zu meinen Freunden gewandt, »wir treffen uns im *Chez Solange*.«

Ich bin nervös, als ich an den Arbeitstischen und Geräten vorbei auf Monsieur Merings Büro zusteuere, das direkt ans *labo* anschließt. Ich bin es nicht gewohnt, mit ihm allein zu sein – außerdem ist es ungewöhnlich, dass er einen von uns unter vier Augen sprechen möchte. Es geht so ungezwungen und freundschaftlich zu im *labo*, so bemerkenswert frei von Konflikten und Konkurrenzdenken, dass mir nicht eine Gelegenheit einfällt, wo er sich nicht offen vor allen geäußert hätte. Sogar das Gespräch über die eventuelle Publikation meiner Ergebnisse hatten wir mitten im *labo* geführt, mit all den *chercheurs* und Assistenten um uns herum.

»*Oui*, Monsieur Mering?«, sage ich und gebe mir Mühe, nicht in seine grünen Augen zu starren.

»Mademoiselle Franklin, es ist Ihnen ja sicher nicht entgangen, dass wir mit Ihren Fortschritten sehr zufrieden sind.«

Sein Lob verwirrt mich. Nicht dass er seine Mitarbeiter nicht anerkennen würde; nur verteilt er sein Lob normalerweise spontan, direkt am Arbeitsplatz und für alle hörbar.

»Sie waren ja auch sehr großzügig mir gegenüber, genau wie Monsieur Mathieu«, erwidere ich in Ermangelung einer besseren Antwort.

»Das haben Sie auch verdient. Sie sind in kürzester Zeit zur Kristallographieexpertin geworden, und ich bin sehr zuversichtlich, dass Ihr Aufsatz in der *Acta Crystallographica* publiziert werden wird.«

»Vielen Dank, Sir«, stammele ich, immer noch völlig perplex. Was ist das? Eine Art spontane Zwischenbilanz?

»Und aus all diesen Gründen« – er räuspert sich – »möchte ich gerne, dass Sie mich im Mai auf die Konferenz nach Lyon begleiten.«

»Lyon?« Ich bin sprachlos. Viele meiner Kollegen arbeiten seit Jahren hier und haben noch nie eine Einladung zu einer der wissenschaftlichen Konferenzen bekommen, die seit Kriegsende in ganz Europa wieder verstärkt abgehalten werden. »Ich?«

»Ja, Sie«, sagt er mit seinem entwaffnenden Lächeln. Diesem Lächeln, das ich einfach erwidern muss. »Sie haben es verdient. Und ich freue mich schon darauf, mit Ihnen anzugeben.«

*

Leuchtend bunte Tulpenköpfe sprießen aus dem auftauenden Boden, als ich die wenigen Häuserblocks bis zum *Chez Solange* laufe, aber ich nehme sie kaum wahr. Ich bin hin- und hergerissen zwischen heller Begeisterung über das Signal, das Monsieur Mering mit meiner Wahl als seine Begleiterin auf die Konferenz aussendet, und in Panik wegen all der Fehltritte, die mir unterlaufen könnten. Nicht in Bezug auf die dortigen Vorträge oder auf meine eigenen Präsentationen oder die Gespräche mit Wissenschaftskollegen. Ich mache mir Sorgen, dass mir irgendwelche Eingeständnisse herausrutschen könnten, wenn wir allein sind.

Ich stecke die Haarsträhnen, die sich in der Frühlingsbrise gelöst haben, zurück in die Kämmchen und betrete das *Chez Solange*. Die vertrauten karierten Tischtücher und der warme Feuerschein des Kamins in der Mitte des Lokals wirken beruhigend auf meine Nerven. Vielleicht interpretiere ich ja auch viel zu viel hinein in die Einladung; vielleicht haben die anderen *chercheurs* vor meiner Ankunft im *labo* ja auch schon an Konferenzen teilgenommen.

»Und? Was wollte er?«, fragt Geneviève, noch bevor ich auf dem Stuhl sitze, den sie mir frei gehalten haben. Das Coq au vin vor mir sieht verlockend aus, aber ich habe keinen Appetit.

»Er hat mich gefragt, ob er ihn auf die Konferenz nach Lyon begleite.«

Es wird ungewöhnlich still am Tisch, und mir wird klar, dass es tatsächlich etwas zu bedeuten hat, zur Konferenzbegleiterin gewählt zu werden. Sind sie sauer, dass es nicht sie getroffen hat? Denken sie, ich habe diese Ehre nicht verdient? Oder hat der für die Wissenschaft so typische Neid nun doch auch in unserem kollegialen Umfeld Einzug gehalten? Über eines bin ich mir im Klaren: Sollte sich meine Teilnahme an der Konferenz negativ auf den Zusammenhalt unserer Gruppe oder meinen Platz in ihr auswirken, dann ist es das nicht wert.

»Glückwunsch, Rosalind. Gut gemacht.« Vittorio ist der Erste, der das Schweigen bricht.

Geneviève ergreift über den Tisch hinweg meine Hand. »Du bist einfach ein Genie«, meint sie, und dann geht eine ganze Reihe von »Gut gemacht«-Beteuerungen um den Tisch.

Während ich mich meinem Coq au vin widme, nimmt der übliche lebhafte Austausch der Gruppe seinen Lauf und weitet sich auf Themen aus, die mit meinem Erfolg längst nichts mehr zu tun haben. Ich lasse meine Gedanken auf den anregenden Wellen ihrer Konversation dahingleiten – von der schrecklichen Ermordung Gandhis in Indien über die vermutlich bevorstehende Verabschiedung des Marshallplans durch die USA, der die europäischen Staaten bei ihrem wirtschaftlichen Wiederaufbau unterstützen soll, bis hin zu der Aussicht, dass Israel ein eigener Staat werden und Patrick Blackett für seine Erforschung der kosmischen Strahlung wohl den Nobelpreis für Physik erhalten wird. Gerade als ich endgültig alle Bedenken wegen Lyon und seiner Auswirkungen ad acta gelegt habe, höre ich Monsieur Merings Namen.

»Meinst du, es ist etwas dran an den Gerüchten?«, raunt Gabriel verhalten am anderen Ende des Tisches zu Alain hinüber.

»Welche von den Gerüchten?«, fragt Alain brüsk und schnaubt.

Geneviève, die gerade mit Lucas darüber debattiert, wer den Nobelpreis bekommen sollte, erhebt in diesem Moment ihre Stimme, und ich verstehe nicht, was Gabriel antwortet. *Mist, verdammt*, denke ich. *Warum können sich Geneviève und Lucas nicht ein Mal wenigstens etwas leiser unterhalten?* Abgesehen von der allseits bekannten Geschichte, dass er seine jüdische Identität während des Krieges verheimlicht und sich aus Paris in eine abgelegenere und damit sicherere Region Frankreichs zurückgezogen hatte – beides absolut nachvollziehbar –, sind mir bisher keinerlei Gerüchte über Monsieur Mering zu Ohren gekommen. Nicht das Geringste. Ich tue allerdings auch mein Bestes, sofort das Thema zu wechseln oder mich anderweitig zu beschäftigen, wenn sein Name auch nur erwähnt wird. Ich habe einfach Angst, dass sich meine so lange unterdrückten Gefühle in einer solchen Situation plötzlich Bahn brechen könnten.

Ich gebe mir alle Mühe, dem Gespräch zwischen Alain und Gabriel zu folgen, aber die kollegiale Debatte über den Nobelpreis hält in unverminderter Lautstärke an. Und als wir schließlich aufstehen und uns zügig auf den Rückweg ins *labo* machen, werden auch Gabriel und Alain in den freundschaftlichen Wortwechsel hineingezogen, und ich bleibe allein zurück mit der Frage, was das bloß für Gerüchte sein mögen, die da über Monsieur Mering im Umlauf sind.

KAPITEL 9

10. Mai 1948
Lyon

Vom höchsten Punkt Lyons aus blicke ich auf die Stelle südlich des historischen Stadtzentrums hinab, wo die Rhône und die Saône ineinanderfließen. Golden und korallenrot schimmern die beiden Flüsse im zunehmenden Licht der Morgendämmerung, ein prachtvoller Farbton, den die Terrakottadächer der Häuser noch unterstreichen. *Wie gut, dass ich schon einen Tag früher angereist bin*, denke ich. *Diesen atemberaubenden Anblick hätte ich sonst verpasst.*

Auf dem Rückweg über kopfsteingepflasterte Straßen zu meinem Hotel komme ich an etlichen Kirchen vorbei, die dem Baustil und den Materialien nach zu urteilen wohl aus dem Mittelalter oder der Renaissance stammen. An jeder Ecke zeigt sich die komplexe, facettenreiche Geschichte der Stadt – von den Ursprüngen als antike römische Kolonie über die Blütezeit als Handelsstadt während der Renaissance bis hin zur erfolgreichen Seidenverarbeitung im 17. und 18. Jahrhundert. Es kommt mir vor, als wolle die Stadt ihre glanzvolleren Zeiten wiederaufleben lassen, als wolle sie den Makel und den Schrecken der Nazizeit hinter sich lassen und an eine Ära anknüpfen, auf die sie stolz sein kann. Und auch ich habe eher einen der Dreh- und Angelpunkte der französischen Résistance vor Augen, wenn ich an die jüngere Vergangenheit Lyons denke, denn einen Ort, an dem zahllose Jüdinnen und Juden von der Straße geholt und in Konzentrationslager gebracht wurden.

Zwei Stunden später stecke ich in meiner üblichen Uniform: schneeweiße Bluse, dunkelblauer Rock, doppelreihige Perlenkette. Kein New Look heute, ich will schließlich ernst genommen werden. Ich stehe auf der Treppe des Gebäudes, in dem heute und morgen der Congrès de la Catalyse de Lyon stattfindet, und warte auf Monsieur Mering. Eine Flut dunkelhaariger, in dunkle Anzüge gehüllter Männer verteilt sich auf der Treppe und eilt die Stufen hinauf, aber das vertraute kastanienbraune Haar, das er sich so sorgsam über die schüttere Stelle kämmt, oder die funkelnden grünen Augen mit den vielen Fältchen, die sich durch sein großzügig verschenktes Lächeln gebildet haben, kann ich nirgends ausmachen. *Werde ich wohl ruhiger sein, wenn er erst da ist, oder gerate ich dann erst recht in Aufruhr?*, frage ich mich, wohl wissend, dass es nicht die Konferenz ist, die meinen Magen zum Flattern bringt.

Dann erspähe ich plötzlich ein wohlbekanntes Gesicht in der Menge, wenn auch nicht das von Monsieur Mering. »*Bonjour*, Monsieur Mathieu«, rufe ich winkend.

Der Wissenschaftler mit dem wilden Haar beschleunigt seinen Schritt. »Ah, *Docteur* Franklin! Ich war sehr erfreut, als Jacques mir erzählte, dass er Sie für die Konferenz ausgewählt hat. Sie sind schließlich der neue Star seines *labo*.«

Wellen der Erleichterung und Enttäuschung durchlaufen mich, aber ich gebe mir alle Mühe, trotzdem eine ausgeglichene professionelle Haltung an den Tag zu legen. »Ich habe mich auch sehr gefreut. Ich warte hier übrigens gerade auf Monsieur Mering.«

Monsieur Mathieu winkt ab. »Ach, der wird uns schon finden. Gehen wir lieber hinein und sichern uns gute Plätze, bevor die alle weg sind. Und für Jacques halten wir auch einen frei.«

Wir reihen uns in den Besucherstrom ein und betreten den Saal, wo gleich der erste Vortrag beginnen wird. Überall wird auf Französisch, Englisch, Spanisch und Italienisch parliert und ich fühle mich berauscht von der Aufregung über die neuesten Entwicklungen und der schieren Menge der Wissenschaftler um mich herum. Monsieur Mathieu und ich lassen uns in der zweiten Reihe mit exzellenter Sicht aufs Podium nieder und halten neben dem Gang einen Platz für Monsieur Mering frei.

Einer der Redner testet das Mikrofon, dann wird das Licht heruntergedimmt. Monsieur Mering ist noch immer nicht da, und als ich gerade denke, dass er wohl einen anderen Platz gefunden hat, schlüpft er auf den Stuhl neben mir. Wir nicken uns zu, und der Vortrag beginnt.

Während Dr. Paul Emmetts Erläuterung der Parameter seiner Studie lasse ich mich von der sonoren Stimme einlullen und von Monsieur Merings Bein ablenken, das das meine fast berührt. Wir kommen uns beim Hantieren mit den Kristallographiegeräten oder beim Betrachten der Filme zwar auch häufig sehr nahe, aber hier ist es irgendwie anders. Ob das an der Dunkelheit liegt oder an meinen Wunschvorstellungen, weiß ich nicht.

Selbst auf die Dias, die auf der Leinwand aufleuchten, kann ich mich nicht richtig konzentrieren, genauso wenig wie auf Dr. Emmetts Hinweise auf bestimmte Ergebnisse. Dann lehnt sich Monsieur Mering zu mir hinüber. »Haben Sie an der BCURA nicht ganz ähnliche Studien durchgeführt?«, flüstert er und ich spüre seinen warmen Atem an meinem Hals.

In dem Moment kehrt meine Aufmerksamkeit zurück und ich konzentriere mich ganz auf Dr. Emmetts Vortrag. Es stimmt: Sein Projekt und die Präsentation haben tatsächlich direkt mit meinen Studien an der BCURA und den Aufsätzen, die ich dort publiziert habe, zu tun.

Als er eine kurze Pause macht, räuspere ich mich und hebe die Hand. »Dr. Emmett, darf ich etwas anmerken?«

»Selbstverständlich«, antwortet er. In der vergangenen halben Stunde haben mehrere Wissenschaftler Anmerkungen gemacht oder Fragen gestellt; das scheint hier ganz normal zu sein.

»Ich sehe einen interessanten Zusammenhang zwischen Ihren Experimenten und den Untersuchungen, die ich während meiner Tätigkeit als Forschungsassistentin bei der British Coal Utilisation Research Association über Kohle und Holzkohle durchgeführt habe«, sage ich auf Französisch, der Hauptsprache der Konferenz.

»Bitte erklären Sie uns das doch näher«, sagt Dr. Emmett.

Ich erhebe mich und spreche über die Parallelen zwischen den beiden Studien. Als ich fertig bin, ist es still im Saal, und ich fürchte schon, dass ich viel zu lang gesprochen habe oder vielleicht zu autoritär, wie es so meine Art ist. Aber dann ruft eine Stimme aus dem hinteren Teil des Saals: »Würden Sie das bitte noch mal auf Englisch wiederholen, Mademoiselle Franklin?«

Eine Stunde später ist der Vortrag zu Ende. Monsieur Mathieu, Monsieur Mering und ich schließen uns den rund fünfzig anderen Wissenschaftlern an, die nun aus dem Raum strömen, um sich einen belebenden Vormittagskaffee zu gönnen, als eine Hand Monsieur Mering auf den Rücken klopft. »Jacques – ist das lange her!«

Während Dr. Haisinski und ich einander vorgestellt werden, bleiben wir kurz stehen. »Sie haben da ein paar sehr interessante Punkte angesprochen, Miss Franklin. Ich würde sogar sagen, Sie haben den gesamten Vortrag auf eine andere Ebene gehoben.«

»*Merci.*«

Dann wendet sich Dr. Haisinski wieder Monsieur Mering zu und meint: »Offenbar haben Sie dieses Jahr eine vortreffliche Wahl mit Ihrem Protegé getroffen.«

Dieses Jahr? Sucht sich Monsieur Mering etwa jedes Jahr einen anderen Favoriten aus, immer schön der Reihe nach? Ich hatte eigentlich gehofft, dass er seine Wahl auf Grundlage bestimmter Eigenschaften trifft – natürlich beruflicher Natur, aber möglicherweise ja auch in Abhängigkeit von der Persönlichkeit.

Hatte ich mich getäuscht in diesem so heiteren, zugewandten Mann? Wäre ja nicht das erste Mal. Wenn ich nur daran denke, wie falsch ich lag in meiner Einschätzung von Professor Norrish, mit dem ich mir eine Zusammenarbeit so gut hatte vorstellen können, und dann war das Gegenteil der Fall; ganz zu schweigen von all den Schulkameraden im Laufe der Jahre.

»Wir können uns wirklich glücklich schätzen, dass Mademoiselle Franklin sich für unsere Einrichtung entschieden hat. Nicht nur, dass sie sich unglaublich gut in unsere Methoden eingearbeitet hat – wie sie die Kristallographie auf Kohlenstoff anwendet, das grenzt nahezu an ein Wunder.« Monsieur Merings Blick verweilt auf mir, und mich durchfährt ein ungewohnter Schauer.

Jetzt meldet sich auch Monsieur Mathieu zu Wort. »Ihr tiefes Verständnis der Kohle – auf Molekularebene – könnte die Praxis tatsächlich revolutionieren.« Mit fast väterlich stolzer Miene lächelt er mir zu. »Unsere Mademoiselle Franklin hat das Zeug dazu, die Welt zu verändern.«

KAPITEL 10

11. Mai 1948
Lyon

»Wie wär's, wenn wir uns davonmachen und zum Essen in eins der berühmten Lyoner *bouchons* gehen?«, flüstert mir eine Stimme ins Ohr. Ich tauche aus meiner Unterhaltung mit einer Gruppe Wissenschaftler auf und blicke in Monsieur Merings Gesicht. Oder besser in Jacques' Gesicht, denn er besteht seit Beginn der Konferenz darauf, dass ich ihn beim Vornamen nenne. Erst war es mir unangenehm, fast verboten hat es sich angefühlt, aber als ich realisierte, dass sich alle anderen Teilnehmer der Konferenz auch mit Vornamen ansprechen, wurde mir klar, dass es mich nur ausschließen würde, ihn weiterhin Monsieur Mering zu nennen. Und das wäre ungünstig.

»Den Aperitif sausen lassen und das Dinner auch, meinen Sie?«, frage ich verwirrt. Der Aperitif nach der Konferenz und das anschließende offizielle Abendessen mit allen Wissenschaftlern sind die letzte Gelegenheit, mit Kollegen unseres Bereichs in Kontakt zu kommen und über unsere Projekte zu sprechen. Ich hatte mich darauf gefreut, außerdem war ich noch nie eine Freundin spontaner Entscheidungen.

»Ganz genau. Das Essen hier wird heute genauso abscheulich sein wie gestern«, sagt er, und das ist nicht übertrieben. Das Huhn war so zäh gewesen, dass ich irgendwann bezweifelt hatte, ob es sich überhaupt um Hühnerfleisch handelte oder nicht um etwas völlig anderes, was in Zeiten knapper Lebensmittel gar nicht so ungewöhnlich wäre. »Ich kenne da zwei ganz hervorragende kleine *bouchons*, die es irgendwie schaffen, immer noch traditionelle Lyoner Gerichte auf den Tisch zu zaubern, Würste und gebratenes Schweinefleisch. Ganz zu schweigen von dem köstlichen Beaujolais aus der Region.«

Außerhalb von Paris kommt man leichter an frische Zutaten, das weiß ich, und er macht es mir wirklich schmackhaft. Aber ist das wirklich angemessen? Nicht nur, das offizielle Dinner zu schwänzen, meine ich, sondern auch, allein essen zu gehen. Monsieur Mathieu – also Marcel, meine ich – ist bereits nach Paris abgereist, wir wären also nur zu zweit.

»Oh, verstehe«, sage ich zögernd; schließlich ist Jacques mein Vorgesetzter und ich kann ihm schlecht widersprechen. Ein verborgener Teil von mir will ja auch mit ihm allein sein. »Ich esse allerdings kein Schweinefleisch. Nicht dass ich mich koscher ernähre, aber bei Schwein würde sich mein Großvater im Grab umdrehen.«

Seine Augen weiten sich nur ein klein wenig. »Meine jüdische Erziehung hat mich zwar noch nie davon abgehalten, die Lyoner Schweinespezialitäten zu kosten, aber ich respektiere Ihre Präferenzen natürlich. Allerdings ...« Er grinst. »Ihr Ernährungsplan wird doch hoffentlich nicht von Ihnen verlangen, zum Abendessen geschmorte Katze zu sich zu nehmen, oder? So wie gestern, meine ich?«

Wie könnte ich angesichts einer solchen Frage nicht lachen? Und wie könnte ich nicht Ja sagen?

*

Die Kerze in der Mitte des Tisches ist heruntergebrannt, kaum mehr als der Docht ist übrig und ein paar auf dem Tisch verstreute weiße Wachströpfchen. Unsere Teller sind leer; Jacques hat mit dem letzten Stück Baguette die letzten Reste der köstlichen Ente von *beiden* Tellern aufgetunkt. Und auch die zweite Flasche Beaujolais neigt sich dem Ende zu.

Das ganze Abendessen lang haben wir über die molekulare Welt der Kohle gesprochen. Haben uns hineinfantasiert in diesen winzigen Kosmos, sind durch das ganze Miniaturuniversum gesegelt. Haben uns gefragt, ob andere kristalline Strukturen wohl ähnlich aussehen und beschaffen sind. Es war einfach magisch, wir haben genau das Gespräch geführt, das ich ohnehin die ganze Zeit im Kopf habe und von dem ich nie dachte, dass es tatsächlich einmal stattfinden würde, schon gar nicht mit einem so anziehenden Mann wie Jacques.

»Ich bin nicht sicher, ob das wirklich eine gute Idee ist«, sage ich, als er dem Kellner bedeutet, eine weitere Flasche Beaujolais zu bringen. Ich habe mich zwar dran gewöhnt, zum Essen Wein zu trinken, wie es in Frankreich üblich ist. Aber mit meinen *chercheur*-Freunden oder Adrienne beschränke ich mich normalerweise auf ein oder zwei Gläser. Heute Abend waren es deutlich mehr als zwei. Aber Jacques ist einfach ein Überredungskünstler.

»Noch eine Flasche köstlicher Beaujolais ist *immer* eine gute Idee.«

Ich kichere und bin überrascht, wie natürlich dieser ungewohnte Laut in meiner Kehle klingt.

»Erzählen Sie mir von sich«, sagt Jacques, während der Kellner zwei Gläser des purpurroten Weines einschenkt. »Sie sind wirklich eine unwiderstehliche Mischung aus beeindruckendem Intellekt und totaler Unschuld. Ein echtes Rätsel sind Sie, Rosalind.«

»Ich, ein Rätsel?« Diesmal muss ich nicht kichern, sondern breche in schallendes Gelächter aus. »Ich glaube, so hat mich noch nie jemand genannt. Wobei ... « Ich trinke einen Schluck Wein, » ... wahrscheinlich hat mein Vater das jahrelang auch gedacht.«

»Inwiefern?« Jacques beugt sich über den Tisch, sein Gesicht ist nur wenige Zentimeter von meinem entfernt.

»Mein Vater hatte immer eine sehr genaue Vorstellung davon, welche Art von Leben seine Kinder führen sollten. Wir haben alle eine gute Ausbildung genossen und sind zu großzügigen Repräsentanten erzogen worden – erstens der erweiterten Franklin-Familie, zweitens der jüdischen Gemeinde und drittens Englands. Von klein auf wurde uns eingeschärft, dass wir etwas zurückzugeben hätten. All das war natürlich nur möglich, weil die Familie über gewisse Mittel verfügte.« Als mir klar wird, wie sich das anhören muss, schüttle ich mich. »Nicht dass wir reich sind; sagen wir, es geht uns gut. Jedenfalls ist uns Papa andauernd damit in den Ohren gelegen, dass wir uns ganz aufs Geben konzentrieren sollten, einfach weil gewisse Bedürfnisse von Grund auf gedeckt waren und auch immer gedeckt sein würden.«

»Und wie passt eine Laufbahn als Wissenschaftlerin zu dieser Haltung?«

»Das ist ja eben das Dilemma. Einerseits schien Papa immer stolz zu sein auf meine Erfolge in der Schule und in der Arbeit, aber andererseits begreift er nicht wirklich, was ein Wissenschaftlerleben ausmacht. Es passt jedenfalls nicht in seine Weltanschauung, vor allem, weil die Wissenschaft, jedenfalls wie wir beide sie betreiben, so allumfassend ist. Er versteht nicht, dass das nun einmal die Brille ist, durch die ich die Welt sehe, und dass unsere Entdeckungen auch ein Weg sind, etwas zurückzugeben.« Mir kommen die Tränen, als ich an die Kluft zwischen Papa und mir denke. Und fast augenblicklich schäme ich mich, dass ich mich zu einem solchen Gefühlsausbruch habe hinreißen lassen. *Der Wein hat mich nachlässig gemacht*, denke ich. So unauffällig wie möglich wische ich mir über die Augen, Jacques ist mir immer noch sehr nah.

Er greift nach meiner Hand. »Meine Familie hat nicht ganz

so hohe Erwartungen an mich – russische Einwanderer sind eher mit Überleben beschäftigt als mit der Frage, was sie zurückgeben könnten –, aber ich kann mir vorstellen, wie schwer das sein muss. Wie falsch andere unser Wissenschaftlerleben manchmal einschätzen.«

Als ich zulasse, dass sich seine Finger mit meinen verschränken, frage ich mich, ob diese Geste vielleicht mehr ist als platonischer Trost. Und zum ersten Mal überlege ich, ob ich nicht all die Jahre vielleicht doch falschgelegen habe: Könnte ich nicht vielleicht doch eine Beziehung führen mit jemandem wie Jacques und zugleich als Wissenschaftlerin arbeiten? *Stopp*, sage ich zu mir selbst. Es gibt wirklich nicht den geringsten Anlass, aus einer einfachen zärtlichen Berührung, wie sie für jeden mitfühlenden Menschen in dieser Situation normal wäre, einen derart verwegenen logischen Folgeschritt abzuleiten.

Ich winde meine Hand aus seiner und greife nach dem Weinglas. »Die Wissenschaft lässt nun mal kaum Raum für Philanthropie oder eine eigene Familie. Und genau das sind Papas zwei Hauptargumente.« Der Satz fühlt sich einerseits zu intim an für unser berufliches Verhältnis, passt aber andererseits perfekt in diesen Augenblick. Ich wage nicht, ihm in die Augen zu sehen. Stattdessen blicke ich auf den zerkratzten Holztisch und ziehe mit dem Zeigefinger eine tiefe Rille in der Oberfläche nach.

Seine Hand bewegt sich auf meine zu, bis er beinahe meine Fingerspitzen berührt. Ich stelle mir vor, wie die Stickstoff- und Sauerstoffatome, aus denen die Luft in dem Zwischenraum zwischen unseren Fingern größtenteils besteht, aufeinanderprallen. Wenn eines dieser Atome von seinem Finger abprallt und mit meinem zusammenstößt, berühren wir uns dann nicht eigentlich?

»Wissen Sie, Rosalind«, sagt er schließlich, »man muss auch als Wissenschaftler nicht zwangsläufig allein sein.«

Mein Blick klebt immer noch auf der Tischplatte, aber ich

spüre, wie er mich ansieht, fast als würde er verlangen, dass ich aufsehe. Schließlich kann ich nicht länger standhalten und blicke in seine grünen Augen, die in so unmittelbarer Nähe eher jade- als smaragdgrün sind, und lasse meine Hand in seine gleiten. *Ob ich jemals so zärtlich gehalten wurde?* Dann beugt er sich zu meiner großen Verwunderung über den Tisch und drückt seine weichen Lippen ganz leicht auf meine.

KAPITEL 11

14. Januar 1949
Paris

Ich stelle die Linse des Mikroskops so ein, dass ich mir die Kohlenstoffprobe genauer ansehen kann. Nur wenn der von mir vorbereitete Ausschnitt exakt in dem vorausberechneten Winkel liegt, bekomme ich das für die Studie erforderliche Ergebnis. Ich bin so konzentriert, dass ich das Geräusch neben mir – ein leises Gleiten – zwar wahrnehme, aber vollkommen ignoriere. Erst als ich ein Räuspern höre, sehe ich auf.

Es ist Jacques, er hat einen dicken Briefumschlag aus Packpapier in der Hand, etwa so lang und breit wie ein Blatt Papier. Der Umschlag ist zum Greifen nah, dennoch streckt er ihn mir noch ein Stück weiter entgegen. »Öffne ihn«, fordert er flüsternd. Es klingt wie eine Anweisung, ungewöhnlich autoritär für ihn, aber dahinter höre ich pure Begeisterung heraus.

»Ich bin hier fast fertig. Kann das kurz warten, Monsieur Mering?«, frage ich. Seltsam, wie befremdlich sein voller Name jetzt für mich klingt, nachdem ich noch letzten Sommer so lange damit gerungen habe, ihn Jacques zu nennen.

»Nein, kann es nicht.« Wieder klingt es wie ein Befehl, aber die Aufregung ist ihm deutlich anzusehen. Es ist mir noch nie leichtgefallen, die Mimik anderer zu interpretieren, und obwohl ich Jacques inzwischen erstaunlich gut kenne, bin ich häufig unsicher, wie ich seinen Ausdruck deuten soll.

»*Bien*«, sage ich, streife die Handschuhe ab und greife nach dem Umschlag. Mit dem scharfen Schneidblatt einer Schere öffne ich ihn. Ich greife hinein und ziehe die aktuelle Ausgabe der *Acta Crystallographica* heraus. Warum unterbricht er meine Arbeit, um mir eine Zeitschrift in die Hand zu drücken? Ich will schon zu einem ironischen Kommentar ansetzen, aber dann bemerke ich die Seitenblicke der anderen *chercheurs*, darunter auch Vittorio, und zögere. »Vielen Dank, Monsieur«, sage ich. »Ich werfe gleich einen Blick hinein.«

»Schlagen Sie Seite zweiundvierzig auf«, verlangt er mit einem Lächeln im Gesicht.

Das ganze *labo* hat nun eine Pause eingelegt; niemand mehr tut auch nur so, als würde er arbeiten. Ich blättere bis zu Seite zweiundvierzig, und da sehe ich es. Da steht mein Name – in der *Acta Crystallographica*. Ich kann es kaum fassen. Ich habe zwar bereits in angesehenen Wissenschaftszeitschriften wie *Fuel* oder *Transactions of the Faraday Society* veröffentlicht, aber die *Acta Crystallographica* ist doch etwas sehr Besonderes. Noch relativ neu auf dem Markt, hat sie sich innerhalb kürzester Zeit zu einer der angesehensten wissenschaftlichen Zeitschriften überhaupt entwickelt. Jacques hatte zwar angekündigt, meine Arbeit einreichen zu wollen, aber bis ein Aufsatz dann tatsächlich veröffentlicht wird auf einem der hart umkämpften Plätze der *Acta Crystallographica,* ist es ein weiter Weg, all meinen erfolgreichen Experimenten und soliden Ergebnissen zum Trotz.

»Sie haben meinen Aufsatz also für ausgereift genug gehalten, um ihn einzureichen?« Dass er es tatsächlich getan hatte, hatte ich am Ende gar nicht mitbekommen.

»Ich *wusste*, er war es – und die Verleger der *Acta Crystallographica* sahen das genauso.« Jacques ist höchst zufrieden mit sich, und sein Lächeln wird, falls das überhaupt möglich ist, noch breiter. »Außerdem ist ihnen klar, dass dieser Aufsatz nur Teil eins einer ganzen Serie ist.«

Am liebsten würde ich vor Freude aufspringen. Am liebsten würde ich meine Arme um ihn schlingen und ihn auf den Mund küssen. Aber da die Augen jedes einzelnen *chercheurs* fest auf uns gerichtet sind, bleibt mir nichts anderes übrig, als meine Instinkte niederzuringen und dem Mann, den ich zu lieben gelernt habe, einfach nur zuzunicken. »Ich danke Ihnen für Ihre Unterstützung, Monsieur Mering.«

»Das ist genau, was Sie verdienen.« Er strahlt mich an, und dann fällt mir plötzlich etwas auf.

Ich blicke noch einmal auf den Artikel hinab und dann wieder zu ihm. »Ich bin als einzige Autorin genannt.«

»Sie *sind* die einzige Autorin.«

»Aber Sie haben die Arbeit betreut. Und üblicherweise wird der Name des Betreuers ebenfalls angegeben.«

»Nicht in diesem Fall«, erwidert er vergnügt grinsend. »Schau dir den Umschlag an«, fügt er leise hinzu, sodass nur ich es hören kann. Dann schlendert er gemächlich in Richtung seines Büros, wobei er einen kurzen Halt bei Alains Tisch einlegt, um ihn etwas zu fragen.

Ich werfe einen Blick durch den Raum und ernte anerkennendes Nicken und einen zugerufenen Glückwunsch von Vittorio; richtig gefeiert wird sicher erst beim Mittagessen. Ich warte, bis sich alle *chercheurs* wieder ihren Projekten zugewandt haben, dann drehe ich den Umschlag um. »*Champagne. Bistrot des Amis. 20 heures*« steht dort in Jacques' Schrift.

*

Die Champagnerbläschen kitzeln mich in der Nase. »Es reicht«, protestiere ich halbherzig, als Jacques versucht, mein Glas zum dritten Mal bis oben hin mit Taittinger zu füllen. Es erstaunt mich, dass dieser köstliche Champagner aus dem Jahr 1942 der Aufmerksamkeit von Otto Klaebisch entgangen ist, des »Weinführers« der Nazis, dessen Aufgabe darin bestanden hatte, die Soldaten am Plündern zu hindern und die besten Flaschen für die hochrangigen Nazioffiziere beiseitezuschaffen. *Wie kann sich Jacques diese Flasche eigentlich leisten?*, frage ich mich; wir bekleiden zwar angesehene Positionen, aber unsere Gehälter sind alles andere als ansehnlich. »Ich werde morgen vor lauter Kopfschmerzen keinen Strich arbeiten können.«

»Dafür hätten deine Kollegen sicher Verständnis.«

Ich muss lachen. »Da kennst du deine *chercheurs* aber schlecht. Wenn ich mit ihnen gemeinsam auf den Artikel anstoßen würde, dann vielleicht, aber wenn sie wüssten, dass ich genau das abgelehnt habe, um mit dir allein zu sein? Dann würden sie mich wohl weniger gnädig empfangen.«

»Warum eigentlich? Ich weiß, du bist sehr zurückhaltend, vielleicht könnte man sogar sagen, prüde«, sagt er grinsend, wofür ich ihm einen gespielten Klaps auf den Arm verpasse. »Aber unter den *chercheurs* sind romantische Begegnungen keine Seltenheit, man verbringt ja auch viel Zeit miteinander. Flirts und Affären sowieso, aber es gab auch schon ein paar On-off-Beziehungen und sogar eine dauerhafte Verbindung. Warum also sollten nicht auch wir beide uns an der Gesellschaft des anderen erfreuen? Warum sollten wir uns verstecken?«

»Ich würde einfach auf keinen Fall wollen, dass die anderen denken, du würdest mich bevorzugt behandeln. Stell dir vor, sie würden denken, du hättest mir wegen deiner Gefühle für mich mit dem Artikel für die *Acta Crystallographica* geholfen und dann die Publikation angestoßen.«

»Niemand würde das denken, Rosalind, *ma chère*. Jeder sieht doch, wie brillant du bist und wie engagiert. Kein anderer *chercheur* kommt am Wochenende ins *labo*, das machst nur du.«

»Aber es geht ja nicht nur um meinen Intellekt oder meine harte Arbeit. Es geht auch darum, wie du deine Zeit und deine Ressourcen unter uns aufteilst. Die anderen sind ja nicht nur Kollegen, sie sind Freunde.«

»Aber ich kann dich doch als brillante Wissenschaftlerin

unterstützen *und* mich zu dir hingezogen fühlen, das müsstest du doch inzwischen wissen. Das eine hängt nicht unbedingt vom anderen ab.« Er hält inne. »Ist das der einzige Grund, warum du nicht willst, dass jemand von uns weiß?«

Die Art, wie er »uns« sagt, könnte mich dazu bringen, beinahe allem zuzustimmen. Wie etwa, der ganzen Welt unsere Beziehung zu offenbaren. Oder mit ihm ins Bett zu gehen, wie er es schon einmal angeregt hat. Aber eben nur beinahe.

»Es ist nicht so einfach, Jacques. Ich muss auch an meine Familie denken. Und an meine Arbeit als Wissenschaftlerin.«

»Aber was haben deine Familie und die Wissenschaft denn mit *uns* zu tun?« Er fährt mit dem Finger meinen nackten Unterarm entlang, ganz langsam und bedächtig, bis ich erschauere.

»Jetzt in diesem Moment jedenfalls rein gar nichts.«

Da ist es wieder, dieses *uns*, in diesem tiefen unwiderstehlichen französischen Tonfall, als wäre *uns* etwas Konkretes, Greifbares, das man mit einem leistungsstarken Mikroskop analysieren könnte. Diesem Tonfall, durch den ich am liebsten allen Anstand und alle Vorsicht in den Wind schlagen und ihn hier und jetzt im *Bistrot des Amis* küssen würde, so wie wir es vor acht Monaten im Restaurant in Lyon getan haben. Die acht Monate seither aber waren nicht nur mit verstohlenen Berührungen im *labo*, heimlichen Abendessen in abgelegenen Bistros und atemberaubenden Küssen in irgendwelchen verborgenen Gassen angefüllt gewesen; es gab auch endlos lange einsame Wochenenden ohne ein Wort und den gesamten August, den er mit der »Familie« verbracht hat und in dem ich keinen einzigen Brief erhalten habe. Was also meint Jacques, wenn er von *uns* spricht?

Ich wage es nicht, ihn zu fragen. Nicht nur, weil es vermessen wäre. Ich weiß ja selbst nicht so recht, was ich von diesem *uns* halten soll. Wie kann ich mich nach diesem Mann sehnen und gleichzeitig davon überzeugt sein, dass Wissenschaft und Partnerschaft nicht zusammengehören?

Sein Finger wandert weiter meinen Arm auf und ab. »Ich habe die Wohnung heute ganz für mich allein. Bitte komm mit mir nach Hause.«

Er hat schon öfter solche Bemerkungen gemacht, aber nie so direkt oder konkret. Und nie so eigenartig. »Hast du die Wohnung denn nicht immer für dich allein?«

Er sieht mich fragend an. »Nein. Sonst hätte ich dich doch längst viel häufiger eingeladen. Zumal ich ja weiß, dass du in deinem Zimmer in der Witwenwohnung kein bisschen Privatsphäre hast, erst recht nicht mit Vittorio und seiner Frau im Zimmer direkt gegenüber. Nicht, dass du mich jemals eingeladen hättest ...«

Ich bin immer noch verwirrt. »Hast du einen Mitbewohner?«

»Wie meinst du das?« Er lässt seine Hand von meiner gleiten. Mir wird plötzlich übel. Mir graut vor der Antwort, aber ich muss die Frage jetzt stellen. »Wer ist normalerweise noch in deiner Wohnung?«

»Tatsächlich oft niemand, die Wohnung steht oft leer.« Er verheimlicht mir etwas, das ist sogar mir klar mit meinen begrenzten Menschenkenntnissen.

»Wer ist dort, wenn du nicht allein bist?«

»Oh, Rosalind, ich dachte, du wüsstest es.« Er klingt reumütig. Und beschämt.

»Wer ist dort, wenn du nicht allein bist?« Meine Stimme zittert. Ich muss es von ihm selbst hören.

»Meine Frau.«

KAPITEL 12

24. Juni 1949
Paris

Heute Abend kommen meine Eltern mit Colin, und ich kann das Experiment immer noch nicht zu Ende bringen, weil ich mit den Berechnungen nicht fertig bin. Die nächste Phase meiner Kohlenstoffstrukturanalyse ist so gut wie abgeschlossen, es fehlt nur noch die Messung der diffusen Röntgenstrahlung der letzten Testcharge. Wenn ich den Zeitplan für die nächsten Studien und anschließenden Veröffentlichungen einhalten will, den ich vor ein paar Monaten zusammen mit Jacques ausgearbeitet habe – und in den nächsten ein bis zwei Jahren nicht nur in der *Acta Crystallographica*, sondern auch im *Journal de Chimie Physique* mindestens fünf Artikel zum Thema veröffentlichen will –, dann muss ich mich ranhalten. *Allein die Vorstellung, welchen bleibenden Eindruck ich in der Wissenschaft hinterlassen würde, wenn ich das tatsächlich schaffe*, denke ich. Eine berauschende Vision.

Jacques – *Monsieur Mering*, ermahne ich mich – kommt auf dem Rückweg in sein Büro an mir vorbei und grüßt mich mit einem kleinen »Bonjour«, und ich erwidere den Gruß, ohne aufzusehen. Seit jenem Abend im Bistrot des Amis haben wir uns diese freundliche, geschäftsmäßige Art zur Gewohnheit gemacht. Ich weiß nicht mehr viel vom Ende des Abends, nur ein paar spärliche Erinnerungsfetzen sind mir geblieben. Wie ich Jacques' Hände von mir stoße, als wir das Restaurant verlassen. Wie ich allein durch die Straßen zur Witwenwohnung taumle.

Wie ich die Treppe zu meinem Zimmer hinaufsteige und die Stufen durch den Film meiner Tränen vor mir verschwimmen. Vittorio meint, ich sei regelrecht hysterisch gewesen, was ich normalerweise als eine seiner üblichen, typisch italienischen Übertreibungen verbuchen würde, allerdings stimmt Denise ihm zu. »Rosalind, *mon petit chou*, wir wussten wirklich nicht, was wir mit dir anstellen sollten«, hatte sie ein paar Tage später gesagt. »Du bist tränenüberströmt nach Hause gekommen und hast kein Wort gesagt. Als wir dich dann in deinem Zimmer schluchzen hörten, haben wir darauf bestanden, dass du uns hineinlässt, aber was eigentlich los war, wolltest du immer noch nicht sagen. Und am nächsten Morgen bist du in aller Herrgottsfrühe aufgestanden und hast dich für die Arbeit fertig gemacht, als ob nichts gewesen wäre. Weder an jenem Abend noch sonst irgendwann.«

»Obwohl ich mir schon denken kann, was passiert ist«, hatte Vittorio angespannt hinzugefügt. Was er damit meinte, hat er bis heute nicht weiter ausgeführt, und ich habe bis heute nichts erzählt.

Das Thema ist seither nicht mehr zur Sprache gekommen, aber ich habe bemerkt, dass Vittorio mich im *labo* die ganze Zeit im Blick hat. Sobald er Jacques in meiner Nähe ausmacht, verspannt sich sein ganzer Körper, und das einstmals herzliche Verhältnis zwischen den beiden Männern ist deutlich abgekühlt. Mehrere Wochen nach unserem katastrophalen letzten Date hatte Jacques mich immer wieder im leeren Korridor außerhalb des *labo* aufgehalten und mich angefleht, es mir noch einmal zu überlegen. »Rosalind, du kannst nicht einfach nüchtern alles aus deinem Leben streichen, was nicht mit deinen Theorien und Prinzipien übereinstimmt, und dein Dasein wie ein wissenschaftliches Problem angehen, das es zu lösen gilt – erlaube dir, zu fühlen und deine Erfahrungen zu machen.« Aber inzwischen tun wir einfach so, als wäre alles normal, und ich stelle fest, dass ich, solange ich beschäftigt bin und zartere Gefühle wie Liebe oder Bedauern unter Verschluss halte, mein anregendes Leben mit den *chercheur*-Freunden und der Arbeit einfach weiterführen kann. Und dennoch ist mein Alltag von permanenter Wachsamkeit bestimmt.

Ich werfe einen Blick auf die Uhr des *labo* und bemerke, dass Vittorio zu mir herübersieht. »Keine drei Stunden mehr bis zur Operation Franklin«, ruft er. Den militärischen Ausdruck haben wir dem Besuch meiner Eltern gemeinsam verpasst, nachdem ich ihn und Denise ausführlich in die Familiendynamik der Franklins eingeweiht hatte. Ich bin dankbar für die Unterstützung der beiden. *Was für wunderbare Freunde*, denke ich. *Beinahe wie eine Wahlfamilie.*

»Ja, ab jetzt gibt es kein Zurück mehr«, rufe ich zurück, und es ist mir egal, ob die anderen *chercheurs* auch diesen Part unseres Geplänkels mitbekommen. Vittorio und seine Frau haben sich netterweise als Schutzschilde gegen Papas erwartbaren Angriff angeboten.

»Keine Sorge, wir werden dir während des gesamten Essens nicht von der Seite weichen«, versichert Vittorio, und auch wenn er das im Scherz sagt, wird die Anwesenheit der Luzzati-Kavallerie heute Abend doch eine große Erleichterung sein. Da Colin ganz gewiss nicht die Eskorte meiner Eltern benötigt, um nach Paris zu gelangen und dann mit mir in den Urlaub zu fahren, gehe ich stark davon aus, dass ihre Begleitung auf ein sich anbahnendes Gefecht schließen lässt. Welche Art von Gefecht mir da bevorsteht, ist mir allerdings unklar.

Gerade als ich mich wieder in die Arbeit vertiefen will, ertönen fremde Stimmen aus dem Korridor, der zum *labo* führt. Wie die anderen *chercheurs* blicke auch ich zur Tür, von der aus jetzt ein Mann und eine Frau zielstrebig auf Jacques zugehen, der ihnen mit ausgestreckter Hand entgegenkommt. Wer sind diese Leute? Ihrer Kleidung nach – er im anthrazitfarbenen Anzug, sie im Kleid mit gerade geschnittenem Rock – handelt es sich nicht um Franzosen, aber aus England scheinen sie auch nicht zu sein. Wir bekommen nur selten Besuch im *labo*, über den wir nicht vorab informiert werden, und wenn, dann handelt es sich meist um Regierungsvertreter.

Ich widme mich wieder meinen Berechnungen oder tue zumindest so, behalte die Fremden aber dezent im Auge. Jacques führt sie jetzt durch den Raum und macht sie mit den *chercheurs* bekannt. Die beiden unterhalten sich so angeregt mit meinen *labo*-Freunden, dass ich mich frage, ob sie vielleicht in Betracht ziehen, hier eine Stelle anzutreten.

»Docteur Franklin?«, fragt Jacques, als sie schließlich an meinem Platz angelangt sind. Wie immer, wenn er in meiner Nähe ist und meinen Namen ausspricht, flattert mir das Herz. Ich fühle mich so anders in seiner Gegenwart, dass ich mich frage, ob sich die uns umgebenden Moleküle in solchen Momenten nicht ebenfalls verändern. *Wie albern, denke ich, auch nur darüber zu spekulieren, ob Gefühle die Gesetze von Chemie und Physik beeinflussen könnten.*

»*Oui*, Monsieur Mering?«, frage ich und sehe zu ihm auf, als wäre ich mir seiner Anwesenheit und der der beiden Neuankömmlinge gerade erst bewusst geworden. Das dürfte meine beste schauspielerische Leistung seit Langem gewesen sein. Auf dem Gebiet bin ich wirklich kein großes Talent, aber in den letzten sechs Monaten mit Jacques im *labo* blieb mir gar nichts anderes übrig, als an meinem Können zu feilen, und ich hatte reichlich Gelegenheit dazu. Was für eine Herausforderung, mich so sehr zu ihm hingezogen zu fühlen und gleichzeitig auf Distanz zu bleiben.

»Ich möchte Ihnen gerne David und Anne Sayre vorstellen. Monsieur Sayre ist ein amerikanischer Physiker und gerade auf dem Weg nach Oxford, wo er sein Studium bei Dorothy Hodgkin abschließen wird. Bei der Gelegenheit besucht er unsere Einrichtung und ein paar weitere Labors in Europa, die sich ebenfalls mit Röntgenkristallographie beschäftigen«, sagt Jacques in seinem stark akzentuierten Englisch.

»Schön, Sie kennenzulernen«, sage ich und gebe beiden die Hand. »Sollten Sie Fragen zu unserem *labo* haben, gebe ich gerne Auskunft. Ich selbst bin hierhergekommen, um die Technik der Kristallographie zu erlernen und …«

»Docteur Franklin ist viel zu bescheiden«, unterbricht mich Jacques, und sein Blick verweilt auf mir. »Sie kam tatsächlich zum Studium der Kristallographie, wurde dann aber innerhalb kürzester Zeit selbst zur Expertin. Aktuell veröffentlicht sie in der *Acta Crystallographica* eine Reihe von Artikeln über ihre Arbeit.«

Zum Zeichen meines Dankes nicke ich ihm höflich zu, ermahne mich aber, nicht emotional zu werden angesichts seines Lobes. Ich durchschaue genau, was er mit seinen Worten beabsichtigt – nämlich sich bei mir einzuschmeicheln, mit welchem Ziel auch immer –, dennoch lässt mich seine Anerkennung nicht kalt. In den vergangenen sechs Monaten hat er bereits mehrere ähnliche Versuche unternommen, doch Vittorios wachsamer Blick diente ihm stets als Abschreckung und mir als Erinnerung.

David Sayre bekommt bei der Erwähnung der prestigeträchtigen *Acta Crystallographica* große Augen, aber ich bin nicht gewillt, Jacques' Vorlage aufzugreifen. Stattdessen lenke ich das Gespräch lieber wieder auf die Sayres. »Monsieur Mering ist zu freundlich. Wie gesagt, sollten Sie Fragen zum *labo* haben … «

Diesmal unterbricht mich Anne Sayre, und das mit einem Lächeln übers ganze Gesicht: »Was für eine Erleichterung, endlich wieder Englisch zu sprechen! Wir haben uns zwar alle Mühe gegeben, unser altes College-Französisch auszugraben, aber es war doch sehr herausfordernd.«

Ich lache kurz und frage dann: »Sind Sie auch Wissenschaftlerin, Mrs. Sayre?«

»Nein, und bitte nennen Sie mich doch Anne. Ich kann leider keine offizielle Ausbildung geltend machen, obwohl David gerne behauptet, dass ich nach so vielen Jahren unter Wissenschaftlern und in wissenschaftlichen Einrichtungen eigentlich einen Ehrentitel verdient hätte.«

Wir alle müssen schmunzeln, dann sagt Mr. Sayre: »Anne ist eine sehr talentierte und erfolgreiche Schriftstellerin.« Er blickt zu seiner Frau hinüber, und ihm ist deutlich anzusehen, wie stolz er auf sie ist.

»Welche Art von Texten schreiben Sie?«, frage ich.

»Vor allem Kurzgeschichten«, erwidert sie. »Und wenn wir uns erst in Oxford niedergelassen haben, werde ich als Redakteurin bei der Oxford University Press anfangen.«

»Wie faszinierend«, sage ich und meine das ganz ehrlich. Ich interessiere mich schon lange für kreatives Schreiben; es kommt mir fast wie ein magischer Schöpfungsakt vor, auch wenn mir natürlich bewusst ist, dass es etwas wie Magie gar nicht geben kann. »Ich würde zu gerne mehr über Ihre Arbeit erfahren.«

Wir plaudern eine Weile über die Inhalte ihres Schreibens, bis Jacques schließlich herausplatzt: »Wie wäre es, wenn Docteur Franklin und ich Sie heute Abend zum Essen einladen?« Er sieht dabei nicht mich an, sondern richtet den Blick starr auf die Sayres. Was für eine hinterhältige Taktik – er will die Gelegenheit nutzen, um mich außerhalb des *labo* zu treffen, mich doch wieder zu umwerben, obwohl ich ihm klar und deutlich zu verstehen gegeben habe, dass er damit aufhören soll. Er mag mein Vorgesetzter sein, aber diesen Vorschlag finde ich doch sehr anmaßend; er hat schließlich kein Recht, über meine Zeit außerhalb der Arbeit zu verfügen.

Schade, denn ich mag Anne Sayre und würde unter anderen Umständen sehr gerne mit ihr und ihrem Mann essen gehen. Ihre unverblümte Art und ihr Schreiben gefallen mir, ich könnte mir sogar vorstellen, mit Anne befreundet zu sein. Aber Jacques' Machenschaften kann ich einfach nicht durchgehen lassen, und abgesehen davon liefert mir meine Familie die perfekte Ausrede für heute Abend.

»Es tut mir wirklich leid. Ich würde sehr gerne mit Ihnen allen zu Abend essen, aber meine Familie trifft heute Abend aus London ein, ich muss mich also entschuldigen«, sage ich. Dann wende ich mich an Anne. »Aber wenn Sie und Ihr Mann Hilfe brauchen können, um sich in Paris zurechtzufinden, dann stehe ich sehr gerne zur Verfügung.«

KAPITEL 13

24. Juni 1949
Paris

»Wie kommen die Franzosen nur an all die Lebensmittel?«, fragt Mama und tupft sich mit der Stoffserviette die Mundwinkel. »Durch die Rationierung bekommen wir in England so gut wie gar keine Grundnahrungsmittel wie Eier, Milch oder Butter. In diesem *Gratin dauphinois* und in der köstlichen Tarte Tatin hier kann ich die frische Sahne und den Käse doch genau herausschmecken.«

»Die Franzosen werden zu wahren Magiern, wenn es darum geht, ein Gericht aus wenigen Zutaten zu zaubern«, sagt Denise.

»Das stimmt tatsächlich, Mama. Das Dienstmädchen der Witwe, Albertine, hat Denise und mir ein paar Kochstunden gegeben – und es ist wirklich erstaunlich, was sie aus drei Zutaten alles zaubert.«

Meine Mutter nickt anerkennend. »Dass du dich mal fürs Kochen interessierst, Rosalind, das hätte ich nicht gedacht.«

Ich kichere und versuche, die Kritik in ihren Worten zu ignorieren. Den Hinweis, dass ich mich längst zu häuslichen Tätigkeiten hingezogen fühlen sollte. Dass das Leben, das ich gewählt habe, eine einzige Enttäuschung ist, weil es so anders ist als ihres und das all der anderen Franklin- und Waley-Frauen vor ihr. »Kochen unterscheidet sich eigentlich gar nicht so sehr von Wissenschaft.«

Jetzt schaltet auch Vittorio sich ein; er hat erfasst, worauf dieses Gespräch hinausläuft, und will Partei für mich ergreifen. »Apropos Wissenschaft: Sie sollten Rosalind einmal bei der Arbeit sehen, Mr. und Mrs. Franklin. Sie ist absolut inspirierend.« Bisher war meine Arbeit kein Thema gewesen, und ich sehe, wie Colin in seinem Stuhl zusammenschrumpft. Es ist offensichtlich, dass er schon so manche Tirade von Papa über mein freiwilliges Exil in Paris und mein rebellisches Dasein als Wissenschaftlerin mitbekommen hat.

»Das ist uns zu Ohren gekommen«, sagt Papa; und dann, mit zunehmend härterem Tonfall: »Aber die Wissenschaft ist nun mal nicht alles im Leben. Es gibt auch noch etwas wie Familie.« Vittorio lässt sich nicht beirren von Papas Herabsetzung meiner Talente, dessen Augen einen gewissen Stolz über meinen Erfolg trotz allem nicht verbergen können. Und er schafft es sogar, sich dabei seinen Sinn für Humor zu bewahren. »Niemand weiß besser, was Familie bedeutet als ich – ich bin schließlich Italiener.« Er schenkt meinen Eltern sein ansteckendes breites Lächeln. Doch als er fortfährt, verblasst das Lächeln zunehmend. »Nur, wissen Sie, das Talent, das Rosalind der Welt zu bieten hat, kann sich letztlich auf die gesamte menschliche Familie auswirken. Nicht auf nur eine singuläre Familie.«

Schweigend nippen meine Eltern an ihrem Espresso und stochern in ihren Tartes Tatin, und ich sehe Vittorio die Verunsicherung an. Er ist es nicht gewohnt, dass sich jemand derart unbeeindruckt zeigt von seinem offensiven Charme, also startet er einen neuen Versuch. »Rosalind ist einfach zu bescheiden, um mit ihren Erfolgen zu prahlen; würden Sie mir erlauben, ein wenig davon zu berichten?«

Meine Mutter neigt ihren Kopf ein klein bisschen in Vittorios Richtung, eine Art halbherziges zustimmendes Nicken. Mein Vater rührt sich nicht. Er starrt weiter vor sich hin.

»Dass sie vor Kurzem einen Aufsatz in der *Acta Crystallographica* veröffentlicht hat, der renommiertesten Fachzeitschrift auf unserem Gebiet überhaupt, ist Ihnen ja sicher bekannt. Aber hat sie Ihnen auch erzählt, dass dieser Aufsatz nur der erste von *fünf* weiteren Veröffentlichungen ist und dass die Welt nach der Publikation ihrer Ergebnisse über eine völlig neue Methode zur Bestimmung der Molekularstruktur von allen möglichen Materialien verfügen wird, nicht nur von Kohlenstoff? Rosalind gibt damit Wissenschaftlern auf der ganzen Welt den Schlüssel an die Hand, mit der sich die innerste Struktur so gut wie jeden Materials erschließen lässt. *Das* nenne ich die ultimative Philanthropie.«

Mit einem Seitenblick zu Papa sagt Mama: »Das haben Sie schön gesagt, Mr. Luzzati. Und selbstverständlich sind wir stolz auf Rosalind.«

Aber ihr Gesichtsausdruck ist genauso verhärtet wie zuvor, und ich erkenne in ihren Worten die vollendete Gastgeberin, das konforme Mitglied der Gesellschaft. Sie kommen einfach nicht von Herzen. Papa schweigt noch immer; sein Gesicht ist eisig.

»Wenn ich das erreiche, würde ich die Wissenschaft entscheidend mitprägen. Das Verständnis der Menschheit für die kleinsten Bauteile anorganischer Materialien würde deutlich größer dadurch, eines Tages vielleicht sogar auch das der organischen Materie. Also Lebendiges und nicht Lebendiges gleichermaßen«, füge ich hinzu.

Ohne etwas zu erwidern, steht Papa abrupt auf. Da Denise und Colin noch mit ihrem Dessert beschäftigt sind, nehme ich an, dass er sich entschuldigen will, um *les toilettes* aufzusuchen. »Gehen wir zurück ins Hotel?«, fragt er stattdessen.

Ich werfe Vittorio und Denise einen entschuldigenden Blick zu, als Papa einen Stapel Francs auf den Tisch legt und dabei Vittorios Protest ignoriert, der gerne etwas zur Rechnung dazugeben würde. Als Papa auf den Ausgang des Cafés Louise zusteuert, erheben wir uns rasch und folgen ihm. Nachdem sich meine Freunde am Hoteleingang verabschiedet haben, schlägt Papa Mama und Colin vor, schon einmal auf ihr Zimmer vorzugehen. Ich wappne mich für das anstehende Gespräch, denn mir ist bewusst, dass alle Mühen der Luzzatis, Frieden in die Operation Franklin zu bringen, gescheitert sind.

»Rosalind.« Sein Gesichtsausdruck und sein Tonfall sind freundlicher, als ich erwartet hatte. »Du kannst sicher sein, dass wir mit dem Erfolg, den du hier in Paris als Wissenschaftlerin errungen hast, sehr zufrieden sind. Nachdem du schon mit zwölf Jahren deine Berufswahl verkündet hast, hatte ich bei deiner Begabung und deiner Entschlossenheit nichts anderes erwartet.«

»Danke, Papa.« So nahe war er noch nie dran gewesen, meiner Berufswahl die Absolution zu erteilen; schließlich war die Wissenschaft auch seine Leidenschaft an der Universität gewesen, bevor die Pflicht ihn ins Familienunternehmen abbeordert hatte. Und auch mein Urgroßvater Jacob muss derart brillant in Mathematik und den Naturwissenschaften gewesen sein, dass er bereits mit dreizehn Jahren dank eines Stipendiums das University College besuchte, was mich immer neugierig auf die Wurzeln meiner eigenen Leidenschaft gemacht hat. Aber ich weiß, das ist nur das Vorwort zu einer weit weniger angenehmen Stellungnahme, es ist die Ruhe vor dem Sturm.

»Du kannst doch aber zweifellos auch in London eine sinnvolle wissenschaftliche Arbeit finden. Du bist jetzt schon drei Jahre in Paris. Es ist Zeit, nach Hause zu kommen, Rosalind. Unser Volk ist durch den Krieg stark dezimiert worden, wir müssen jetzt noch enger zusammenstehen als schon zuvor.«

Mit seinem Hinweis auf die versuchte Vernichtung des jüdischen Volkes durch die Nazis setzt Papa seine schwerste Waffe ein. Oh, wie sehr er es verabscheut, dass ich in Frankreich lebe. Aber ich werde mich nicht von Schuldgefühlen beeinflussen lassen, genauso wenig, wie ich mich durch die Enttäuschung von

Jacques – oder mein gebrochenes Herz – von dieser ansonsten so idealen wissenschaftlichen Stelle habe vertreiben lassen.

Ich atme tief ein, bevor ich etwas erwidere. Papa hat mich gelehrt, zu meinen Überzeugungen zu stehen; mehr als jeder andere hat er mich durch regelmäßige Gespräche in die Kunst des Debattierens und Argumentierens eingeführt. Und dennoch überkommt mich jedes Mal ein vertrautes Unwohlsein, wenn ich eine Position vertrete, die ihn vor den Kopf stoßen wird. Das letzte Mal hatte ich dieses Unwohlsein gespürt, als ich mich während des Krieges geweigert hatte, in der Women's Land Army zu dienen, und stattdessen darauf bestanden hatte, mein Studium in Cambridge fortzusetzen und von dort aus durch meine wissenschaftliche Arbeit zu den Kriegsanstrengungen beizutragen. Und was ich ihm jetzt sagen werde, wird ihn sicherlich genauso enttäuschen, vielleicht sogar noch mehr.

»Papa, ich weiß nicht, ob ich eine solche Arbeitsumgebung, wie ich sie hier habe, auch in London finden würde. Ich darf hier forschen, woran ich will und so lange ich will oder bis es nichts mehr zu entdecken gibt. Eine solche Förderung der reinen Wissenschaft ist selten, genauso wie die Förderung von Frauen, wie ich sie hier in Paris in Hülle und Fülle erlebe.«

»Was willst du damit sagen, Rosalind?«

»Papa, ich weiß, wie schwer es für dich ist, das zu hören; und mir fällt es ja genau so schwer, es auszusprechen, wo ich doch so sehr an unserer Familie hänge.«

»Wovon sprichst du, Rosalind?« Seine Augen sind stählern, seine Haltung verschlossen. Wüsste ich nicht, dass er sich auf diese Art nur selbst zu schützen versucht, würde mich sein Anblick abschrecken. Aber Papa ist einer der wenigen Menschen, deren Ausdruck ich zu lesen gelernt habe.

»Ich bin mir nicht sicher, ob ich überhaupt nach England zurückkehren will. Ich meine jemals.«

KAPITEL 14

1. Juli 1949
Calvi, Korsika

»Na, los!«, rufe ich der *Bande de Solange* zu, die weit hinter mir zurückgeblieben ist. *Wie träge sie doch sind*, denke ich, *was für eine lahme Truppe.* Selbst der Espresso, den wir uns noch vor Morgengrauen in dem nicht überdachten Teil der halb zerbombten Pension über dem Lagerfeuer aufgebrüht hatten, konnte sie nicht richtig wach rütteln oder ihre Jammertiraden mäßigen. Ich ignoriere ihr Gemurre dennoch, denn ich weiß genau, wie dankbar sie sein werden, wenn wir erst oben sind.

Zwanzig Minuten später nähern wir uns dem Gipfel des höchsten Berges bei Calvi, wo sich die Kapelle Notre-Dame de la Serra vor einem spektakulären Sonnenaufgang abzeichnet. Wir haben beinahe einen Dreihundertsechzig-Grad-Blick auf die Umgebung, ein atemberaubend schöner Landstrich an der Nordwestküste der Insel Korsika. Von meiner Erkundungstour gestern in der Morgendämmerung – lange bevor die anderen aufgestanden sind – weiß ich, dass der Weg vor uns ein wenig felsig und uneben wird, deshalb drehe ich mich um, um die anderen vorzuwarnen. Dabei stoße ich beinahe mit Colin zusammen, der als Einziger mit meinem Tempo mithalten kann. Die herausfordernden Rucksacktouren in Frankreich und England, die er als Kind im Sommer mit Papa unternommen hat, haben ihn gut auf diese eher kurze Wanderung vorbereitet. Dem Rest der Truppe, die hinter mir hertrottet – Alain, Gabriel und Michel, gefolgt von den beiden weiblichen *chercheurs* Rachel und Agnes, die in den letzten sechs Monaten zu uns gestoßen sind –, rufe ich ein paar Kletteranweisungen zu. Jacques, der als Letzter schlafen ging und am schwersten wach zu bekommen war, bildet das Schlusslicht.

Ich war verärgert, sogar wütend, als ich erfuhr, dass Jacques mitkommen würde. Natürlich war er höflichkeitshalber eingeladen worden, schließlich besteht die gesamte Gruppe, abgesehen von Colin, ausschließlich aus *chercheurs*. Aber niemand war davon ausgegangen, dass er tatsächlich zusagen würde; er hatte noch nie an unseren Ferien- oder Wochenendausflügen teilgenommen. Was mag ihn nur diesmal dazu bewogen haben, sich uns anzuschließen? Sicher nicht der aufrichtige Wunsch, die romantische Beziehung zu mir wiederaufleben zu lassen, auch wenn er die letzten Monate ziemlich raffiniert versucht hat, ein Treffen mit mir außerhalb des *labo* einzufädeln, zuletzt durch den Vorschlag, gemeinsam mit den Sayres zu Abend zu essen. Ich habe meinen Standpunkt klipp und klar dargelegt; vielleicht hat er ihn ja endlich akzeptiert. Auf diesem Trip jedenfalls hat er bisher keinerlei Annäherungsversuche unternommen.

Ich bringe mich bei einem Felsvorsprung unterhalb des Gipfels in Position, um bei Bedarf Hilfestellung zu geben. Einer nach dem anderen überwinden die *chercheurs* – eher im Laborkittel unter den Neonröhren des *labo* zu Hause denn in Shorts und Wanderschuhen unter der unerbittlichen Sonne Korsikas – die letzte Hürde vor dem Gipfel.

Nach Colin, Alain und Gabriel ist ein rotgesichtiger, schwitzender Michel an der Reihe. »Rosalind, du«, stößt er zwischen zwei Keuchern hervor, »du bist wirklich unerbittlich. Das ist Strafe, kein Urlaub ... « Er hält kurz inne, um wieder zu Atem zu kommen, als ich ihm über die letzte Hürde helfe. »Und dann auch noch um diese Uhrzeit.«

Im Wissen um den liebenswerten Kern hinter Michels nörgelnder Art muss ich lachen. Seit dem Tag, an dem er sich bereit erklärt hat, mein Geheimnis über die Strahlenwerte zu hüten, ist das Band zwischen uns stärker geworden und wir fühlen uns wohler und authentischer in der Gegenwart des anderen. Dabei bin ich sicher nicht die Einzige, die ihre Dosimeterergebnisse verschwinden lässt; ich habe schon einige andere *chercheurs* dabei beobachtet, wie sie sie in den Müll befördert haben. Gesprochen wird darüber natürlich nicht.»Wenn du erst auf dem Gipfel stehst und Calvi sich unter dir im goldenen Sonnenschein erstreckt, wirst du mir dankbar sein.«

Als Calvi als Ziel unseres Sommerurlaubs genannt wurde, hatte ich erst die Nase gerümpft. Korsika war mir nur als Geburtsort Napoleons ein Begriff, sonst wusste ich rein gar nichts über die Insel. Weder hatte ich derart betörend schöne weiße, von azurblauem Wasser umspülte Sandstrände erwartet noch einen so bezaubernden, von der berühmten Zitadelle überragten historischen Ortskern. Seltsamerweise haben die alten, von Einschusslöchern durch Mussolinis Gefolgschaft und zahllose frühere Gefechte übersäten Mauern von Calvi etwas Tröstliches für mich, vermitteln sie doch die Botschaft, dass die Menschheit als Ganzes am Ende doch über die übelsten unserer Spezies siegen wird.

»Du hattest recht, Rosalind, jetzt bin ich dir wirklich dankbar!«, ruft Michel mir zu, als ich Agnes und Rachel über den Vorsprung ziehe. »Es ist genauso wunderschön, wie du gesagt hast!«

Alain stimmt ihm zu: »Ja, dafür hat es sich tatsächlich gelohnt, sich vor Morgengrauen aus dem Bett holen zu lassen.«

Ein Kichern dringt zu mir herüber, als ich meine Hand nach dem letzten Kletterer ausstrecke – Jacques. Als sich unsere Hände berühren, sehen wir uns in die Augen; unser erstes Mal nur zu zweit außerhalb des *labo* seit jenem Abend im Bistrot des Amis, auch wenn die anderen *chercheurs* in Hörweite sind. Ich halte einen Moment inne, dann helfe ich ihm über die letzte Hürde vor dem Gipfel.

Bevor er zu unseren Kollegen aufschließt, bleibt er stehen

und sagt leise: »Ich will schon seit Monaten einen Moment mit dir allein sein, Rosalind, aber du entziehst dich mir immer wieder. Ich möchte dir gerne etwas sagen.«

Als er kurz innehält, um zu Atem zu kommen, krampft sich mein Magen zusammen. Was wird er sagen? Was will ich hören? Wegen der Unmöglichkeit unserer Situation habe ich mir nicht mehr erlaubt, mir weitere Fantasien auszumalen.

»Ich werde mir unser Missverständnis nie verzeihen, Rosalind, und ich verstehe, wenn du meine Entschuldigung nicht akzeptierst. Aber du sollst wissen, dass ich auf ewig dankbar sein werde für die Ehre, dass ich dich ein wenig näher als die meisten anderen kennengelernt habe und etwas mehr von deinem brillanten Geist mitbekommen durfte. Ganz egal, was passiert«, sagt er schließlich.

*

Ich steige aus dem himmelblauen Mittelmeer und lasse mich von den letzten Sonnenstrahlen des Tages trocknen. Die zehn Tage in Calvi, das Wandern, Schwimmen, Lachen unter der gleißenden Sonne, sind wie im Rausch verflogen. Der Austausch mit Jacques, so kurz er auch war, hat mir ein Gefühl des Friedens verschafft, das hoffentlich über den Urlaub hinaus anhält; unabhängig davon, dass ich seine vorangehenden Versuche, mich außerhalb des *labo* zu treffen, vielleicht missverstanden habe. Ein solches Verständnis und ein solcher Respekt vorausgesetzt, könnte ich vielleicht wirklich dauerhaft in Paris bleiben, vielleicht sogar weiterhin im Laboratoire Central des Services Chimiques arbeiten, wo ich mich so produktiv fühle, so gut unterstützt, was Arbeit und Freundschaften betrifft.

»Rosalind, komm zum Feuer!«, ruft Alain mir zu, als mir eine frische Meeresbrise über die noch feuchte Haut weht. Ich bekomme Gänsehaut auf Armen, Beinen und dem entblößten Bauch – zum ersten Mal auf dieser Reise trage ich einen Bikini – und ziehe mir schnell die Shorts und ein Shirt über das nasse Badezeug. Ich nehme mein Handtuch, werfe mir die Strandtasche über die Schulter und laufe zu dem lodernden Lagerfeuer, das meine Freunde am Strand entfacht haben. Ich breite mein Handtuch neben Colin und Alain aus und nehme die Flasche Wein entgegen, die die Runde macht. Der Burgunder wärmt mich fast augenblicklich, und ich reiche ihn weiter zu Gabriel, der sich auf der anderen Seite neben mir niedergelassen hat. Michel stößt mit dem frischen Fang eines Fischers zu uns, der gleich unten am Strand seine Angel ausgeworfen hat, und während er den Fisch für die Zubereitung über dem Feuer vorbereitet, lasse ich mich rückwärts auf mein Handtuch sinken. Ich beobachte den Sonnenuntergang und lausche einer obskuren wissenschaftlichen Debatte unter den *chercheurs*, meiner Truppe.

Die Sonne setzt zu ihrem steilen Abstieg an, und dann, viel schneller, als ich es für möglich gehalten hätte, ist es dunkel am Strand. Wir beschließen, nicht zum Abendessen in die Pension zurückzukehren. Das Hôtel di Fango, das ein Freund von Adrienne betreibt und das sich immer noch von dem ruinösen Zustand erholt, in dem die Deutschen und die Italiener es nach dem Krieg zurückgelassen haben, erfüllt seinen Zweck, aber ein gemütliches Plätzchen für ein leckeres Essen ist es nicht gerade. Stattdessen erklärt Michel sich bereit, weitere Fische zu besorgen, Alain geht ein paar Flaschen Wein holen und Colin und ich machen uns auf den Weg zur *Boulangerie* und zur *Fromagerie*, an denen wir vorhin vorbeigekommen sind, um Brot, Käse und Obst zu kaufen, sofern die Läden noch geöffnet sind.

Als wir mit Baguettes, einer Tüte Trauben und duftendem Käse zurückkehren, scheint die Gruppe erheblich geschrumpft zu sein – nur noch vier von ehemals acht Leuten sind übrig. Ich mache Michels Silhouette neben der von Agnes aus, wie sie am Strand entlangschlendern – er scheint zuvor allerdings seiner Pflicht nachgekommen zu sein und einen Korb mit frischem Fisch abgeliefert zu haben. Damit sind wir zu sechst: Agnes, Michel, Colin, Gabriel, Alain und ich.

»Wo sind denn Jacques und Rachel?«, frage ich.

Alain prustet los, und Gabriel spuckt fast den eben getrunkenen Wein wieder aus. »Was glaubst du wohl?«, fragt er.

Ich zucke mit den Schultern. Waren Colin und ich unbemerkt an ihnen vorbeigegangen? Ich sehe zu meinem Bruder hinüber, der genauso irritiert wirkt wie ich.

»Sie sind zurück in die Pension«, kommt mir Alain zu Hilfe. »Sehr wahrscheinlich, um ihr Hotelzimmer auszukosten, solange wir weg sind.«

»Ihr Hotelzimmer?« Ich bin verwirrt; ich dachte, Jacques und Alain würden sich ein Zimmer teilen. Haben Rachel und Jacques etwa just auf dieser Reise etwas miteinander angefangen? Und kam Jacques deshalb mit seinem Friedensangebot auf mich zu? Um vorsorglich meine Wut oder meinen Schmerz zu lindern?

»Wo warst du nur die letzten Monate, Rosalind? Jacques und Rachel sind seit Rachels erster Woche im *labo* ein Paar«, klärt Gabriel mich auf.

»Er fackelt nicht lange rum, kann man sagen«, meint Alain lachend. »Wie konnte dir das nur entgehen, Rosalind?«

Mir wird übel bei der Vorstellung, und gleichzeitig wird mir durch ihre Offenheit klar, dass sie keine Ahnung haben von *meiner* früheren Beziehung zu Jacques. Im Stillen danke ich einem Gott, an den ich nicht glaube.

Gabriel und Alain kichern immer noch, als Gabriel zu Colin meint: »Das ist unsere Rosalind: brillant im Umgang mit Atomen, aber völlig hinterm Mond, was den Rest der Welt betrifft.«

Ich rechne nach. Rachel hat ihren Job als *chercheur* kurz nach Neujahr angetreten. Mein letzter Abend mit Jacques war in der Woche danach.

Was bin ich doch für eine Närrin.

TEIL 2

KAPITEL 15

8. Januar 1951
London

Wäre The Strand, diese geschäftige, dröhnende Verkehrsader, doch nur ein bisschen mehr wie die Boulevards entlang des Seine-Ufers, denke ich auf dem Weg zu meinem neuen Labor im King's College. Das Getöse der hupenden Autos und kreischenden Bahnen ist derart durchdringend, dass ich mir fast die Ohren zuhalten muss. Kurz bleibe ich stehen und überlege, ob ich mich dem Gebäude nicht von der Rückseite aus nähern und noch einen schnellen Blick auf die Themse werfen soll, denn nach Norden hin grenzt es direkt an den Fluss. Aber dann müsste ich mir irgendwie einen Weg um den zwanzig Meter breiten Krater im Innenhof des King's College bahnen, den eine Bombe während des Zweiten Weltkriegs dort aufgerissen hat. Außerdem stapeln sich an der Uferbefestigung der Themse immer noch Trümmerhaufen, und ich müsste die ganzen Baumaterialien und -geräte umgehen, mit denen gerade der neue Fachbereich für Physik aufgebaut wird, der auch die Forschungsabteilung für Biophysik angehörte. *Nein, denke ich, das würde mich nur wieder daran erinnern, wie sehr London doch verblasst neben Paris und wie hohl es sich anfühlen kann ohne meine* chercheur-*Freunde Vittorio, Adrienne und in gewisser Weise ja auch Jacques.* Ich hoffe nur, dass sich mein neuer Job nicht auch als so blass oder hohl erweisen wird.

Ob es die richtige Entscheidung war, die Stelle als Turner-and-Newall-Stipendiatin am King's College anzunehmen? Nach

London zurückzukehren? Wieder und wieder habe ich darüber mit meinem jüngeren Bruder Colin, meiner Cousine Ursula und meinen geschätzten Pariser Freunden diskutiert, nachdem ich von Jacques und Rachel erfahren hatte und die Vorstellung, im *labo* zu bleiben, undenkbar geworden war. Ein Leben ohne Jacques kann ich ertragen; ich hatte mir ohnehin immer ausgemalt, allein zu leben. Aber Jacques mit jemand anderem sehen tagein, tagaus – das könnte ich nicht.

Nachdem ich mir der Affäre der beiden bewusst geworden war, hatte ich in meiner Verletztheit schließlich beidem nachgegeben: dem Drang, einfach davonzulaufen, und dem unermüdlichen Beharren meiner Eltern, ich solle endlich wieder nach Hause kommen. Und als dann noch, *endlich,* am King's College eine Stipendiatenstelle ausgeschrieben worden war, bei der ich meine Fachkenntnisse in der Röntgenkristallographie einbringen konnte – denn Jobs gab es in meiner Wahrnehmung zwar massenhaft, aber eben nicht für mich –, da lag die Entscheidung auf der Hand. Jetzt aber, da ich mich mit der Realität eines behelfsmäßigen Labors an The Strand anstelle eines *labo* mit Blick auf die Seine konfrontiert sehe, fürchte ich, doch die falsche Wahl getroffen zu haben.

Ich lasse The Strand hinter mir, passiere den Torbogen und gehe über den Innenhof des King's College zu meinem neuen Labor. Die Materialien des Gebäudes – weißer Portland- und Yorkshire-Stein, kombiniert mit schottischem, dunkelgrau gestreiftem Granit – sind recht hübsch auf ihre Art. *Ob sie durch meine Kristallographiegeräte betrachtet wohl immer noch so ansehnlich wären?,* frage ich mich. Oder würden sie die Schönheit ihres Zusammenwirkens, die sich im fahlen Licht dieses Wintermorgens zeigt, einbüßen, wären sie erst in ihre kristallinen Einzelteile zerlegt?

Ich lasse den Blick über den Hof schweifen und entdecke schließlich den Eingang zur provisorischen Forschungsabteilung für Biophysik. Als ich für mein Bewerbungsgespräch hierhergekommen war, hatte ich mich gewundert über das Sammelsurium verschiedenster Räume – aber dann hatte ich erfahren, dass die gesamte Abteilung zuvor unterhalb des Innenhofs untergebracht gewesen war und von derselben deutschen Bombe zerstört wurde, die auch den riesigen Krater in den Hof gerissen hat. Das einzig Gute an der Sache war, dass die Wissenschaftler die Räumlichkeiten zu dem Zeitpunkt bereits der Hilfsfeuerwehr überlassen hatten, die während des Krieges im Innenhof stationiert war, und dadurch niemand zu Schaden kam.

Ich stoße die Tür auf. Das King's College ist zwar weder Oxford noch Cambridge – die mir beide sowieso nicht gerade die Tür eingerannt haben –, aber es hat sich doch einen ordentlichen Ruf im Bereich der Wissenschaft erarbeitet und sich vor allem dadurch ein herausragendes Image verschafft, dass es das erste interdisziplinäre Biophysiklabor in ganz England ins Leben gerufen hatte – ein bedeutender Schritt, da Wissenschaftler nun erkannt haben, wie wichtig es ist, Fragestellungen auch disziplinübergreifend anzugehen. Als ich den Empfangsbereich betrete, gebe ich mir Mühe, die vielen Geistlichen zu ignorieren, an denen ich vorbeikomme, und die andere Facette der Reputation des Colleges außer Acht zu lassen: seinen sehr strengen Anglikanismus nämlich, eine direkte Reaktion auf die Entscheidung seines toleranteren Nachbarn, des University College London, an dem mein Urgroßvater studiert hatte, nicht nur Katholiken, sondern auch Juden zuzulassen. Aus dem Grund war Papa, trotz seiner Begeisterung über meine Rückkehr nach London, auch etwas blass geworden, als ich ihm von meiner neuen Stelle erzählte. Meine eigenen Bedenken wegen des anglikanischen Backgrounds des King's College waren hingegen andere: die starke Dominanz von Männern in diesem Institut.

Noch bevor ich mich der Empfangsdame vorstellen kann, betritt Professor John Turton Randall, der Fachbereichsleiter, den

Raum. Er sieht aus wie aus dem Ei gepellt in seinem blütenweißen Hemd und dem frisch gebügelten Anzug mit Fliege und hübscher weißer Blume im Knopfloch. »Miss Franklin!«, ruft der eher kleine, heitere kantige Mann mit den ausladenden Ellbogen und vorstehenden Wangenknochen freundlich, nachdem er mich durch seine runden Brillengläser hindurch erspäht hat.

»Professor Randall«, erwidere ich, »schön, Sie wiederzusehen!« Wir geben uns die Hand und ich hoffe, ich klinge freudvoller, als ich mich fühle.

»Wir haben Sie schon sehnsüchtig erwartet«, sagt er, noch immer mit der Spur eines nordenglischen Akzents, was eigentlich erstaunlich ist nach seinen vielen Stationen an Universitäten in ganz England und sogar einem Aufenthalt in Schottland in den letzten Jahren. Er lächelt mich an und setzt sich wieder in Bewegung, diesmal hinaus aus dem Empfangsraum. »Kommen Sie, lassen Sie uns einen Blick auf Ihre neue Wirkungsstätte werfen. Wir haben alles an Ausstattung besorgt, was auf Ihrer schönen langen Liste stand.« Randall ist genau so, wie ihm nachgesagt wird: aufgeweckt, geistreich und charismatisch; von diesen Qualitäten braucht er auch jede Menge, muss er doch die finanziellen Mittel für sein neues Projekt auftreiben.

Ich folge ihm, leicht ehrfürchtig angesichts dieses energiegeladenen Kriegshelden. Randall hatte während des Krieges zusammen mit seinem Wissenschaftskollegen H. A. H. Boot das Hohlraummagnetron entwickelt, ein Gerät, das unserem Land mithilfe elektromagnetischer Strahlung ungeheure Dienste erwies, indem es dem Militär half, deutsche U-Boote aufzuspüren und nachts Bomben zu lokalisieren. Für mich besteht seine größte Heldentat allerdings darin, dass er auch Frauen in seine Belegschaft aufnimmt – und das ausgerechnet in England, das generell schon durch so viele reine Männergesellschaften geprägt ist, und dann noch am King's College, wo erst recht alles auf Männer ausgerichtet ist. Allein unter seinen einunddreißig Biophysikern sind schon acht Frauen – das ist durchaus bemerkenswert für einen männlichen Physiker und einer der Gründe, warum ich mich entschieden habe, für ihn zu arbeiten.

Wir laufen durch das Labyrinth von Korridoren und Büroräumen, bis wir schließlich in ein Labor kommen. Professor Randall macht eine ausladende Geste; der Raum ist ziemlich groß, wirkt wegen der niedrigen Decke aber etwas beengt. »Das ist Ihr Reich. Sie werden sehen, alle Geräte sind wunschgemäß für Sie vorbereitet, mit Ausnahme der spezialangefertigten Kamera in der Vakuumkammer.« Er zögert kurz und meint dann: »Ziemlich genialer Schachzug übrigens. Die Probe außerhalb des Vakuums zu positionieren und die Kamera innerhalb, um so die Temperatur zu kontrollieren.«

»Und die Feuchtigkeit. Die ist manchmal sogar noch wichtiger als die Temperatur.«

Er nickt mir kurz zufrieden zu. »Stimmt. Eine wirklich ausgezeichnete Idee. Sie verstehen Ihr Handwerk.«

»Deshalb haben Sie mich ja vermutlich auch eingestellt«, platze ich heraus, ohne meine gewohnte kurze Bedenkzeit, und ernte prompt einen überraschten kurzen Blick von ihm. Im Pariser *labo* hätten meine *chercheur*-Freunde gelacht über eine so trockene Erwiderung und sie einzuordnen gewusst als Teil meiner nicht böse gemeinten, aber manchmal eben etwas unbeholfenen Art. Hier dagegen habe ich vielleicht eine gewisse Grenze überschritten, ich werde künftig vorsichtiger auftreten müssen in der so viel strengeren, kontrollierteren englischen Welt. Ich komme mir vor wie eine Wissenschaftlerin mit Pariser Format, die versucht, sich durch ein Loch mit englischen Ausmaßen zu quetschen, und hoffe nur, am Ende nicht zu klein aus der Sache herauszukommen.

Zum Glück übergeht der geschäftige Professor Randall die Bemerkung kurzerhand und durchschreitet nun den Raum, während er auf die Geräte zeigt, die er in meinem Auftrag hat anschaffen lassen. Er bewegt sich schnell und fahrig, fast wie ein Vogel, und scheint es eilig zu haben, immer gleich zur nächsten Aufgabe überzugehen.»Kommen Sie, kommen Sie. Nicht dass Sie denken, ich will Sie in einen Hinterhalt locken, aber ich habe einen kleinen Begrüßungstrupp zusammengetrommelt. Ausnahmsweise einmal sind gerade fast alle im Büro und auch abkömmlich, lassen Sie uns also ein Tässchen Tee trinken zu Ihren Ehren und ein wenig über unsere Einrichtung und Ihre Aufgabe sprechen.«

Wieder folge ich ihm durch einen Korridor, bis wir in ein geräumiges Büro gelangen, in dem drei Personen im Halbkreis gegenüber einem breiten Mahagonischreibtisch sitzen. An den gerahmten Diplomen, Urkunden und Preisen an der Wand hinter dem Schreibtisch erkenne ich, dass es sich um Randalls Büro handeln muss. Ein Platz ist noch frei – der Stuhl, der der Tür am nächsten ist –, und Professor Randall bedeutet mir, mich zu setzen. Wie akkurat dieses Treffen inszeniert ist, es hat so gar nichts von der lockeren Herzlichkeit des *labo*. Wofür habe ich diese so besondere Kollegialität nur geopfert?

Als ich mich gesetzt habe, beginnt mein neuer Vorgesetzter mit der Vorstellungsrunde.»Miss Franklin«, sagt er,»herzlich willkommen in der Forschungsabteilung für Biophysik, der ersten ihrer Art – denn wie Sie ja wissen, liegt die Zukunft der Wissenschaft im interdisziplinären Ansatz. Daran habe zumindest ich keinen Zweifel, und es ist mir gelungen, auch den Medical Research Council davon zu überzeugen, der uns schließlich finanziert.« So bereitwillig, wie alles über Randalls scherzhafte kleine Prahlerei kichert, gehe ich davon aus, dass sie diesen Satz nicht zum ersten Mal gehört haben; die unsichere Finanzierungslage wird in meiner Zeit hier vermutlich Dauerthema sein. Natürlich fällt mir auf, dass er mich mit»Miss«statt mit »Doktor«anspricht, wie es in Frankreich bei offiziellen Anlässen üblich war, aber das kommentiere ich nicht.

»Jeder einzelne Wissenschaftler hier ist mit einer ganz bestimmten Aufgabe betraut, von der ich mir entscheidende Entdeckungen erwarte. Und Ihre Aufgabe ist die wichtigste von allen.« Er klatscht so laut und überraschend in die Hände, dass ich zusammenfahre. »Lassen Sie mich Ihnen Ihre talentierten Kollegen vorstellen, die Ihnen während Ihres Turner-and-Newall-Stipendiums zur Seite stehen werden.« Er weist auf den rundlichen blonden Kollegen neben mir, dessen Augenbrauen so hell sind, dass sie kaum zu sehen sind, und verkündet mit dröhnender Stimme: »Ihr Assistent, Mr. Raymond Gosling. Ein ausgesprochen intelligenter junger Doktorand und Ihre künftige rechte Hand.«

Der sympathisch aussehende junge Mann lächelte mich an und meint: »Sehr erfreut, Miss Franklin. Ich habe schon viel Gutes von Ihnen und Ihrer Zeit in Frankreich gehört und kann es kaum erwarten ...«

Randall deutet auf die nächste Person im Halbkreis und unterbricht Gosling: »Hier haben wir Alec Stokes, einen äußerst begabten Physiker und Mathematiker. Er kennt sich zwar auch mit den Röntgenkristallographiegeräten aus, ist für uns aber in erster Linie Anlaufstelle für theoretische Fragestellungen im Zusammenhang mit den Mustern der Röntgenfilme. Sie können sich jederzeit an ihn wenden.«

Der offensichtlich sehr schüchterne Mr. Stokes, der den Blick bisher starr auf den Teppich unter seinen Füßen gerichtet hat, sieht mich nun an und nickt mir zu, doch bevor er auch nur den Mund aufmachen kann, ist Professor Randall schon bei der dritten Kollegin angelangt: »Und last, but not least haben wir hier Mrs. Louise Heller. Eine Syracuse-Absolventin, die bei uns ist, solange ihr Mann mit einem Fulbright-Stipendium in London studiert. Sie steht Ihnen in den Labors zur Verfügung, falls Sie dort etwas brauchen.«

Die sympathische Mrs. Heller mit dem kastanienbraunen

Haar lächelt mir zu und bringt gerade noch ein »Freut mich, Sie kennenzulernen, Miss Franklin« heraus, bevor Randall erneut ansetzt. Ich werde lernen müssen, mit seiner charmanten, aber doch sehr dominanten Art zurechtzukommen.

»Die drei werden Ihnen also – als eine Art Pioniertrupp – zur Seite stehen, während Sie mit ihrem Fachwissen in der Röntgenkristallographie Ihren Beitrag dazu leisten, *das* kritische Element einer lebenden Zelle schlechthin aufzuspüren«, kündigte er relativ dramatisch an, während er mir eine Tasse Tee einschenkt. Dann lehnt er sich in seinem Stuhl zurück und strahlt uns der Reihe nach an. Man könnte meinen, er erwarte Beifall.

»Wie bitte?« Ich gehe davon aus, dass ich ihn missverstanden habe. Er hat doch bestimmt nicht gesagt, dass ich mit biologischem Material arbeiten soll, mit lebenden Substanzen statt mit den leblosen Kristallen, auf deren Gebiet ich zur Expertin avanciert bin. Ich nippe an dem schwachen Tee, ein ekelhaftes Gebräu, das sofort Sehnsucht nach dem belebenden *café* in mir weckt, den wir im *labo* immer über den Bunsenbrennern aufgebrüht haben.

»Aber ja, ich dachte, wir hätten darüber gesprochen.« Er sieht mich fragend an, und ergänzt, als ich den Kopf schüttele: »Sie werden Ihr Talent hier in der Arbeit mit biologischer Materie einsetzen.«

»Nicht mit kristallinen Substanzen?«

Meine Frage ignorierend fährt er fort: »Wir hatten das große Glück, biologisches Material von Professor Rudolf Signer aus Bern in der Schweiz zu bekommen: Fasern aus Desoxyribonukleinsäure, die er in ein speziell präpariertes Gel gelegt hat und die ein extrem konzentriertes Molekulargewicht haben; das macht sie auf der Suche nach eventuell darin liegenden genetischen Geheimnissen zu hervorragenden Studienobjekten. Gosling hier hat bereits erfolgreich ein paar Bilder gemacht, was dank Ihrer Erfahrung und Ihrem Intellekt aber sicher noch ausbaufähig ist.« Wieder grinst er von einem Ohr zum anderen. »Überlegen Sie mal: Mit Ihrem Talent, sich Zugang zu den Mikrowelten der Zellen und dieses Materials zu verschaffen, könnten wir in der Lage sein, die Struktur der DNA zu entschlüsseln und damit das große Rennen für uns zu entscheiden.«

Rennen? Wovon redet Randall da eigentlich? Mir schwirrt ohnehin noch der Kopf – ich soll irgendwelche Elemente der Zelle erforschen? »DNA steht für Desoxyribonukleinsäure, richtig? Und damit soll ich arbeiten?«

»Exakt. Oder, um ganz genau zu sein: mit Signers ganz eigenem großartigen DNA-Gebräu. Es ist wirklich einzigartig, völlig anders als alle anderen DNA-Präparate, mit denen wir bisher zu tun hatten.«

Es geht mir zwar gegen den Strich, irgendwelche Äußerungen zu machen, die mein Expertentum infrage stellen könnten, aber ich brauche jetzt einfach dringend Klarheit. Vor allem, wo Randall gerade meine Vorstellung von meiner künftigen Rolle einmal komplett auf den Kopf gestellt hat. Natürlich bin ich im Großen und Ganzen im Bilde, was die Geschichte und die Entwicklungen auf dem Gebiet der Zellforschung, der Gene und der DNA betrifft – angefangen von der erstmaligen Begründung der Vererbungslehre durch Gregor Mendel und seiner Forschung über Erbsenpflanzen Mitte des 19. Jahrhunderts über die Schnittstellen seiner Forschung mit Charles Darwins Evolutionstheorie bis hin zu der halbwegs aktuellen Debatte darüber, wo sich die Gene eigentlich befinden könnten, also an welcher physischen Stelle innerhalb der Zelle –, aber es gibt dennoch zahlreiche Forschungsgebiete, mit denen ich nicht besonders vertraut bin. Welcher Bereich mag es Randall wohl besonders angetan haben?

Ich feile also an einer Frage, die mir hoffentlich die nötigen Antworten liefert, ohne dass ich dafür meine Unwissenheit offenbaren muss. »Entschuldigung, aber könnten Sie wohl ein bisschen mehr verraten über dieses große Rennen um die Gene? Aus Ihrer ganz persönlichen Insiderperspektive heraus, meine ich.«

»Ah.« Randall lehnt sich in seinem Stuhl zurück, die Hände lässig zum Dreieck geformt, und macht sich bereit für einen offenbar gut vorbereiteten Vortrag. Seine Bemühungen, Geld für die Abteilung aufzutreiben, haben ihm vermutlich einige Gelegenheit für genau diese Rede geboten. »Ja, der große Wettlauf also um die Geheimnisse der Gene, mit all den dazugehörigen schwer greifbaren Rätseln um die Frage, wie der Mensch eigentlich seine Merkmale und die Informationen für die Lebensprozesse von einer Generation zur nächsten weitergibt. Die Antwort darauf gehört natürlich zu den zentralsten Fragen der Wissenschaft überhaupt. Seit fast fünfzig Jahren wird nun schon erörtert, wie die Erbinformationen von einem Chromosom zum nächsten gelangen. Wie Ihnen sicher bekannt ist, stand am Anfang die Entdeckung der Chromosomen im Zellkern, also jener Strukturen, in denen die Gene enthalten sind und die aus zwei Arten von Substanzen bestehen: Proteinen und Nukleinsäure. Bis vor Kurzem waren sich die Wissenschaftler darin einig, dass die deutlich komplexeren Proteine – die immerhin zwanzig verschiedene Arten von Aminosäuren enthalten und alle möglichen Zellfunktionen ausführen – die treibende Kraft bei der Weitergabe von Informationen vom alten Chromosom an das neue sein müssen und damit der Zellbereich wären, in dem die Gene liegen. Neben Proteinen enthalten die Chromosomen aber auch Nukleinsäuren, chemische Basenketten, die die meisten Wissenschaftler bisher als bloßes Bindemittel für die Proteine abgetan haben und im Vergleich zu den Proteinen für zu wenig komplex hielten, als dass sie die Erbinformationen weitergeben könnten. Sie können sich also sicher vorstellen, wie die wissenschaftliche Community reagierte, als der amerikanische Mikrobiologe Oswald Avery 1944 eine Arbeit veröffentlichte, in der er die DNA als verantwortlich für die Weitergabe der Erbinformationen erklärte – nicht die Proteine.« Er hält inne und wendet den Blick ruckartig von der Decke ab und zu unseren Gesichtern hin. Hatte er sich so sehr in seiner kleinen Ansprache verloren, dass er sich des Umstands gar nicht mehr bewusst war, dass er ja hier auch gerade vor Wissenschaftlern sprach? Dass wir ja selbst Teil der wissenschaftlichen Community waren? »Verzeihen Sie bitte. Ich wollte hier eigentlich keinen Vortrag halten.«

Stokes, Gosling und Heller schielen zu mir herüber, um meine Reaktion einzuschätzen. Ihren Gesichtern nach zu urteilen, haben sie diese Rede nicht zum ersten Mal gehört, wagen aber nicht, etwas einzuwenden. Und welcher Einwand würde mir schon zustehen, wo mein neuer Vorgesetzter ganz offensichtlich geradewegs auf den Kern seiner Rede zusteuert? Auch wenn ich seinen Tonfall ganz schön herablassend finde.

»Bitte, fahren Sie doch fort, Professor.« Ich halte also den Mund und sage, was von mir erwartet wird.

»Averys Arbeit hat die Wissenschaft mit mehr Fragen konfrontiert, als dass er ihr Antworten geliefert hätte. Wie kann die DNA derartige Mengen an Erbinformationen speichern, und wie kann sie sie übertragen und dann auch noch weitere genetische Informationen erzeugen? In der eher traditionellen wissenschaftlichen Community machte sich Verwirrung und auch ein gewisser Widerstand breit, aber in unseren Reihen, also den Wissenschaftlern mit einer etwas weiter gefassten Sicht auf die Dinge, stieg die Aufregung. Was für eine Chance, auf dieser Entdeckung aufzubauen! Wir haben also unseren Hut in den Ring geworfen, wir wollten diese Substanz mit ihren lebenserhaltenden Fähigkeiten unbedingt begreifen und sind seitdem fest entschlossen, die Architektur der DNA zu entschlüsseln und genau dort die so schwer fassbaren Gene aufzuspüren. Denn wenn wir erst die Struktur der DNA kennen, dann werden wir auch herausfinden, wie sie diese gewaltige Aufgabe bewältigen kann – denn *dass* sie für diese Aufgabe verantwortlich ist, davon sind wir überzeugt –, und ein für alle Mal unser Erbmaterial lokalisieren. Und wenn wir dann erst den Ort und die Struktur des Erbmaterials identifiziert haben – werden wir uns dann nicht auch der Natur und Funktion der Gene selbst annähern können? Und diese Struktur zu entschlüsseln, genau das ist Ihr Job.«

Worauf um Himmels willen habe ich mich da eingelassen?

»Ja, genau das wird Ihre Aufgabe sein, Miss Franklin – nicht nur die molekulare Struktur der DNA aufzuzeigen und anhand Ihrer brillanten Fähigkeiten als Röntgenkristallographin auch die Gene exakt zu lokalisieren, sondern dabei auch noch sämtliche anderen Mitstreiter aus dem Rennen zu werfen. Wir werden gemeinsam nach dem Geheimnis des Lebens selbst suchen!« Er strahlt über sein ganzes kleines Gesicht. »Willkommen im Zirkus.«

KAPITEL 16

13. Januar 1951
London

»Deine neue Bude ist ja allererste Sahne!«, johlt Ursula, die stets über den neuesten Slang auf dem Laufenden ist. Sie flaniert durch die vier hohen Zimmer meiner neuen Wohnung – ein luftiges Schlafzimmer, eine geräumige Küche und dazu ein großzügiges Wohn- und ein Esszimmer –, die mir wie ein Palast vorkommt nach so vielen Jahren in meinem Einzelzimmer in der Witwenwohnung. Ich habe die Räume zurückhaltend mit ein paar wenigen stilvollen Elementen dekoriert, die ich aus Paris mitgebracht habe – ein Bild mit sich im Wind wiegenden Bäumen an einem Berghang, gerahmte Fotos, die ich auf meinen Bergtouren gemacht habe, eine Metallvase aus einem Trödelladen, die ich mit duftendem Grünzeug bestückt habe –, und rede mir ein, dass dieser reduzierte Stil beabsichtigt ist und sogar etwas besonders Kultiviertes hat. Mir ist klar, dass Ursula kein Blatt vor den Mund nehmen wird, sollte ich falschliegen.

Doch statt auf Deko und Möbel einzugehen – ein bequemes Sofa mit dazu passendem Sessel sowie ein viktorianischer Esstisch mit dazugehörigen Stühlen –, fragt sie: »Wie hast du nur eine solche Bleibe gefunden? An eine gute Wohnung kommt man heutzutage ja schwerer als an Zucker.«

Meine Wangen glühen. Irgendwie schafft es Ursula immer, meine empfindlichsten Stellen zu treffen, auch wenn es keine Absicht ist. Sie würde mir schließlich nie wehtun wollen. Es ist mir unangenehm zuzugeben, wie ich an die Wohnung gekommen bin.

»Also eigentlich hatte ich erst eine ganz andere Wohnung im Visier, über die ich zufällig zwei Leute habe reden hören, als ich mit den Luzzatis im Herbst in der Haute-Savoie unterwegs war. Die Sache hat sich dann aber als Reinfall erwiesen, und dann blieb mir nichts anderes übrig, als ...«

»Lass mich raten!«, unterbricht mich Ursula. »Die Familie.«

»Volltreffer.«

»Hat Tante Mamie mal wieder in die Trickkiste gegriffen?«, fragt sie. Als Mitglied des London County Council hat unsere Tante einen gewissen Einfluss in solchen Angelegenheiten und wurde immer mal wieder von diversen Franklins bei Bedarf auf eine Wohnung angesprochen.

»Es ist mir unangenehm, aber: Ja, hat sie«, sage ich. Leugnen ist sowieso zwecklos. Wie sonst hätte ich an eine so große Wohnung mit herrlichem Ausblick auf Thistle Grove kommen sollen, noch dazu in einer so begehrten Gegend wie den Drayton Gardens in Chelsea in der Nähe der Fulham Road? Aber auch, wenn ich nicht ganz im Reinen mit mir bin darüber, wie die ganze Sache gelaufen ist – die Wohnung selbst und die Lage sind einfach fantastisch.

»Das muss dir doch nicht peinlich sein, Miss Rosalind. Die Leute setzen alle möglichen Hebel in Bewegung, um an eine Wohnung zu kommen; du musstest das tun, sonst hättest du dich ganz schön ins Aus geschossen.«

»Ich weiß deine Versuche, mir ein besseres Gefühl zu geben, wirklich zu schätzen, Miss Ursula«, sage ich und lasse meinen smaragdgrünen Rock im New-Look-Stil, den Ursula als einzige meiner englischen Bekannten zu würdigen weiß, einmal durch die Luft wirbeln, und sie drückt meinen Arm. Meiner lieben Cousine und Freundin wieder näher zu sein, die mir vielleicht auch dabei helfen kann, die Verletzung durch Jacques zu überwinden, gehört zu den erfreulichen Aspekten meiner Rückkehr nach England. Ein hin und wieder gemeinsam verbrachter Urlaub ist doch etwas ganz anderes, als sich regelmäßig zu treffen, wie wir es jetzt wieder tun können. Daneben hoffe ich auch, an alte Schulfreundschaften anknüpfen und den Kontakt zu Anne Sayre, die inzwischen in Oxford lebt, vertiefen und dadurch die Lücke schließen zu können, die meine wunderbaren *labo*-Freunde hinterlassen haben.»Aber ich hasse es einfach, jemanden um einen Gefallen zu bitten.«

In dem Moment wird die Tür durch das unverkennbare Klopfen meines Vaters erschüttert.

»Jetzt schon?«, fragt Ursula.»Ich hatte gehofft, wir hätten wenigstens ein bisschen mehr Zeit zu zweit.«

»Ich hatte sie eigentlich gebeten, um acht Uhr da zu sein«, sage ich mit einem Blick auf die Messinguhr an der Wohnzimmerwand, die sieben Uhr dreißig anzeigt.»Aber du kennst ja meine Eltern ...«

»Jedes Mal wieder lachhaft früh dran«, beendet Ursula meinen Satz, setzt ein breites Grinsen auf und öffnet die Tür.

»Tante Muriel! Onkel Ellis! Wie schön, euch zu sehen! Wir haben euch schon sehnlichst erwartet.«

*

»Wonach um Himmels willen schmeckt das, Rosalind?«, fragt Papa, die Oberlippe angewidert verzogen.

Ich werfe einen Blick auf seine Gabel, auf der noch Reste des *lapin à la cocotte*, des geschmorten Kaninchens, liegen.»Nach Knoblauch vermutlich.«

»Knoblauch.« Er spuckt das Wort förmlich aus.»Warum hast du nicht gesagt, dass du heute etwas mit Knoblauch kochst?«

»Na ja, ich hatte ja gesagt, dass ich eine meiner französischen Spezialitäten für euch zubereite, und bin davon ausgegangen, dass ihr von den vielen Ferien früher in Frankreich noch wisst, wie sehr die Franzosen Knoblauch schätzen.«

»Ts, ts«, macht Mama missbilligend. Papa wie immer in Schutz nehmend, sagt sie: »Ach, Rosalind, du weißt doch, dass dein Vater Knoblauch nicht ausstehen kann.«

»Richtig, ich bin schließlich dein Vater und kein ...«

»Also, ich finde es himmlisch«, wirft Colins Frau Charlotte ein. »Bei der ganzen Lebensmittelrationierung besteht doch jedes Gericht nur noch aus irgendeinem verdächtigen Stück Fleisch mit zwei faden Stück Gemüse und schmeckt nach nichts. Das hingegen ist wunderbar würzig.« Sie führt einen weiteren Bissen des Kaninchens zum Mund, gefolgt von einer Gabel des Artischockengemüses, das ich als Beilage serviert habe.

»Da kann ich mich nur anschließen, Ros«, pflichtet ihr Colin bei, was in letzter Zeit immer häufiger vorkommt. Seit er sich in der Ehe eingelebt hat und das verhasste Bankiersdasein zugunsten einer Position bei Routledge, dem Verlagshaus der Familie, aufgegeben hat, wirkt er recht zufrieden an der Seite seiner etwas unverblümteren Frau.

Gott sei Dank sind wir nicht so viele heute, denke ich. Meine anderen verheirateten Geschwister hatten keine Zeit, Jenifer hatte eine Schulveranstaltung, Ursulas Bankerfreund eine berufliche Verpflichtung und Tante Alice, die ich eigentlich auch dabeihaben wollte bei meinem ersten Familienessen in der neuen Wohnung, hatte ich dann auf Ursulas Rat hin doch nicht eingeladen. Papa und seine ältere sozialistische Schwester sind sich nicht besonders grün im Moment. Also konnte ich Papas andere Geschwister natürlich auch nicht einladen. Gut so, denn eine ganze Flut von Beschwerden über mein streng nach Rezept zubereitetes *lapin à la cocotte* könnte ich nur schlecht wegstecken.

Jetzt nimmt Ursula die Sache in die Hand, in der Hoffnung, das Gespräch vom Essen und von der Missbilligung meines Vaters für meine französischen Kochkünste abzuwenden. »Ich wollte Rosalind vorhin schon dazu bringen, mir von ihrer neuen Stelle am King's College zu berichten, aber die Zubereitung dieses Festmahls hat sie zu sehr abgelenkt.«

»Ja, Rosalind«, sagt Mama, obwohl sie sich wirklich nicht sonderlich für die Details meiner Arbeit interessiert. Aber es ist eben höflich, danach zu fragen. »Was kannst du berichten von deinem neuen Job?«

Wer dann aber wirklich zuhört, als ich anfange mit meinem Bericht, ist mein Vater. Er war schon immer der Einzige in unserer Familie, den meine Arbeit nicht nur fasziniert, sondern der auch in der Lage ist, sie zu begreifen – auch wenn er behauptet, meinen Weg nicht wirklich zu akzeptieren, was ich manchmal bezweifle. Immerhin hatte er als junger Erwachsener selbst eine Weile mit dem Gedanken gespielt, in die Wissenschaft zu gehen. Was ihn allerdings nicht davon abhält, mich immer wieder zu einem Kurswechsel überreden zu wollen und mir nahezulegen, mich doch lieber der familiären Philanthropie zu verschreiben oder allmählich ans Heiraten und an eine eigene Familie zu denken, was mich natürlich jedes Mal prompt an Jacques denken lässt. Außerdem stellte er bei seinem ersten Besuch in meiner neuen Wohnung mit heftiger Missbilligung fest, dass nicht *eine* Synagoge fußläufig erreichbar sei, obwohl er doch genau weiß, dass ich nicht an Gott glaube – sondern an die Wissenschaft.

»Ich werde ein Team unter Professor J. T. Randall leiten. Vielleicht habt ihr von ihm gehört. Zusammen mit einem anderen Wissenschaftler – einem gewissen Dr. Boot – hat er das Magnetron entwickelt, das im Krieg sehr nützlich war, um U-Boote und nächtliche Bomber aufzuspüren.«

»Und so was sollst du jetzt machen, Rosalind?«, fragt Mama halbwegs schockiert. »Du stellst Waffen her? Ich dachte, du bist strikt gegen diese ganze Aufrüstung, die jetzt in England, Amerika und Russland stattfindet.«

»Bin ich auch, Mama«, sage ich und wundere mich, dass sie sich daran noch erinnert.»Meine Arbeit hat mit militärischen Dingen auch nicht das Geringste zu tun. Ich werde meine Fertigkeiten in der Röntgenkristallographie, die ich mir in Frankreich angeeignet habe, einsetzen können und sie auf biologische Materialien anwenden.«

In der für ihn so typischen fragenden und zugleich fordernden Art hebt Papa eine Augenbraue.»Klingt, als würdest du das Fachgebiet wechseln – von der physikalischen Chemie zur Biologie. Bist du nicht schon etwas zu tief eingestiegen in die physikalische Chemie, um jetzt noch mal den Schwerpunkt zu wechseln?«, fragt er halb neugierig, halb skeptisch.»Wo soll das hinführen, Rosalind? Die Wissenschaft wird dir keine Familie schenken und auch keinen Glauben. Und das ist doch letztlich, was zählt und was bleibt.«

Aus dem Augenwinkel sehe ich Ursula angesichts der schon so oft gehörten Tirade in gespielter Verzweiflung die Augen verdrehen und lasse mich von ihrem Humor besänftigen. Statt mich zum tausendsten Mal mit meinem Vater über Wissenschaft und Familie und Glauben zu streiten, beschließe ich, ihm lieber eine Anekdote zu erzählen.»Ja, gute Frage, wozu das alles? Hast du schon einmal von Schrödinger gehört?«, frage ich.

Er schüttelt den Kopf.»Erwin Schrödinger«, sage ich.»Ein Physiker, der den Nobelpreis bekommen hat. Er hat ein Buch geschrieben, *Was ist Leben?*. Darin sagt er, dass es an der Zeit ist, die wissenschaftlichen Disziplinen nicht mehr getrennt voneinander zu betrachten, sondern vielmehr die Überschneidungen zu erkennen – also zum Beispiel eine biologische Fragestellung durch den Blickwinkel des Physikers zu betrachten. Biologische Organismen bestehen schließlich aus Molekülen und Atomen und allen möglichen Materialien, die für uns nicht sichtbar sind, oder nicht? Könnten wir sie also nicht viel besser begreifen, wenn wir ihre Struktur durchschaut haben? Aus dieser Perspektive heraus betrachtet, ist das Leben, wie es biologische Organismen wie zum Beispiel der Mensch verkörpern, einfach nur physische Materie, die gewisse Handlungen vollzieht – essen, trinken, atmen oder, nach den Regeln der Physik: *leben*. Interessanterweise geht es im Leben aber noch um etwas anderes: nämlich darum, die uns als biologische Organismen irgendwie aufgeprägte genetische Information weiterzugeben. Schaut euch doch mal um«, sage ich und schließe mit einer Geste mich selbst, Mama, Papa, Colin und Ursula mit ein. »Aus irgendwelchen Gründen hat Colin die Franklin-Nase abbekommen, Ursula die Franklin-Augen und ich deinen Hang zu streiten und zu diskutieren.« Alle lachen über diese viel zitierte Offensichtlichkeit.

Papas Gesicht ist weicher geworden während meines kleinen Plädoyers, aber auch wenn ich deutlich sehe, dass ihn meine Worte bewegt und den jugendlichen Teil in ihm berührt haben, der die Wissenschaft als heilige Mission betrachtet, gibt er seine Rolle als kritische Vaterfigur dennoch nicht auf. »Hört sich alles ziemlich rätselhaft und ziemlich französisch an.«

Ich ignoriere seinen Kommentar und fahre fort, wobei mich meine künftige wissenschaftliche Aufgabe selbst immer mehr in ihren Bann zieht. »Um also deine Frage nach dem ›Wozu das alles?‹ zu beantworten, Papa: Ich werde erforschen, wie sich das Leben in endlosen wahrnehmbaren Permutationen selbst reproduziert, wie das Leben über den Tod hinaus weitergegeben wird, wenn der biologische Organismus stirbt. In meiner künftigen Forschung, Papa, geht es um das Leben selbst.«

KAPITEL 17

30. Januar 1951
London

Als ich nach den obligatorischen Sicherheitsunterweisungen in mein Labor zurückkehre, scheint die schwache Sonne durch die Fenster und erfüllt den Raum überraschend großzügig mit Tageslicht. Trotzdem ist mein neuer Arbeitsplatz am King's College noch lange kein *labo* mit den hohen Decken und dem geräumigen, hellen Arbeitsumfeld, an dem zwanzig *chercheurs* gleichzeitig unter Jacques' wachsamem Blick ihren Projekten nachgehen können. *Halt,* sage ich zu mir selbst. Wenn ich die Berufung wirklich annehmen möchte, von der ich Papa vorgeschwärmt hatte, und mein neues Leben am King's College dazu, dann darf ich meine neue zukunftsträchtige Situation nicht länger mit der früheren vergleichen, die einfach nicht mehr lebbar war. Ich kann nicht einer Zukunft entgegenblicken, an der ich andauernd etwas auszusetzen habe, ich muss mich jetzt klar für meinen neuen Weg entscheiden.

Und was könnte origineller sein, als mein Wissen und mein Talent in physikalischer Chemie auf *die* Quintessenz der biologischen Materie schlechthin anzuwenden? Was könnte innovativer sein, als Schrödingers Ruf zu folgen? Obwohl ich erst wenige Wochen am King's College bin, kann ich sehr gut nachvollziehen, warum Randall so vehement auf diesen bahnbrechenden Forschungsbereich setzt, mal davon abgesehen, in welchen Kontext er die Sache setzt. Ich wünschte nur, es würde kein Wettlauf dahinterstecken; in Hektik betriebene Wissenschaft – mit dem Ziel, andere auszubooten – dient nie dem richtigen Zweck.

Ich befestige das Dosimeter, das mir bei der Schulung ausgehändigt wurde, an meinem Laborkittel und wende mich dann Ray Gosling zu, meinem Assistenten, der gerade die Skizze einer schwenkbaren Mikrokamera in Augenschein nimmt, die ich eben angefertigt habe. Ich hoffe, dass dieser Ansatz ungewöhnlichere Winkel ermöglicht und wir damit ganz neuartige Bilder generieren können.»Und, was meinen Sie?«

Er dreht sich zu mir, der Mund steht ihm offen.»Es ist verdammt noch mal genial!«

Ich habe wohl große Augen gemacht, jedenfalls schickt er sofort ein»Tut mir leid!« hinterher.

»Aber nein, Sie müssen sich nicht entschuldigen, Ray. Ich bin schließlich ein ganzes Labor voller fluchender französischer Wissenschaftler gewohnt. Die nehmen auch in der Gegenwart von Frauen kein Blatt vor den Mund«, erwidere ich lachend, was ihn hoffentlich beschwichtigt. Ich bin nun wirklich nicht auf einen förmlichen Umgang mit Ray aus, im Gegenteil: Ich will ihm eher etwas von dem kollegialen Umgang mitgeben, den ich in Paris kennengelernt habe, und andersherum auch von ihm einfach als Kollegin behandelt werden. Und schon gar nicht will ich, dass unserem Umgang irgendwelche Geschlechterfragen im Weg stehen.

»Es ist nicht, weil Sie eine Frau sind«, sagt er und wird rot. Schon lustig, wie ein Wissenschaftler, der formell sogar eine Ausbildung zum Arzt absolviert hat, derart schamhaft sein kann, wenn es um grundlegende biologische Unterschiede geht. Mich selbst eingeschlossen.

»Ach nein?«, frage ich und muss schmunzeln.

»Es ist, weil Sie so vornehm sind.«

»Was?« Das haut mich nun wirklich um. Wovon um alles in der Welt redet er da? Ich habe meine Familie oder unseren

Background nie erwähnt – wir wurden zwar dazu erzogen, stolz auf unser jüdisches Erbe und den Erfolg der Familie Franklin zu sein, aber auch dazu, über beides Stillschweigen zu bewahren.

»Na ja, Ihre Art zu sprechen und wo Sie aufgewachsen sind. Ich meine, Sie waren sogar auf St. Paul's«, sagt er. »Sie sind ja praktisch adlig. Dadurch wird mir meine eigene Ausdrucksweise nur bewusster, das ist alles.«

Ich weiß nicht recht, was ich davon halten soll. In Frankreich war ich sowieso eine Fremde, was meinen sozialen Status verwischt hat, deshalb habe ich mir schon länger keine Gedanken mehr über die in England allgegenwärtigen Klassenunterschiede gemacht. Aber eins weiß ich gewiss: In meinem eigenen Labor will ich keine solchen Differenzierungen haben. Ich will, dass hier jeder frei seine Meinung äußern kann, ich will einen ungezwungenen Ideenaustausch und ich will, dass ernsthaft gearbeitet wird.

Erstmals in meinem Leben kommt mir ein Schachzug in den Sinn, der hilfreich sein könnte, um die Stimmung aufzulockern und ähnliche Situationen künftig zu vermeiden.

»Okay. Also ich will *verdammt noch mal* auf gar keinen Fall, dass Sie sich so fühlen«, sage ich grinsend.

Ray wirkt erst überrascht, dann bricht er in hysterisches Gelächter aus. »O Mann, das klingt wirklich urkomisch aus Ihrem Mund. Ich hätte nie gedacht, dass ich Sie mal so reden hören würde.«

»Werden Sie vielleicht auch nie wieder«, sage ich und stimme in sein Lachen ein. »Ich will nur nicht, dass Sie sich wegen einem solchen Firlefanz zurückhalten. Wir sind schließlich auf der Jagd nach etwas viel Größerem als uns selbst – etwas viel Bedeutenderem als irgendwelche dummen Klassenunterschiede, ob real existierend oder eingebildet. Abgemacht?«

»Abgemacht«, erwidert er mit seinem ansteckenden Grinsen.

»Also zurück an die Arbeit ohne jede Hemmung?«

»Ohne jede Hemmung«, bestätigt er und nickt.

»Okay, bevor wir also darüber sprechen, wie die Mikrokamera beschaffen sein sollte, würde ich gerne kurz einen Schritt zurückgehen, einverstanden?«

»Natürlich.«

»Also, es ist Ihnen ja schon gelungen, das beste Bild der DNA zu erzeugen, das es bislang gibt, auch wenn es verschwommen und nicht ganz vollständig ist – meinen Glückwunsch dazu. Ich war begeistert, als ich darin die Spuren einer kristallinen Struktur im DNA-Material erkennen konnte.« Ich deute auf das Röntgenbild, das er vor einigen Monaten angefertigt hat und das zu reproduzieren ihm bislang nicht gelungen ist. Nachdem er sich alles selbst beigebracht hat, sind seine Fähigkeiten in der Röntgenkristallographie begrenzt, aber das zu ändern, habe ich mir fest vorgenommen. »Wenn wir aber eine tatsächliche Dreidimensionalität erzeugen wollen – oder besser gesagt eine tatsächliche Struktur –, dann brauchen wir dazu mehr Daten. Viel mehr Daten. Und das bedeutet: viel mehr Bilder, klarere Bilder und im Anschluss daran eine ganze Menge Berechnungen, um herauszufinden, ob wir vom zweidimensionalen Bild eine dreidimensionale Struktur ableiten können.«

»Ja, genau. Ich kann es kaum erwarten, von Ihnen zu lernen.« Er nickt beflissen und ich bin beeindruckt, wie wenig ausgeprägt Rays Ego ist. Die meisten Wissenschaftler sind deutlich weniger an Entdeckungen interessiert, die der Allgemeinheit zugutekommen, als an der Pflege ihres Rufs. »Ihre Kenntnisse sind beeindruckend, was diese Techniken betrifft. Kaum zu glauben, dass Sie sich das alles in nur wenigen Jahren selbst beigebracht haben.«

»Wissen Sie, Ray, ich sehe die Sache so: Wenn ich mit einem Problem konfrontiert bin, dann eigne ich mir eben die notwendige Technik an, um die Lösung dafür zu finden. Und nachdem wir die besten Erkenntnisse über die Natur der DNA anhand der Röntgenkristallographie gewinnen können, werden wir eben genau auf diesem Gebiet zu Experten.« Ich mache eine kurze Pause und lächle ihn an, bevor ich wieder auf unsere eigentliche Aufgabe zurückkomme. »Meiner Ansicht nach müssen wir zwei Probleme lösen, um die nötigen Daten zu erhalten. Zum einen müssen wir deutlich mehr Perspektiven der DNA zusammentragen, was mit meiner Kamera hoffentlich gelingen wird. Und zum anderen müssen wir irgendwie die vertrackte Aufgabe lösen, den Feuchtigkeitsgehalt innerhalb der Kamera stabil zu halten, um klarere Bilder zu erhalten. Daran habe ich schon ein bisschen herumgefeilt, aber lassen Sie uns zunächst über die Kamera selbst sprechen. Was halten Sie von meinem Entwurf?«, frage ich und füge nach einer kurzen Pause hinzu: »Und seien Sie ehrlich, wie eben besprochen.«

»Mit diesem Mechanismus hier«, sagt er und deutet auf die Skizze, »könnte die Kamera Winkel erfassen, die bisher außerhalb unserer Reichweite liegen. Perspektiven, zu denen ich in meiner Arbeit mit der DNA bisher keinen Zugang hatte.«

»Gut. Das hatte ich gehofft. Im Gegensatz zu mir haben Sie ja schon eigenhändig mit diesen Mustern und Geräten gearbeitet, deshalb bin ich froh um Ihre Erfahrungen aus erster Hand.«

»Hält Sie King John mit seiner Sozialagenda eigentlich ordentlich auf Trab?«, fragt er grinsend. Ray, immer auf einen Lacher aus, hat eine ganze Reihe von Spitznamen für unseren Vorgesetzten auf Lager – der ›Alte Mann‹ zum Beispiel oder eben ›King John‹. Nicht dass er Randall direkt damit ansprechen würde – außer die beiden sitzen gerade gemeinsam im Pub ums Eck und haben mehrere Pints intus.

»Er hält seine Leute wohl gerne beschäftigt, und das nicht nur mit Arbeit«, räume ich ein. Seit meiner Ankunft am King's College vor beinahe drei Wochen hat Randall mehrere Cocktailpartys geschmissen – die alle eher nachmittags als abends begannen –, einen Gruppenausflug in die Royal Albert Hall zu einem

Sibelius-Konzert organisiert und beinahe tägliche gemeinsame Mittagessen in der gemischten Cafeteria des King's College, in der Männer und Frauen gemeinsam essen. Das Mittagessen hier hat zwar nichts mit unseren lebhaften Ausflügen ins *Chez Solange* mit meinen *chercheurs*-Kollegen in Paris zu tun, aber dafür auch nichts mit den öden Lunchpaketen aus meiner Zeit an der BCURA oder in Norrishs Labor in Cambridge, was mich überrascht hat und wofür ich wirklich dankbar bin.

»Dabei haben Sie sowieso Glück, dass Ihnen das Cricket bisher erspart geblieben ist«, sagt Ray lachend. »Da müssen Sie dann im Frühjahr durch.«

»Ich werde sicher alles daransetzen, um das zu vermeiden.« Es ist wirklich schwierig, sich nicht von der guten Laune meines Assistenten anstecken zu lassen; ich mag ihn sogar so gerne, dass ich ihn und seine reizende Frau Mary am letzten Wochenende zu mir zum Abendessen eingeladen habe. »Aber im Ernst: Würden Sie noch irgendwelche Anpassungen vornehmen wollen an meiner Skizze? Oder soll ich sie so, wie sie ist, in die Werkstätten geben, damit sie dort gebaut wird?«

»Es ist genau richtig so, Rosalind.« Sein Gesicht ist jetzt wieder ernsthaft.

»Danke, Ray.« Ich nicke. »Mit jeder Menge Arbeit und etwas Glück werden wir Professor Randall seinen Heiligen Gral schon beschaffen.«

»Der Heilige Gral, ja das ist er allerdings«, sagt er und das Lächeln kehrt auf sein Gesicht zurück.

In dem Moment fliegt die Tür zum Labor auf. Fast springe ich auf vor Schreck, als sie gegen die Wand knallt. Ein großer, kantiger Mann mit hellbraunem, aus der Stirn gekämmtem Haar betritt den Raum. Er ist nicht gerade unansehnlich, aber sein ganzes Auftreten und sein Gesichtsausdruck stoßen mich auf seltsame Art ab.

»Hallooo?! War hier nicht gerade von König Artus und den

Rittern der Tafelrunde die Rede?«, ruft er vergnügt. Und dann, ohne erst eine Antwort abzuwarten, fügt er hinzu: »Und ich weiß auch schon, welche Rolle *mir* zugedacht ist: Ich werde euch Knappen und Jungfern den König Artus geben! Schließlich hast du mir ja schon mal als pflichtbewusster Knappe gedient, nicht wahr, Ray? Und unsere Jungfern können wir schließlich auch nicht völlig schutzlos dastehen lassen«, poltert er und sieht mich grinsend an, als hätte er mir gerade einen Riesengefallen getan. Diese seltsame Gestalt wird doch nicht ernsthaft erwarten, dass ich darauf zurücklächle?

Ray springt auf und schüttelt ihm die Hand. »Gut, dass Sie wieder da sind. Schöne Ferien gehabt, hoffe ich?«

»Sehr schöne sogar!« Dann wendet er den Blick wieder mir zu, aber ich kann seine Augen hinter der Spiegelung seiner dicken Brillengläser nicht erkennen. »Ich freue mich, Sie endlich kennenzulernen, Miss Franklin. Ich habe schon viel von Ihnen gehört.«

Ich habe mich zwar inzwischen daran gewöhnt, dass Professor Randall mich mit »Miss« anspricht statt mit »Doktor«, aber bei ihm geht mir die falsche Anrede aus irgendwelchen Gründen gegen den Strich. Wer ist dieser Typ überhaupt? Und was denkt er sich dabei, einfach so in *mein* Labor zu stürmen, *meinen* Assistenten herumzukommandieren und mich dann auch noch darüber in Kenntnis zu setzen, dass er hier gleich als König Artus das Kommando zu übernehmen gedenkt? Mal ganz abgesehen davon, dass ich niemandes Jungfer bin.

»Ich fürchte, Sie konnten mich bisher nicht ganz für sich gewinnen«, erwidere ich und gebe mein Bestes, mein Temperament zu zügeln und mich an die Etikette zu halten, die mir Nannie Griffith vor langer Zeit eingebläut hat.

Er tritt einen Schritt zurück und sieht mich an. Dann, nach einer ungewöhnlich langen Bedenkzeit, meint er schlicht: »Seltsam.« Seine Augenbrauen erheben sich über den Rand seiner

Brillengläser hinaus, dann ziehen sie sich in einem Ausdruck der Verwirrtheit zusammen. »Nun, ich denke, wir sollten die Sache aufklären. Ich kann doch nicht zulassen, dass mein neuestes Teammitglied noch länger im Dunkeln tappt.« Dann streckt er mir die Hand entgegen und sagt: »Ich bin Maurice Wilkins.«

KAPITEL 18

8. Februar 1951
London

»Störe ich?«, fragt Ray, als er mein kleines Büro betritt. Noch nie hatte ich ein eigenes Büro ganz für mich allein, und so genieße ich es in vollen Zügen, den kleinen Raum ganz nach meinem Geschmack einzurichten. Nur das Bücherregal mit den wissenschaftlichen Zeitschriften, das eine der Wände ziert, muss ich teilen. Abgesehen davon, dass ich mich selbst immer wieder dabei ertappe, wie ich die Zeitschriften durchblättere und mit Spannung die jüngsten Artikel zu Themen wie der Entwicklung von Medikamenten gegen Leukämie, der Entdeckung einer Planetenwolke am anderen Ende des Sonnensystems durch den niederländischen Astronomen Jan Oort oder Dr. Jonas Salks Fortschritte in der Entwicklung eines Polio-Impfstoffs lese, schätze ich die Publikationen noch aus einem anderen Grund: Sie bieten meinen Kollegen einen Grund, zu mir ins Büro zu kommen. Ich mag die spontanen Gespräche mit mir bis dato unbekannten Teamkollegen sehr, die wegen einer bestimmten Zeitschrift vorbeischauen; dadurch hatte ich inzwischen auch schon Gelegenheit, ein paar andere Frauen aus Randalls Team kennenzulernen, darunter Dr. Honor Fell, Dr. Marjorie M'Ewen, Dr. Jean Hanson und die Laborfotografin Freda Ticehurst.

»Sie stören nie«, sage ich und wende mich von dem Artikel über meine Pariser Arbeit ab, den ich gerade für die *Proceedings of the Royal Society* schreibe. Randall hatte darauf bestanden, dass ich, während ich mich hier allmählich einlebe und mein neues Labor einrichte, die Ergebnisse meiner früheren Forschung niederschreiben soll, um wenigstens *einen* Aufsatz in der angesehenen Zeitschrift publiziert zu haben. *Der Aufsatz wird Ihre Position als Expertin für die Struktur von Kohle innerhalb der wissenschaftlichen Community noch mal festigen*, hatte er gemeint. Ich lasse mich zwar nur ungern von meinem spannenden neuen Aufgabenfeld ablenken, aber es stimmt schon: Ich komme nur weiter, wenn ich die Vergangenheit endgültig ad acta lege. *Und zwar in jeder Hinsicht*, ermahne ich mich, als ein Bild von Jacques Mering vor meinem geistigen Auge auftaucht. Immer wenn ich gerade denke, ihn endgültig aus meinem Kopf und meinem Herzen verbannt zu haben, ploppt er doch wieder auf.

»Ich dachte mir, jetzt, wo die Mikrokamera in Arbeit ist, könnten wir uns allmählich des Feuchtigkeitsproblems annehmen«, sagt Ray und rückt einen zweiten Stuhl an meinen Schreibtisch heran.

»Da bin ich ganz bei Ihnen«, sage ich und lenke meine Gedanken bewusst auf die anstehende Aufgabe. »Vor allem, wo wir inzwischen auch die Röntgengeräte gereinigt und wieder zusammengesetzt haben und mehr oder weniger startklar sind.« In der vergangenen Woche hatten Ray und ich die Röntgenausrüstung zusammengebaut und dabei gleich den Prototyp der Ehrenberg-Spear-Röhre integriert, die eine präzisere Fokussierung des Röntgenstrahls ermöglicht; sobald das Gerät mit der neuen Mikrokamera ausgestattet und die DNA-Probe vorbereitet ist, können wir mit dem eigentlichen Experiment beginnen.

»Dann sprechen wir das Ganze mal durch, ja? Nachdem wir den DNA-Strang extrahiert hatten, hatten wir ihn ja an einem kleinen Metallrahmen befestigt, um ihn für die Analyse besser strecken zu können.«

Ich muss grinsen. »Mit Metallrahmen meinen Sie die aufgebogene Büroklammer, richtig?« Wie amüsant, dass es möglich ist, ein so banales Büroutensil auf so geniale Art und Weise für einen derart bedeutenden Zweck umzufunktionieren.

Ray, immer für ein Lächeln zu haben, grinst zurück. »Ganz genau«, meint er. »Uns war ja klar, dass wir die Probe würden feucht halten müssen, wenn wir sie mittels der Büroklammer strecken. Und genau da sind wir auf Probleme gestoßen.«

»Ich habe eine Idee dazu, aber könnte ich vielleicht zunächst Ihre Aufzeichnungen über das Feuchtigkeitsproblem sehen oder Unterlagen dazu? Ihre eigenen und auch die der anderen, mit denen Sie an dem Versuch gearbeitet haben – Sie hatten von ›uns‹ gesprochen?«

»Oh, ich dachte, Sie wüssten es. Ich habe mit Wilkins daran gearbeitet.«

»Maurice Wilkins?« Dieser sonderbare hagere Typ, der vor einer Woche nach einem längeren Skiurlaub so grob in mein Labor geplatzt war, ist seither in sämtlichen Büros der Abteilung dauerpräsent. Randall hatte ihn schließlich als stellvertretenden Leiter des Fachbereichs für Biophysik vorgestellt, was mir einigermaßen peinlich war, und ich hatte erfahren, dass Wilkins in Cambridge Naturwissenschaften und Physik studiert und dann die längste Zeit des Krieges in Amerika verbracht hatte, wo er am Manhattan Project beteiligt war. Er und Trennung: Randall waren alte Kameraden aus früheren gemeinsamen Universitätszeiten. Ich hatte mich deshalb entschlossen, Wilkins' allzu vertrauliches, anmaßendes Verhalten und seine dreiste Bemerkung über mich als »Jungfer« seines Königs Arthur zu ignorieren. Auch das ein Teil meines Vorsatzes, in der deutlich weniger toleranten Welt Englands meine Zunge zu hüten.

Aber dass Wilkins auch an der DNA arbeitet, ist mir neu. Randall hatte bei seinem Willkommenstee für mich nichts davon erwähnt, auch wenn Wilkins gar nicht dabei gewesen war. Im Gegenteil, er hatte eindeutig klargestellt, dass die DNA allein mein Projekt sei, dass nur er mich betreuen würde und dass

Ray und in begrenzterem Umfang auch Stokes und Heller mich bei Bedarf unterstützen würden.

»Ja«, sagt Ray. »Um die Bilder zu erzielen, die wir brauchen, müssen wir irgendwie einen Teil der Feuchtigkeit aus der Kamera bekommen. Aber wie soll das gehen, wenn wir gleichzeitig die Probe ausreichend feucht halten wollen? Da sind uns die Ideen ausgegangen. Fällt Ihnen denn noch etwas ein?«

»Ich habe zumindest eine Vorstellung davon, was schiefgelaufen sein könnte, aber das würde ich gerne erst noch mit Ihren Aufzeichnungen abgleichen. Vermutlich hätte die Kombination aus einer Salzlösung und gewissen Trockenmitteln zu besseren Ergebnissen geführt.«

»Wie meinen Sie das?«

Ich nehme ein leeres Blatt Papier hervor und skizziere ein grobes Schaubild des Experiments, inklusive der DNA-Probe und der neuen Mikrokamera in der Röhre. »Wir könnten zunächst einmal versuchen, mit einer Vakuumpumpe oder einem Trockenmittel oder beidem der Probe und der Kamera die Feuchtigkeit zu entziehen. Danach könnten wir dann den Feuchtigkeitsgehalt innerhalb der Kamera und den der Probe genau regulieren, indem wir eine Reihe von Salzlösungen erzeugen, durch die wir Wasserstoff in die Kamera leiten.«

»Genial. So könnten wir den Feuchtigkeitsgehalt immer ganz genau bestimmen. Wie sind Sie auf diese Lösung gekommen, wo wir das Experiment doch noch nicht einmal begonnen haben?«

»Ich habe diese Techniken schon in Paris eingesetzt. Die meisten Wissenschaftler haben mehrere Tricks auf Lager, um Fasern zu befeuchten. Es wundert mich, dass Professor Wilkins nichts davon ausprobiert hat. Ich hätte gedacht, dass ihm diese Methoden vertraut sind. Ihm oder irgendjemand anderem hier am King's.«

Während ich das sage, werde ich immer desillusionierter in Bezug auf Wilkins. Desillusioniert und auch irritiert. Jemand mit seiner Erfahrung hätte eigentlich in der Lage sein müssen, das Feuchtigkeitsproblem zu lösen. Wenn ihm schon dazu nichts einfällt, dann wäre er mit den weitaus größeren Fragen und Problemen wohl kaum besonders weit gekommen. Wie gut, dass Randall nun mir das Projekt übertragen hat.

Als ich mir gerade erste Notizen zu den verschiedenen Arten von Salzlösungen mache, die wir eventuell verwenden könnten – und Ray dabei erkläre, dass wir wohl eine Weile herumexperimentieren müssen, bis wir die Art von Bild erhalten, die sich für eine echte Dreidimensionalität eignet –, steckt Wilkins seinen Kopf zur Tür herein, wie schon mehrfach zuvor in letzter Zeit. Eine Weile steht er einfach nur da, ohne hereinzukommen. Ich gehe davon aus, dass er wegen einer der Zeitschriften aus dem Regal hier ist, und bedeute ihm mit einer einladenden Geste, dass er gerne eintreten darf. Er aber verweilt in der Tür und hört uns zu.

»Hört sich so an, als würden Sie über mein berühmtes DNA-Bild sprechen. Kann ich vielleicht helfen?« Mit verschränkten Armen und einem ziemlich selbstgefälligen Grinsen auf den schmalen Lippen steht er da, als würde er uns einen Gefallen tun, während er das einzige halbwegs brauchbare DNA-Bild überhaupt erwähnt, das er während seiner Arbeit mit dem Material zustande gebracht hat. Und selbst das hat Ray aufgenommen.

Sein »berühmtes Bild«, wahrhaftig. Bis auf dieses eine, eher schwache Bild hat er rein gar nichts hinbekommen beim ersten Versuch, und jetzt will er uns mit guten Ratschlägen versorgen?

Nannie Griffiths im Hinterkopf, zwinge ich mich zu einem Lächeln und sage: »Vielen Dank, ich weiß Ihr Angebot zu schätzen; aber ich denke, wir haben die Sache im Griff.«

Wilkins zuckt zurück, als hätte ich ihm eine Ohrfeige verpasst. Warum diese heftige Reaktion, wo doch nur eine Kollegin höflich sein Hilfsangebot ausgeschlagen hat? Schließlich habe ich ja nicht ihn als Person zurückgewiesen. Ich frage mich wirklich, mit wem ich es hier zu tun habe.

*

Eine Stunde später sind Ray und ich immer noch mit der Planung unseres ersten Experiments beschäftigt, und ich merke, dass er immer häufiger auf die Uhr sieht. »Sollen wir mittagessen gehen?«

Eingemummelt in unsere Mäntel treffen wir uns auf dem Korridor wieder und gehen den langen Flur zu Randalls Büro hinunter, wo er vermutlich gerade seinen Trupp zum Mittagessen zusammentrommelt, so wie er es mehrmals die Woche zu tun pflegt. Freda Ticehurst, die Leiterin des Fotolabors, mag ich besonders gerne und hoffe, dass sie sich uns anschließen wird. Aber dann ist es untypisch leer und ruhig im Flur vor Randalls Büro.

»Professor Randall ist heute bei einem Meeting in Birkbeck«, erklärt seine Sekretärin. »Mrs. Heller und Mr. Stokes sind auch dabei, zum Nachmittagstee sollten die drei aber zurück sein.« Besagter Nachmittagstee für die Mitarbeiter ist noch so eines von Randalls täglichen Ritualen.

Ray und ich beschließen, allein essen zu gehen. Als wir gerade mehrere Geistliche in schwarzer Robe passiert haben, die im King's allgegenwärtig sind, und das Gebäude verlassen wollen, laufe ich direkt in Wilkins hinein, der mit einer Schar von fünf ausgelassenen Männern unterwegs ist. Diese etwas speziellen Typen arbeiten ebenfalls in der Abteilung für Biophysik, allerdings mehr oder weniger als eigenes Team und an einem eigenen Projekt. Wie Ray mir erklärt hat, sind die fünf allesamt ehemalige Militärs, die an einem College-Intensivkurs für ehemalige Soldaten teilgenommen hatten und anschließend bei Randall als eine Art militärähnliche Abordnung angestellt wurden.

Während Ray mit freundschaftlichen Schulterklopfern begrüßt wird, haben die Männer für mich kaum mehr als ein blasses »Guten Tag« übrig. Das Gespräch dreht sich um die Abendplanung, sie wollen sich in einem Pub namens Finch's treffen, und ich fühle mich neben der sportlichen Truppe ziemlich fehl am Platz. Entsprechend erleichtert bin ich, als wir uns endlich dem Gebäude mit den Cafeterias nähern. Doch während ich mich gerade nach rechts in Richtung der gemeinschaftlichen Cafeteria wenden will, die auch den Studenten als Treffpunkt dient, merke ich, dass die anderen nach links abgebogen sind und auf die den Männern vorbehaltene Cafeteria zusteuern. Genau diese Art von Abschottung sorgt dafür, dass Frauen von der Sorte zwangloser Gespräche und unkomplizierter Begegnungen ausgeschlossen werden, die so förderlich sind für ein kameradschaftliches, produktives Arbeitsumfeld, wie ich es in Paris erlebt habe.

Ray ist in der Mitte zwischen uns erstarrt. Wilkins wirft mir einen Blick zu und meint achselzuckend: »Tut mir leid, aber ich bin verabredet mit den Herren.« Von der selbstgefälligen Hilfsbereitschaft und Freundlichkeit, die er zuvor an den Tag gelegt hatte, ist nichts mehr übrig.

Wilkins und ich rühren uns nicht vom Fleck. Es ist offensichtlich, dass weder er von seinen Plänen abweichen wird, um mich einzubeziehen, noch, dass ich einlenken werde. Damit zwingt er Ray, sich zwischen uns zu entscheiden. Ist das die Strafe für meine mangelnde Unterwürfigkeit zuvor? Die Vergeltung dafür, dass ich sein »Angebot« nicht angenommen habe?

»Gehen Sie ruhig mit den anderen«, sage ich zu Ray und nicke ihm zu. »Ich muss sowieso noch den Aufsatz für Professor Randall fertig machen.«

»Sind Sie sicher?«, fragt er leise und sichtlich zerrissen. Ich kann nur ahnen, wie er sich fühlen muss – von seiner aktuellen Vorgesetzten, die auch noch seine Doktorarbeit betreut, in die eine Richtung gezogen und von seinem früheren Chef und dem stellvertretenden Abteilungsleiter in die andere. Ich beneide ihn wahrlich nicht um seine Lage und will sie nicht schlimmer machen als nötig.

»Absolut.« Obwohl ich am liebsten losschreien würde, zwinge ich mich zu einem Lächeln. »Wir sehen uns dann zum Tee.«

Widerstrebend folgt er Wilkins, der sich schon an die Fersen seiner Kumpel geheftet hat. Und ich bleibe allein zurück.

KAPITEL 19

23./24. März 1951
London

»Sehen Sie das?«, frage ich. Ray und ich untersuchen die Bilder zweier unterschiedlicher DNA-Fasern: Die einen hatte ich hydratisiert, die anderen auf einem Trockenmittel platziert. So wie ich das sehe, ist die hydratisierte DNA-Faser sichtbar länger und dünner, wohingegen die andere kürzer und kristalliner erscheint. Wie können die beiden Fasern so unterschiedlich sein? Bei der nächsten Reihe von Bildern, die ich unter die Lupe nehme, mache ich dieselbe Beobachtung.

Ray starrt abwechselnd auf die Bilder. »Tue ich. Allerdings fällt es mir schwer, meinen Augen zu trauen.«

»Ich weiß«, sage ich enthusiastisch. »Es ist wirklich kaum zu glauben.«

»Das kann eigentlich gar nicht sein.«

»Es gibt *zwei* Arten von DNA«, sage ich und schlage ehrfürchtig die Hände zusammen.

»Eine feuchte und eine trockene«, flüstert Ray ungläubig.

»Und sie sind völlig verschieden.«

»Die Sache könnte Folgen haben.«

»Das ist ja wohl maßlos untertrieben«, meint Ray und bricht in Lachen aus. »Sollen wir ihnen Namen geben?«

Auch ich muss lachen, mir ist ganz schwindlig von unserem Durchbruch. »Ja, sollten wir wohl. Wie wär's mit Rosalind und Raymond?«

Er prustet los. »Das ist doch mal ein Claim für die Nachwelt! Das war jetzt übrigens schon der zweite Witz, den ich von Ihnen gehört habe.«

Ich strahle ihn an. »Ich wünschte, wir könnten die beiden DNA-Formen tatsächlich nach uns benennen, aber ich fürchte, wir sollten etwas professioneller vorgehen. Sollen wir uns für die klassische A- und B-Form entscheiden?«

»Einverstanden, A und B«, sagt er zustimmend und schüttelt seinen blonden Haarschopf. »Wenn ich daran denke, dass wir vor Ihrer Ankunft nichts als ein paar verschwommene Bilder von diesen Fasern zustande gebracht haben ...«

»Ich freue mich, dass ich zu einem gewissen Fortschritt beitragen konnte.«

»Schon wieder maßlos untertrieben.«

»Kommen Sie doch morgen Abend zu mir nach Hause, ich habe ein paar Freunde zu einem französischen Essen eingeladen. Das müssen wir feiern!«

Ich höre Schritte hinter mir, dann fragt jemand: »Was gibt's denn zu feiern?«

Es ist Wilkins, wie zu erwarten. Er klingt misstrauisch. Wie lange hat er wohl schon dort gestanden? Er ist in letzter Zeit so häufig unvermittelt aufgetaucht bei mir und Ray, dass ich ihn und seine Fragerei und seine Kommentare sogar schon spüre, wenn er gar nicht da ist.

*

Auf dem Tisch glänzen Mamas ausrangiertes Porzellan, Tante Alice' überschüssiges Silber und eine üppig mit Schneeglöckchen und Krokussen bestückte Kristallvase. In der Küche köchelt das *Coq au vin* vor sich hin, und die Wohnung ist erfüllt vom Duft nach Hühnchen, Pilzen, Knoblauch, Wein und Speckstreifen. Es ist kurz vor sieben, die Gäste müssten jeden Moment eintreffen.

Das ist für mich immer der allerschönste Moment, wenn ich Gäste habe: die Vorfreude auf den vor mir liegenden Abend. Es ist genau dieselbe erwartungsvolle Spannung, die ich auch empfinde, wenn ich ein neues wissenschaftliches Projekt in Angriff nehme.

Es klingelt, und als ich die Tür öffne, steht Freda vor mir, neben Ray meine Lieblingsmitarbeiterin der Fachabteilung für Biophysik. Sie kreischt auf, als sie mich in meinem aquamarinblauen New-Look-Kleid sieht statt in der üblichen weißen Bluse, dem dunklen Rock und dem Laborkittel darüber, und als ich ihr gerade ein Glas Burgunder einschenke, trifft auch Ray ein; es ist sein zweites Mal hier. Kurz darauf klopft Alec Stokes an, direkt gefolgt von meinen Freunden Simon und Bocha Altmann aus Argentinien, die Physik am King's beziehungsweise Biochemie am University College studieren. Ich führe den schüchternen Alec und die beiden Außenseiter Simon und Bocha in den Kreis meiner Gäste vom King's College ein, die im Salon an ihren Gläsern nippen, und schon bald plaudern alle angeregt und lachen. Als sich dann noch David und Anne Sayre hinzugesellen, die gerade für drei Tage aus Oxford in der Stadt sind, gibt sich die Runde ausgesprochen gesellig und aufgeschlossen. Auch wenn sie weit entfernt ist von der Leichtigkeit, Offenheit und Herzlichkeit meiner *chercheur*-Gefährten, aber dass sich diese Mischung nicht wiederholen lässt, damit habe ich mich inzwischen abgefunden.

Als wir uns zum Abendessen setzen, sind alle in bester Stimmung. Freda und Ray witzeln über das von Randall angesetzte Krickelspiel im letzten Frühjahr und warnen mich vor der bevorstehenden Saison, Simon wird ausgesprochen munter, als er verkündet, welche Vorspeisen man in der gemischten Cafeteria besser meiden sollte, und als es um den behelfsmäßigen Laborraum und die Pläne für den neuen Flügel unserer Abteilung geht, der gerade mitten im Bombenkrater gebaut wird, schaltet sich sogar Alec ein. Anne und ihr Mann geben ein paar amüsante Anekdoten über ihr Leben als Amerikaner in Oxford zum Besten, und alle machen mir Komplimente für das Essen.

Etwas wacklig auf den Beinen erhebt sich Ray von seinem Stuhl und sagt: »Einen Toast auf unsere Gastgeberin. Wir bedanken uns für diesen wunderbaren Abend und das für manche von uns wohl köstlichste Essen seit Langem.«

»Hört, hört« ertönt im Chor, und dazu ein subtiles »kein Fleisch mehr, dafür zwei Stück Gemüse«, ein nicht ganz so subtiler Verweis auf die übliche geschmacklose Kost, die wegen der anhaltenden Rationierung in den Restaurants angeboten wird. Während ich in das Gelächter meiner Gäste einstimme, frage ich mich, wie es eigentlich sein kann, dass ich hier zwar eine so liebenswürdige, nette Truppe um mich versammle, es aber dennoch schaffe, mich vom Rest der Wissenschaftler am King's so gänzlich ausgeschlossen zu fühlen. Liegt das an Wilkins und seinem Einfluss, oder bin ich dort bei der Arbeit selbst irgendwie anders?

Ray steht immer noch. »Und dann noch einen Toast auf unsere gestrige Entdeckung!« Er hebt sein Glas. »Auf Rosalind Franklin und das Geheimnis des Lebens!«

»Hört, hört!«, ruft Freda, und Alec macht ein fragendes Gesicht. Ray ist zwar nicht konkret geworden, aber ich frage mich doch, ob er nicht zu viel gesagt hat.

Freda bietet sich an, mir beim Abräumen zu helfen, damit Platz für die *Tarte Tatin* ist, die ich als Dessert zubereitet habe. Ich mag diese kluge Frau und wünschte, die Arbeit würde uns häufiger zusammenbringen. Als die Küchentür hinter uns zufällt und wir das Geschirr stapeln, flüstert sie: »Ich muss dir was erzählen.«

Abgesehen von Ursula und ganz früher auch meiner Schwester bin ich es nicht gewohnt, dass mich jemand ins Vertrauen zieht. »Okay«, sage ich und hoffe, es wird nicht allzu intim.

»War das gestern Nachmittag, dass du und Ray eure Entdeckung gemacht habt?«

»Ja«, antworte ich zögernd; ich will nicht zu viel verraten zu diesem frühen Zeitpunkt.

»Keine Sorge, ich will dich nicht drängen – du wirst mir sicher verraten, worum es geht, wenn du so weit bist; nur: Kann es sein, dass Wilkins weiß, was ihr beiden da entdeckt habt?«

»Möglich. Er taucht gerne mal überraschend auf im Labor. Warum?« Ich denke daran, wie oft ich mich schon beobachtet gefühlt habe und dann Wilkins mit diesem irritierend süffisanten Grinsen im Gesicht in der Tür stand, als ich mich umdrehte. Ich habe mein Bestes getan, um halbwegs höflich zu bleiben, dabei aber auch klare Grenzen gezogen; den Vorwurf, ungewollt barsch zu wirken, kenne ich schließlich schon von früher. Was mögen diese Begegnungen wohl bei Wilkins ausgelöst haben, bewusst oder unbewusst?

»Na ja, so gegen vier Uhr nachmittags kam er in Randalls Büro gestürmt, wo ich gerade ein paar Bilder ablieferte. Er hat losgezetert, als ob ich gar nicht da wäre.«

Mein Herz klopft schneller; ich will mir gar nicht ausmalen, was Wilkins alles gesagt haben mag. Und dennoch muss ich es wissen. »Was hat er gesagt?«

»Er wollte wissen, warum er von der Forschung an den DNA-Proben von Dr. Signer ausgeschlossen wurde. Und er hat nach einer Erklärung verlangt, warum ausgerechnet du jetzt verantwortlich dafür zu sein scheinst, zumal er ja gedacht hatte, du wärst als seine Assistentin eingestellt worden.«

»Und was hat Randall geantwortet?« Hat er gesagt, dass er mir die DNA-Forschung von Anfang an zugesagt hat, würde ich Freda gerne noch fragen, aber so direkt kann ich nicht sein. Würde Randall unsere Aufgabenverteilung eindeutig klarstellen, könnte das die Spannungen zwischen mir und Wilkins vielleicht etwas lösen – und im besten Fall seine wiederholten Versuche beenden, unsere Arbeit zu überwachen. Aber wenn Wilkins tatsächlich davon ausgegangen war, dass ich ihm eigentlich hätte assistieren sollen – ein unvorstellbarer Gedanke –, dann ist eine Entspannung vermutlich utopisch. Warum sollte eine Wissenschaftlerin mit meiner Erfahrung und meiner Ausbildung eine Position anstreben, in der sie einem anderen Wissenschaftler, der auf demselben Niveau arbeitet, »assistiert« – mal ganz abgesehen von der Jobbezeichnung? Warum um alles in der Welt hätte ich dafür jemals das Pariser *labo* und meine lieb gewonnenen Freunde verlassen sollen, bei all der Autonomie, Unterstützung und Effizienz, die ich dort erfahren habe? Meine Probleme mit Jacques mal außer Acht gelassen.

»Er hat Wilkins gesagt, er solle aufhören zu jammern und sich um seine eigene Arbeit kümmern, am Ende würde sich schon alles einrenken.«

»Danke, dass du mir das gesagt hast, Freda«, sage ich und lege ihr die Hand auf den Arm. Aber Randalls Worte beschäftigen mich weiter; ich frage mich, warum er Wilkins nicht klipp und klar gesagt hat, dass er *mir* die Arbeit an der DNA übertragen hat, warum er ihm nicht deutlich zu verstehen gegeben hat, dass ich *nicht* als seine Assistentin eingestellt wurde. Und über Wilkins' Wut mache ich mir auch so meine Gedanken, sie behagt mir ganz und gar nicht.

KAPITEL 20

30. *Juni 1951*
Uppsala, Schweden

Ich laufe den Weg am Flussufer des Fyrisån entlang, der mitten durch das malerische schwedische Städtchen Uppsala fließt. Das Sonnenlicht glitzert auf dem Wasser, es wärmt mich an diesem frischen Juninachmittag, und ich schiebe mir die Ärmel hoch und genieße die Sonne auf der Haut. Ich bin froh, dass wir uns entschieden haben, das Programm des Zweiten Kongresses und die Generalversammlung der International Union of Crystallography sausen zu lassen, und stattdessen in Stockholm in den Zug gestiegen und für einen Tagesausflug in diese hübsche Universitätsstadt mit ihrer mittelalterlichen Kathedrale und dem Schloss aus dem sechzehnten Jahrhundert gefahren sind. Nach der zermürbenden Arbeit im Labor des King's College der letzten Monate, die noch dazu von den Spannungen durch Wilkins' immer besitzergreifenderes Verhalten überschattet war, ist diese kleine Flucht mit meinen lieben Freunden, den Luzzatis und den Sayres, die mit mir gemeinsam an der Konferenz teilnehmen, eine willkommene Erholung.

»Und, wie gefällt's dir am King's College?«, fragt Vittorio, als der Weg breiter wird und wir nebeneinandergehen können. Breit genug, um auch Anne genügend Platz zu bieten, ist er allerdings nicht, und so läuft sie voraus und schließt sich dem Rest der Gruppe an. Ich genieße Annes Gesellschaft auf dieser kurzen Reise zwar sehr – wir beide haben schon im Alleingang eine Tour durch die Konditoreien Stockholms hinter uns, wo, ganz im Gegensatz zum zuckerrationierten England, eine wahre Fülle von Torten und anderer Süßspeisen dargeboten wird, und bei einem literarischen Empfang des Herausgebers eines Magazins vorbeigeschaut, für das Anne geschrieben hat – aber einen der seltenen Momente mit meinem so geschätzten Freund Vittorio allein zu haben, der immer so viel Verständnis für mich hat, ist doch ein echtes Geschenk.

»Sagen wir, es ist nicht Paris. Reicht das?«, antworte ich schmunzelnd.

Er lacht. »Oh, ja, das reicht absolut. Wir vermissen dich auch ganz schrecklich am *labo*.«

»Wirklich alle?«, frage ich und spüre, wie sich fragend eine Augenbraue hebt. Nicht dass ich Vittorio je bei einer Lüge ertappt hätte, aber manchmal lässt ihn sein übergroßes Bedürfnis, es allen recht zu machen, die Wahrheit doch etwas dehnen. Und dass Jacques mich vermissen sollte, fällt mir wirklich schwer zu glauben.

»Ja, auch er«, bekräftigt er. »Er sagt zwar generell nicht besonders viel, aber mit den Leuten, die dich kennen, spricht er häufig über dich und dein Talent.« Wir beide müssen Jacques' Namen nicht erst aussprechen, um zu wissen, wer gemeint ist; er ist ohnehin allgegenwärtig in unseren Gesprächen. »Du hast die richtige Entscheidung getroffen, Rosalind, ohne jeden Zweifel – auch wenn London nicht Paris ist.«

Vittorios Kurzfassung besagt, dass es goldrichtig war, dass ich gegangen bin, weil Jacques und Rachel Glaeser immer noch ein Paar sind. »Er ist immer noch mit ihr zusammen?« Beinahe flüstere ich.

»Und wie. Trotz der mysteriösen Ehefrau, die zwar niemand je zu Gesicht bekommen hat, die aber wohl wirklich existiert«, erwidert er ruhig und seufzt. Und dann, deutlich heiterer und auch lauter, fügt er an: »Hoffentlich läuft wenigstens die Forschung gut in London.«

»Oh ja, sehr sogar«, antworte ich ähnlich aufgeräumt und verdränge allen Unmut über Jacques' und Rachels anhaltendes Verhältnis. Ich werde nicht zulassen, dass mir Jacques Mering diesen wunderbaren Abend mit meinen geschätzten Freunden verdirbt. »Du erinnerst dich, dass ich jetzt mit DNA arbeite, nicht mehr mit Kohle?«

»Natürlich«, erwidert Vittorio und rückt ein Stück näher an mich heran, damit ihm auch kein Wort entgeht. »Ziemlich mutig, in eine ganz neue Welt einzutauchen.«

»Stimmt schon, aber andererseits: Wissenschaft ist Wissenschaft, egal in welcher Welt sie sich bewegt. Ich habe die Techniken zur Arbeit mit hohem Feuchtigkeitsgehalt, die ich im *labo* kennengelernt habe, verfeinert und auf diese neue Materie angewandt und habe dabei eine erstaunliche Entdeckung gemacht.«

»Was denn?« Vittorios Augen weiten sich.

Ich habe Ray zwar angehalten, Stillschweigen zu wahren, bis wir ganz sicher sind, aber mich selbst brennt es schon lange unter den Nägeln, jemandem von meiner bahnbrechenden Entdeckung zu erzählen. Vittorio kann ich vertrauen, das weiß ich. »Ich habe herausgefunden, dass es eigentlich zwei unterschiedliche DNA-Formen gibt.«

»Nein!«

»Doch!«

»Das ist ja revolutionär!«

»Ich weiß. Und das ist noch nicht alles.«

»Noch nicht alles? Als ob eine wissenschaftsverändernde Erkenntnis nicht genug wäre!«

Vor lauter Begeisterung, endlich meine Neuigkeiten mit jemandem teilen zu können, purzeln die Wörter nur so aus mir heraus. »Die Bilder, die ich erhalten habe, sind derart klar und detailliert, dass ich die Struktur direkt vor mir sehe. Also noch vor der mathematischen Analyse.«

»Und was siehst du?«

»Die Struktur ist kristallin ...«

Vittorio ist derart Feuer und Flamme, dass er gar nicht anders kann, als mich zu unterbrechen. »Was dir ja sehr vertraut ist.«

»Stimmt.« Ich schenke ihm und seiner Freude ein breites Grinsen. »Ich vermute, es ist eine Helix.«

»Mein Gott.« Vittorio erschaudert vor lauter Aufregung. »Hast du schon irgendjemandem berichtet von deiner Erkenntnis? Jemandem im Labor oder sonst wo?«

Ich schüttle den Kopf. »Nur meinem Assistenten. Wenn ich durch bin mit den Bildern, muss ich für den endgültigen Beweis ja auch noch die Berechnungen anstellen. Bis dahin will ich meine Vermutungen lieber für mich behalten.«

»Dass du deine Entdeckung vor der breiteren wissenschaftlichen Community geheim halten willst, bevor du nicht absolut sicher bist, kann ich sehr gut nachvollziehen – denk nur daran, wie sie sich auf Linus Pauling gestürzt haben und wie seine Verkündung über die Helixstruktur der Proteine durch die Medien ging. Dabei hatte er seine Entdeckung noch nicht einmal durch die notwendigen Röntgenfotografien belegt, wie Professor Bernal von Birkbeck auf der Konferenz ja auch ziemlich spitzfindig anmerkte. Überleg mal, was sie dann erst zu *deiner* Arbeit sagen würden: Durch den Beweis anhand von Bildern geht sie ja weit über reine Spekulation hinaus – sie würde definitiv Schlagzeilen machen.« Vittorio hält inne, seine dichten Augenbrauen ziehen sich zusammen. Vor ein paar Tagen hatten wir gemeinsam Paulings Vortrag gehört – die Präsentation des am kalifornischen Caltech Institut tätigen Chemikers war extrem dicht gewesen und hatte mir eine Menge interessanter Daten für meine eigene Arbeit geliefert. »Aber warum willst du deine Überlegungen nicht mit deinen Kollegen teilen? Im *labo* haben wir uns doch immer von Anfang an über unsere Erkenntnisse ausgetauscht–«

»Das King's College ist eben nicht das *labo*«, fahre ich ihn an. Dann, als ich merke, wie unerwartet scharf meine Antwort ausgefallen ist, füge ich hinzu: »Es tut mir leid, Vittorio. Ich wollte meinen Frust nicht an dir auslassen.«

Er bleibt stehen. »Was ist los, Rosalind? Sprich mit mir.«

Abgesehen von Anne, mit der ich sehr ausführlich über die Sache gesprochen habe und die die Entwicklungen aus meiner Perspektive auch zutiefst beunruhigend empfand, die dabei aber das ganze Ausmaß des wissenschaftlichen Vertrauensbruchs nicht wirklich erfasst hat, habe ich noch niemandem mehr darüber erzählt. Obwohl ich mir alle Mühe gebe, es zu vermeiden, steigen mir die Tränen in die Augen.

Ich atme tief durch und setze an: »Der Fachbereichsleiter, Professor Randall, ist in Ordnung, er hat sogar noch ein paar andere Frauen in seinen Mitarbeiterstab geholt. Aber mit dem Assistant Director, Maurice Wilkins, komme ich überhaupt nicht zurecht. Er ist genauso abweisend, wie ich es mir von einem typischen traditionellen englischen Wissenschaftler erwarten würde – schließt mich vom gemeinsamen Mittagessen mit dem Team aus, indem er es in die Männercafeteria verlegt, und solche Sachen. Aber das Schlimmste ist, dass er darauf besteht, in meinem Bereich, der Röntgenanalyse der DNA, mitzumischen, dabei hat Randall mir versichert, dass ich den Bereich für mich allein habe. Mir geht es gar nicht so sehr darum, einen bestimmten wissenschaftlichen Bereich für mich allein zu beanspruchen ...«

»Dir geht es ja tatsächlich nie um dein Ego, im Gegensatz zu vielen anderen Wissenschaftlern«, wirft Vittorio ein.

Ich nicke und fahre fort. »... sondern ich mache mir einfach Sorgen, welches Chaos er anrichten würde, wenn er sich weiter in meine Arbeit einmischt. Er hat nicht mal die grundlegendsten Techniken angewandt, als zunächst nur ihm die DNA-Proben zur Verfügung standen.«

»Oh Gott, Rosalind, das tut mir wirklich leid.« Er nimmt meine Hand und drückt sie kurz. So überschwänglich, wie er ist, würde er mich sicher lieber fest in den Arm nehmen wollen, aber er kennt mich gut genug, um sich zurückzuhalten.

»Und dann ist da noch was.« Ich mache eine Pause. »Eine Freundin hat mir erzählt, dass es wohl eine Art Streit zwischen Randall und Wilkins darüber gab, wem die DNA-Forschung denn nun zusteht. Ich bin eigentlich davon ausgegangen, dass Randall meinen Bereich verteidigt und Wilkins gegenüber klarstellt, dass allein ich daran arbeite, und zwar auf Randalls Anweisung hin. Das hätte Wilkins' dauernder Einmischung endgültig ein Ende gesetzt – er erkundigt sich nämlich andauernd bei Ray Gosling, meinem Assistenten, woran wir arbeiten, und ich könnte schwören, dass er mein Büro durchstöbert, wenn ich nicht da bin. Aber Randall ist wohl eingeknickt und hat offenbar das Thema gewechselt, als Wilkins etwas lauter wurde.«

»Es überrascht mich gar nicht, dass dieser Wilkins versucht, sich in deinen Bereich einzuschleichen. Diese Art von Entdeckungen sind in der Wissenschaft schließlich etwas ganz Neues und ...«

Ich unterbreche ihn, um noch einen meiner Ansicht nach bedeutenden Aspekt hinzufügen: »*Und* er hat eben *keinen* bedeutenden Fortschritt erzielt, als er noch selbst mit der DNA-Analyse betraut war, und ich kann mir gut vorstellen, dass er auch nicht weit käme allein ...«

Jetzt ist es wieder Vittorio, der mich unterbricht: »Da hast du es. Es ärgert ihn, dass eine Frau Erfolg hat, wo er gescheitert ist. Sehr wahrscheinlich wird er dir entweder weiterhin dazwischenfunken oder aber er wird versuchen, die Lorbeeren für deine Arbeit zu ernten. Sei vorsichtig.«

Für einen so unermüdlichen Optimisten ist das eine überraschend düstere Warnung. Ich werde sie beherzigen, aber wie ich jetzt weiter vorgehen soll, ist mir noch nicht klar. »Ich glaube nicht, dass ich mich in dieser Angelegenheit an Randall wenden kann. Er hat mich ja nicht einmal verteidigt, als Wilkins mich in der Sache direkt angegriffen hat, und außerdem hat er explizit gesagt, er mag kein Gejammere.«

»Dann bleibt dir nichts anderes übrig, meine liebe Rosalind, als deine Wissenschaft zu schützen, koste es, was es wolle.«

KAPITEL 21

24. Juli 1951
London

Was für ein trister Vorwand für eine Konferenz, denke ich. Die sommerliche Konferenzsaison soll uns nämlich zum einen eine Pause von der Laborarbeit gönnen und uns andererseits die unkomplizierte Gelegenheit bieten, mit ähnlich gesinnten Wissenschaftlern in Kontakt zu treten – und genau dazu will man uns mit der Verheißung exotischer Örtlichkeiten locken. Das Cavendish Laboratory in Cambridge, unter anderem von dem angesehenen Professor James Maxwell als Zentrum für Experimentalphysik gegründet und inzwischen auf den Bereich der Biologie erweitert, mag mit seinen Spitzdächern und dem alten Gebäude an der Free School Lane ja recht beeindruckend sein – aber Schweden ist es nicht. Ich erkenne ein paar der Wissenschaftler und nicke ihnen zu, als ich den Blick durch den überfüllten, drückend heißen Hörsaal wandern lasse, bleibe aber für mich, während ich auf die erste Vorlesung warte. Das Programm ist eher locker gestaltet und die ganze sogenannte »Konferenz« ziemlich informell, daher gibt es auch keine offizielle Ankündigung der Redner; ich bin dennoch gespannt, welche Einblicke mir die Forschung am Cavendish über die Struktur von Proteinen für meine eigene Arbeit liefern wird. Dass der Hörsaal so trostlos ist, kann mir ja egal sein.

Ein kahlköpfiger Mann mit langem Kinn und dunkel gefasster Brille steht auf und räuspert sich. »Guten Morgen und vielen Dank, dass Sie alle die lange und beschwerliche Reise nach

Cambridge auf sich genommen haben, um sich von mir und John Kendrew, meinem Mitbegründer des Fachbereichs für Studien der Molekularstruktur biologischer Systeme am Cavendish, einen Vortrag über unsere Arbeit an der Proteinstruktur anzuhören«, sagt er, und die größtenteils englischen Zuhörer kichern bei seinem Scherz über den regionalen Charakter der Konferenz. Er hat einen unüberhörbaren deutsch klingenden Akzent, und mir wird klar, dass ich hier wohl Max Perutz vor mir habe, einen Molekularbiologen aus Österreich, den Cambridge in den 1930er-Jahren angeworben hatte. Angesichts der Gerüchte, er sei wegen seiner deutschen Herkunft auf Churchills Geheiß während des Krieges eine Zeit lang nach Neufundland ins Exil geschickt worden, wirkt er erstaunlich unbeschwert. Tragisch, dass er als Jude, der eindeutig kein Nazisympathisant ist, dennoch eine solche Vertreibung erleiden musste.

»Ich werde heute der erste Redner sein und über die jüngsten Entwicklungen unserer Forschung über Hämoglobin berichten, dem Protein in den roten Blutkörperchen, das für den Sauerstofftransport zuständig ist. Sicher ist Ihnen bekannt, dass wir dieses wichtigste Protein der roten Blutkörperchen seit einiger Zeit mittels Röntgenbeugung untersuchen …« Während er weiterspricht, ziehe ich lautlos mein Notizbuch aus der Tasche und fange an, mir Notizen über seine Kristallographiemethoden zu machen.

Nach einer Stunde ununterbrochenem Vortrag und der anschließenden halbstündigen Fragerunde ist meine Hand ganz verkrampft, so viel habe ich mitgeschrieben. Schließlich zieht Perutz seine Schlussfolgerung: »Ich bin zuversichtlich, dass es uns in näherer Zukunft gelingen wird, die klaren Muster, die wir anhand unserer Bilder erhalten haben, in eine dreidimensionale Struktur zu überführen und damit unsere ursprüngliche These hinsichtlich der Form des Proteins stützen können. Und dass wir im Rahmen dieses Prozesses dann hoffentlich auch das Erbgut lokalisieren können.«

Ich höre den Frust aus seinen Worten heraus – und seine Zurückhaltung. Aus meiner eigenen Arbeit weiß ich nur zu gut, wie langwierig und mühsam es sein kann, die Röntgenbeugungsmuster zu begreifen und zu bewerten, die entstehen, wenn Röntgenstrahlen durch Kristalle dringen, von Atomen abgelenkt werden und miteinander in Wechselwirkung treten. Dabei stehen Perutz und seine Kollegen mit ihrer Erforschung der Proteine vor einer noch deutlich größeren Herausforderung als ich mit meiner Arbeit an der DNA, weil die schiere Zahl der Beugungen und Wechselwirkungen bei Kristallen dieser Größe viel höher ist und die Interpretation der Röntgenmuster dadurch viel mehr Wissen erfordert. Und Zeit.

Als die Zuhörer sich räkelnd von den Plätzen erheben und plaudernd in die Schlange vor dem Ausgang einreihen, um die Vormittagspause mit Tee und Gebäck anzutreten, erspähe ich Samuel Kent, einen alten Freund aus dem BCURA. Auf dem Weg zum Ausgang steuern wir schrittchenweise aufeinander zu und ergattern schließlich eine Tasse des klassisch schwachen Konferenztees, den auch keine noch so großen Mengen an Milch, Zucker oder Zitrone retten können.

Auf der anderen Seite des Raumes sehe ich Wilkins aufgeregt gestikulieren. Er ist in ein Gespräch mit einem mir unbekannten Mann vertieft, der etwas helleres Haar hat als Wilkins, ihm aber in Sachen Schlankheit, Größe, Kantigkeit sowie expressiver Gestik und Mimik in nichts nachsteht. Während ich mich mit Samuel unterhalte, behalte ich Wilkins aus dem Augenwinkel im Blick. Noch nie habe ich ihn so lebhaft gesehen, und ich frage mich, was dahinterstecken mag. Löst sein Gesprächspartner diese Reaktion aus oder eher das Thema, über das sie sprechen?

Ein sanftes Klingeln ertönt und wir stellen uns an, um zurück in den Hörsaal zu gehen. Ich nehme meinen Platz ein und sehe mir John Kendrew an, Perutz' Mitbegründer, der jetzt am Podium steht. Er hat buschiges Haar und trägt eine Brille, wie außer mir fast alle im Raum, und er scheint etwas nervös, als er nun ansetzt, er spricht leiser und auch gedämpfter als sein Vorredner. »Herzlich willkommen. Bevor ich gleich auf die Ergebnisse eingehe, die wir im vergangenen Jahr bei der Untersuchung des kleineren Proteins Myoglobin mithilfe der Röntgenkristallographie erzielt haben, möchte ich gerne noch ein paar Worte vorab an Sie richten. Wir stehen gerade am Beginn einer einzigartigen Phase wissenschaftlicher Entdeckungen, einer Phase, in der es in naher Zukunft, wenn neue Erkenntnisse ans Licht kommen, möglicherweise viel Konkurrenz und hitzige Diskussionen geben wird. Lassen Sie uns dabei nicht vergessen, dass wir mehr Gemeinsamkeiten haben als Unterschiede und dass wir alle ein gemeinsames Ziel verfolgen – nämlich wissenschaftliches Verständnis. Wie so viele von Ihnen bin auch ich über ein ganz anderes Fachgebiet zur Erforschung der Molekularstruktur gekommen; und ich vermute, dass Sie sich aus ähnlichen Gründen für diesen Wechsel entschieden haben wie ich: weil Sie nämlich spürten, dass die Antworten auf diese weitreichenden wissenschaftlichen Fragen nicht in einem einzigen Fachbereich liegen können, sondern in der Überschneidung mehrerer Bereiche. Ich beispielsweise bin ursprünglich Chemiker und arbeite inzwischen in einem Physiklabor an einem biologischen Thema ... «

Was für eine scharfsinnige Sicht auf unser wissenschaftliches Tun, denke ich. Fast schon poetisch. Seine Haltung deckt sich sowohl mit Schrödingers als auch meiner eigenen Ansicht: dass es nämlich enorm wichtig ist, seine Ergebnisse mit anderen Wissenschaftlern zu teilen, wobei allerdings jedem der Raum und die nötige Zeit für sein Projekt zugestanden werden sollte, bevor man sich selbst einbringt – und dass die Beiträge aller gegenseitig respektiert und anerkannt werden. Statt weiter Wort zu Wort mitzuschreiben, lege ich den Stift nieder und lasse Kendrews Überlegungen auf mich wirken.

Mein kontemplatives Sinnieren endet abrupt, als nun ein anderer Mann aufspringt und zum Podium eilt, kaum dass Kendrew zum Schluss gekommen ist. Es ist derselbe Mann, mit dem sich Wilkins in der Teepause unterhalten hat. Wer ist dieser hibbelige Typ?

»Sieht ganz so aus, als könne es unser neuer Forscher kaum erwarten, Ihnen seine Arbeit zu präsentieren«, sagt Kendrew mit einem nachsichtigen, etwas schiefen Lächeln.

»Für die Sie mir ja freundlicherweise gleich den Titel geliefert haben.«

»Tja«, meint Kendrew verlegen lachend, »sicher werden Sie alle gleich verstehen, warum ich ihm als ursprünglichen Titel seiner Arbeit ›Welch aberwitziges Rennen‹ vorgeschlagen hatte.« Das Publikum stimmt in sein Lachen ein, dann fügt er hinzu: »Ich darf Ihnen unseren jüngsten Neuzugang am Cavendish vorstellen, Francis Crick.«

Obschon er vermutlich noch nie vor einem so hochrangigen Publikum stand, steigt der quirlige Crick, selbstbewusst und ohne zu zögern, in seinen Vortrag ein. Zunächst setzt er uns eine ganze Reihe von Daten vor, wobei er wild gestikuliert und sich sein schlaksiger Körper in ausdrucksstarken Posen ergeht, doch dann, als er zum Kern seines Vortrags gelangt, wird seine eigentliche Aussage deutlich. Die Röntgenkristallographie, so meint er, werde nie in der Lage sein, das Puzzle der Proteinstruktur zusammenzusetzen. Ich bin fassungslos. Stellt sich dieser Neuzugang am Cavendish tatsächlich hier aufs Podium und erzählt seinen Vorgesetzten – Perutz und Kendrew –, dass all die Jahre ihres Forschens umsonst waren, weil sie die Proteinstruktur mit ihren Methoden sowieso nie entschlüsseln werden? Dass sie einer Sisyphusarbeit nachgehen?

Was für eine Frechheit, denke ich. Wie kann dieser Crick es wagen zu behaupten, dass Röntgenkristallographen ohnehin keine Chance haben, auf dem Feld der Proteine erfolgreich zu sein? Und das ausgerechnet hier. Wo Lawrence Bragg, seines Zeichens Direktor des Cavendish, selbst einer der Begründer der Röntgenkristallographie ist.

Gerade als ich unter Protest den Saal verlassen will, wird die Mittagspause eingeläutet. Mein Freund schiebt sich neben mich in die Schlange vor dem Buffet und raunt: »Unglaublich, dieser Crick, oder?«

»Schwer vorzustellen, was ihm Perutz jetzt wohl gerade erzählt.«

»Vergiss Perutz. Denk lieber mal an Bragg.«

»Ist er etwa hier?« Ich glaube kaum, dass ein so berühmter Wissenschaftler an einer so kleinen Konferenz teilnimmt.

»Er hat kurz vorbeigeschaut und stand hinten im Saal. Ich bin allerdings nicht sicher, ob er Cricks kleine Schmährede mitbekommen hat. Kann sein, dass er den Saal vorher verlassen hat.«

»Na ja, er wird so oder so davon erfahren.«

Wir brüten noch eine Weile über der Situation, bis wir schließlich wieder in den Saal gerufen werden. Drinnen ist es unangenehm warm geworden, und ich fächle mir beim Warten auf den nächsten Redner etwas Luft zu. Zu meiner Bestürzung sehe ich Wilkins in der ersten Reihe des Hörsaals aufstehen und zum Podium gehen.

Worüber um Himmels willen will er denn sprechen? Auf der Konferenz geht es in erster Linie um Röntgenbeugung, und das ist *mein* Bereich in der DNA-Forschung am King's College.

»Guten Tag.« Er fährt sich über die Brauen. Ihm ist nicht nur heiß, er ist auch nervös. Ich muss mich zusammenreißen, kein Mitleid mit ihm zu haben. »Ich weiß es zu schätzen, dass Sie auch nach den Hauptrednern noch in der Hitze hier verharren, um sich einen kurzen Bericht über unsere jüngsten Entwicklungen drüben am King's College anzuhören.«

Er hantiert eine Weile am Overheadprojektor. Dann gelingt es ihm, eine Tabelle mit Zahlen aufleuchten zu lassen, die für nahezu jeden im Raum völlig unverständlich sein muss. Außer für mich.

Es sind meine Zahlen. Viele davon zumindest.

Wilkins erläutert, dass jede der Zahlenreihen auf DNA-Proben verschiedener Tiere basiert, bis er schließlich zu den Berechnungen kommt, die ich auf Basis der Signer-Proben angestellt habe. All diese Proben, sagte er, würden Röntgenmuster mit einem eindeutigen X in der Mitte zeigen. Alec Stokes zitierend verkündet er dann, dass das konsistente Muster und die Ergebnisse stark darauf hindeuten, dass es sich um eine Helix handelt. Während das Publikum in Beifall ausbricht, kann ich nur leise vor mich hin schäumen.

Wie kann er es nur wagen!

Ich bin so wütend, dass ich den Rest seines Vortrags gar nicht mehr mitbekomme. Alles, was ich hören und sehen und denken und fühlen kann, sind meine Ergebnisse auf der Leinwand vor mir. Meine Ergebnisse, die erst im Entstehen begriffen sind. Die immer und immer wieder wiederholt und überarbeitet werden müssen, bis sie definitiv feststehen. Die mit größter Sorgfalt überprüft werden müssen, bis sich wirklich ein eindeutiges Muster abgezeichnet hat. Und die erst dann, wenn all dies geschehen ist, in einem Aufsatz zusammengefasst und vor Kollegen präsentiert werden können.

Wilkins' Vortrag ist der letzte an diesem Tag. Ich warte ab, bis sämtliche Zuhörer den Raum verlassen haben und nur noch Wilkins, Crick und Kendrew am Podium stehen. Während ihm die anderen zu »seinen« Entdeckungen gratulieren und sich im nahe gelegenen Pub verabreden, starre ich Wilkins nur an. Erst als auch Crick und Kendrew den Saal verlassen haben und Wilkins seine Papiere vom Podium und die Folien von den Projektoren einsammelt, gehe ich zu ihm. Vittorios Warnung, ich müsse *meine Wissenschaft schützen*, fällt mir wieder ein.

»Sie hatten kein Recht, über diese Ergebnisse zu sprechen. Sie sind bestenfalls vorläufig.« Obwohl ich mich bemühe, meine Stimme zu kontrollieren, hallen meine Worte durch den nun leeren riesigen Saal.

Seine Augen weiten sich hinter den Brillengläsern und er tritt ein paar Schritte zurück. »I-Ich habe doch nur einen ganz normalen Bericht über die Projekte am K-King's College abgeliefert, von einer akademischen Einrichtung zur anderen«, stammelt er. »Das ist doch ein ganz normales Vorgehen hier«, sagt er, als wäre ich in meiner Zeit in Frankreich zur Französin mutiert und müsse erst noch lernen, auf welch rätselhafte Art und Weise die Dinge in England vor sich gehen.

»Es ist ja nicht so, dass ich alleinigen Anspruch auf meine Forschung erhebe. Die Daten sind nur einfach noch nicht weit genug gediehen, um auf diesem Niveau darüber zu berichten.« Ich kann die aufsteigende Wut kaum noch im Zaum halten.

»Aber Ihr Projekt ist doch einfach nur eines unter vielen am King's.«

Jetzt bricht sie sich Bahn. »Die Röntgenkristallographie ist meine Arbeit, ich werde Sie wissen lassen, wenn ich damit fertig bin. Und bis dahin seien Sie so nett und gehen Sie zurück an Ihre Mikroskope.«

KAPITEL 22

13. August 1951
London

Ich gehe *The Strand* hinunter, und mit jedem Schritt, der mich dem King's College näher bringt, werde ich angespannter. Dabei hatte ich gehofft, dass mir die Klarheit und die Gelassenheit, zu denen ich in den letzten Wochen im Urlaub gefunden hatte, nach meiner Rückkehr noch eine Weile erhalten bleiben würden. Während des Wochenendes in Oxford, das ich bei den Sayres verbrachte, war das auch gelungen. Aber jetzt, wo ich unter dem spitzen Torbogen in Richtung der Fachabteilung für Biophysik hindurchgehe, merke ich doch, wie aufgewühlt ich bin bei dem Gedanken daran, Wilkins das erste Mal seit der Cavendish-Konferenz wieder über den Weg zu laufen. Ich sträube mich dagegen; ich will in meinem normalen Leben genauso von Frieden erfüllt sein, wie ich es in der Bretagne war.

Ach, die Bretagne. Als ich gehört hatte, dass eine alte Freundin aus Paris, Margaret Nance, eine Reise zur Île de Batz, einer Insel vor der bretonischen Küste, plante, hatte ich sie kurzerhand gefragt, ob ich mich nicht anschließen könne. Da Norma Sutherland und ich wegen der Cavendish-Konferenz erst später dazukamen, hatten wir zwar zunächst Schwierigkeiten, eine Unterkunft zu finden, aber dank meines exzellenten Französisch wurden wir dann mit ein bisschen Verhandlungsgeschick doch noch fündig. Sobald wir uns eingelebt hatten, war unsere kleine Frauenrunde hin und weg von den weißen Sandstränden, dem klaren, blauen, zum Schwimmen einladenden Meer und den atemberaubenden Wanderungen entlang der Küste rund um die Insel. Nicht alle waren auf anstrengende Wanderungen aus, und so stillte ich meine Lust aufs Bergsteigen auf dem vergleichsweise einfachen *Trou du Serpent*, dem »Schlangenloch«, einer von gigantischen Granitblöcken gekennzeichneten Landschaft, wo der heilige Paulus von Leon der Legende nach einen die Insel drangsalierenden Drachen besiegte, eben ohne die anderen. Allein die Konzentration, die ich aufbringen musste, um die Struktur der Felsen zu erfassen und die Hände und Füße in die jeweils passenden Spalten zu setzen, war das Intensivste und zugleich Entspannendste, was ich je erfahren habe, und ich sehne mich heute noch nach dem Frieden, den diese Beschäftigung meinem unruhigen Geist brachte.

Kurz vor meiner Abteilung bleibe ich stehen und denke an einen Kommentar von Norma. Sie hatte mich am letzten Urlaubsnachmittag beim Feilschen mit einem örtlichen Obsthändler beobachtet und danach gemeint, dass ich überraschend schroff sein könne. Ich hatte mich gerechtfertigt und argumentiert, ich hätte schließlich jahrelang in Paris gelebt und sei an das harte, aber nicht böse gemeinte Verhandeln auf den Märkten gewöhnt, aber dann sagte sie, das habe sie gar nicht gemeint. Vielmehr könne ich für eine so freundliche Person erstaunlich unverblümt und feindselig sein – und das nicht nur gegenüber Ladenbesitzern. Erst war ich ziemlich verärgert und auch schockiert, weil ihre Sichtweise so gar nicht mit meiner Selbstwahrnehmung übereinstimmt. War das vielleicht einfach ihre englische Perspektive auf mich, überlegte ich? Schließlich hatten meine französischen Freunde nie Anstoß genommen an meinem Verhalten. Aber jetzt bin ich da nicht mehr so sicher. War ich Wilkins gegenüber vielleicht unbewusst genauso streitlustig gewesen? Hatte ich vielleicht zu harsch auf sein Überlegenheitsgetue reagiert? Und war es für ihn als Engländer vielleicht besonders schwierig gewesen, damit umzugehen?

Ich bin jedenfalls durchaus willens, auch meinen eigenen Anteil an unserem schlechten Verhältnis zu sehen; vielleicht lenkt er ja ein, wenn ich den ersten versöhnlichen Schritt mache. Wobei – verdient hat er es nicht. Mir ist natürlich klar, dass ich am King's College niemals die Kameradschaft und Vertrautheit erleben werde, wie ich sie aus dem *labo* kenne, aber vielleicht könnte es ja zumindest eine ähnliche Art von Kollegialität geben, über die von Randall organisierten Mittagessen und Aktivitäten hinaus und auch über meine Mentorenschaft und, so wage ich das jetzt mal zu nennen, meine Freundschaft mit Ray? Vielleicht sogar mit Wilkins, und dann zieht seine heitere Männerschar vielleicht auch noch geschlossen nach? Muss der Schutz meiner Wissenschaft vor den Blicken der anderen, wie Vittorio sich ausdrückte, denn unbedingt bedeuten, dass ich einen undurchdringlichen Stacheldrahtzaun um mich und meine Arbeit ziehe?

Den Schlüssel in der Hand, steige ich die Treppen zu den Labors im Keller hinunter. Es ist tröstlich zu wissen, dass ich die Erste im Büro sein werde, ich habe das Bedürfnis, in der abgeschiedenen Stille und Reinheit des weißen Raumes über diese missliche Lage nachzudenken. Als ich mein Büro betrete, bin ich nicht weiter überrascht, einen Stapel Briefe auf meinem Schreibtisch vorzufinden. Ich gehe gerade die eher banale Korrespondenz durch und stecke mein Dosimeter an, da ich später noch ein paar Versuche durchführen will, als ich eine Notiz von Wilkins entdecke, die an eine Reihe von Berechnungen von Stokes und die Kopie eines Briefes angeheftet ist, den er an Crick geschickt hat.

Was in aller Welt soll das?

Um mich ganz auf die Unterlagen konzentrieren zu können, räume ich meinen Schreibtisch leer und lese dann zunächst Wilkins' handgeschriebene Notiz an mich:

Habe Stokes gebeten, sich einmal ein paar Röntgenkristallogra-

phiemuster näher anzusehen, die sich durch eine Helixstruktur ergeben könnten. Theoretisch natürlich. Sieht aus, als würden sie mit Ihren Überlegungen übereinstimmen. Außerdem habe ich mit DNA-Fasern experimentiert und ein paar Ideen zu den Ketten entwickelt. Hoffe, der Urlaub war schön –

Wie kommt er dazu, genau das tun, was ich ihn explizit gebeten hatte, *nicht* zu tun, und mir dann auch noch eine so heitere Nachricht zu hinterlassen? Ich atme tief durch und besinne mich auf mein Harmoniebestreben, dann sehe ich mir als Nächstes Stokes' Berechnungen an. Er hat sich des eleganten mathematischen Werkzeugs bedient, das auch als Bessel-Funktion bekannt ist, und ich erkenne erstens, dass seine Berechnungen tatsächlich die Aussage meiner Bilder untermauern könnten – dann, wenn ich damit fertig bin, nicht zu einem früheren Zeitpunkt –, und zweitens, dass Wilkins versucht, meinen kompletten Prozess zu überspringen und vorzeitige Schlussfolgerungen zu ziehen, ohne die für eine Beweisführung entscheidende Kristallographie zu nutzen. *Aber vielleicht bin ich ja auch zu voreilig*, sage ich mir; vielleicht fördert das Schreiben an Crick ja gleich ein ganz anderes Motiv zutage. Im Zweifel für den Angeklagten, das muss meine Maxime Wilkins gegenüber sein, und mit dieser Haltung überfliege ich seinen Brief an Crick.

Als ich am Ende des maschinengeschriebenen Briefes angelangt bin, zerknülle ich ihn und schleudere ihn auf den Boden. Wilkins hat Crick detailgetreu über sein Tun informiert, einschließlich aller Einzelheiten über meine glasklaren neuen Bilder, und das alles nur, um ihn davon zu überzeugen, dass weitere Studien mit der DNA viel wichtiger sind als die für Crick an erster Stelle stehende Forschung mit Proteinen. Aber das ist noch nicht der Gipfel seines Vergehens. Oben an den Rand des Schreibens hatte er noch eine handgeschriebene Notiz geheftet: *Sollten wir hier nicht zusammenarbeiten, Rosalind? Sie, ich und Stokes?*

Was für eine Dreistigkeit – mich zur Zusammenarbeit an meinem eigenen Projekt einzuladen. Und dann auch noch meine Arbeit viel zu früh nach außen zu geben.

Ich fahre mir mit den Fingern durch mein sorgfältig gekämmtes Haar und laufe in meinem Büro auf und ab. Was soll ich jetzt nur tun? Die Vorstellung von heute Morgen, auf Wilkins zuzugehen und ein freundlicheres Verhältnis zu ihm einzuläuten, hat sich soeben in Luft aufgelöst. Am liebsten würde ich schreien, und fast schon gebe ich dem Impuls auch nach, als der Flur vor meinem Büro zum Leben erwacht und Schritte und Stimmen zu hören sind.

Es klopft an meiner Tür, und noch bevor ich reagieren kann, steckt Ray schon seinen Kopf herein. »Lass mich raten – die Bretagne war der Hammer, oder?«, sagt er mit breitem Grinsen.

»Ja, absolut. Danke der Nachfrage.« Nannie Griffiths mahnende Worte im Hinterkopf, versuche ich, sein Lächeln zu erwidern, aber der Gefühlsstrudel hat mich fest im Griff. Ich will mir gar nicht ausmalen, wie mein Gesicht aussieht.

»Alles in Ordnung?«, fragt er.

»Entschuldige. Ich bin nur gerade erst zurückgekommen und habe etwas ziemlich ...«, ich zögere, ich will den immer so umgänglichen Ray nicht schon wieder in die Auseinandersetzung zwischen mir und Wilkins hineinziehen, »... Unerwartetes vorgefunden.«

Er steht wie angewurzelt in der Tür, als hätte er Angst näher zu kommen. »Ist es wegen Pauling?«

»Pauling?« Jetzt bin ich gänzlich verwirrt. Auch wenn ich Wilkins als Quelle meines Ärgers nicht nennen möchte, gehe ich doch davon aus, dass Ray genau weiß, über wen ich mich so maßlos aufrege. Was hat Linus Pauling, seines Zeichens Biochemiker vom Caltech, damit zu tun? Mir ist zwar bekannt, dass er im Frühjahr einen aufsehenerregenden Aufsatz veröffentlicht hat, in dem er die Vermutung äußert, dass Proteine primär aus einer Alpha-Helix-Struktur bestehen, wobei seine Behauptung auf einem spekulativen Modell beruhte, nicht auf einer Beweisführung durch Röntgenkristallographie. Wir aber arbeiten ja an der DNA, nicht an Proteinen. Die einzige Überschneidung in unserer Arbeit ist das Phantom der Helixstruktur. Was also hat Pauling mit uns zu tun? Und warum sollte ich mich über ihn ärgern?

»Ja. Hast du nichts davon gehört?« Und als ich nur den Kopf schüttle, erklärt er: »Nachdem Pauling von Wilkins erfahren hat, dass er die Röntgenkristallographiebilder nicht interpretieren würde, hat er an Randall geschrieben und ihn gebeten, ihm Kopien der Bilder zukommen zu lassen. Er fand, die Wissenschaft habe es verdient, dass die Bilder ausgewertet würden. Stell dir mal vor, was für eine Dreistigkeit.«

»Er wollte *unsere* Bilder, weil Wilkins ihm gesagt hat, dass *er* sie nicht auswerten würde? Und dass das folglich auch sonst niemand tun würde?« Ich bin fassungslos. Nicht nur wegen Paulings Unverfrorenheit, die Arbeit einer anderen wissenschaftlichen Einrichtung anzufordern, sondern auch wegen Wilkins' Andeutung, dass die Bilder, nur weil *er* nicht für die Auswertung zuständig ist, sie entweder nicht richtig oder überhaupt nicht ausgewertet würden.

»Ja«, sagt Ray, und zum ersten Mal überhaupt sehe ich Wut aufkeimen unter der friedlichen Oberfläche. »Aber«, sagt er und langsam kehrt der Optimismus in seine Gesichtszüge zurück, »Randall wollte nichts davon wissen. Er war wütend über Paulings Anmaßung und sagte ihm, die Angelegenheit läge in der Hand seiner Wissenschaftler.«

»Wenigstens das«, meine ich erleichtert. Aber meine Wut auf Wilkins ist dadurch noch lange nicht besänftigt. Im Gegenteil, sie ist eher noch größer geworden.

»Ja, wenigstens das.« Er mustert mich, wartet ab, ob ich ihm nicht doch noch den Grund für meinen eigentlichen Unmut verraten will.« »Na gut, sollen wir uns später noch mal auf Erkundungstour begeben?«, fragt er schließlich, als von mir nichts kommt.

»Gerne«, gebe ich zurück und bin dankbar, Ray zum Assistenten zu haben. Wegen seiner Nettigkeit und Empathie in diesem Augenblick und seiner Brillanz in anderen.

Als er gegangen ist und ich mich gerade sammeln und an den Schreibtisch setzen will, klopft es erneut. »Komm rein«, rufe ich, davon ausgehend, dass es Ray ist, der noch etwas fragen möchte.

Aber es ist nicht Ray. Es ist Wilkins.

Als hätte ich eine unsichtbare Barrikade zum Inneren meines Büros errichtet, bleibt er im Türrahmen stehen und fragt: »Na, schöne Ferien gehabt in der Bretagne?«

Wie kann er da einfach so stehen und mich nach meinem Urlaub fragen, als hätte er mich nicht gleich mehrfach komplett vor den Kopf gestoßen? Seine Unaufrichtigkeit ist wirklich nicht zu fassen.

Ich bringe kein Wort heraus. Kann ihn kaum ansehen. Ich halte ihn nicht für besonders einfühlsam, aber er muss wohl spüren, in welchem Zustand ich bin, jedenfalls weicht er zurück und steht jetzt mehr oder weniger im Gang.

»Sie sind mit den Gedanken woanders, klar, so direkt nach dem Urlaub.« Er kichert nervös. »Wenn Sie sich eingerichtet haben, könnten Sie dann vielleicht einen Blick auf die Notiz werfen, die ich Ihnen auf den Tisch gelegt habe?«

Ich sehe, wie er sichtlich zurückweicht, als ich auf ihn zugehe. Einen kurzen Augenblick lang bin ich fast amüsiert. »Habe ich schon.«

»Ah, verstehe. Und, was meinen Sie?« Er weicht noch einen Schritt zurück.

»Sie wollen mit mir zusammenarbeiten?«

»Ja?« Seine Antwort klingt mehr nach einer Frage an sich selbst.

»Was bedeutet denn zusammenarbeiten für Sie? Bedeutet zusammenarbeiten, Linus Pauling zu erzählen, dass ich meine Arbeit nicht mache? Ihm zu berichten, dass ich meine Daten nicht auswerte? Oder heißt zusammenarbeiten, sich heimlich meine Ergebnisse anzusehen, während ich im Urlaub bin, sie von Stokes untersuchen zu lassen und dann das ganze Paket an einen Wissenschaftler aus einer anderen Einrichtung zu schicken? Aber vielleicht heißt zusammenarbeiten ja auch, sich die Arbeit unter den Nagel zu reißen, mit der *ich* beauftragt bin und mit der ich gut vorankomme, und totales Chaos zu stiften – nachdem *Sie*, als *Sie* noch in der Verantwortung standen, überhaupt nichts damit anzufangen wussten?«

Wilkins Augen sind tellergroß.

»Mag sein, dass Sie in irgendeinen unsichtbaren Wettstreit um die Struktur der DNA gegen irgendwelche unbekannten Konkurrenten verwickelt sind«, wettere ich weiter, »aber dabei vergessen Sie leider, dass es hier um Wissenschaft geht, nicht um ein Wettrennen.« Dann knalle ich die Tür zu.

KAPITEL 23

13. August 1951
London

Irgendwie gelingt es mir, im Zug nach Hampstead im Norden Londons die Fassung zu bewahren. Eine spröde ältere Frau sitzt stickend auf der Bank mir gegenüber und wirft mir gelegentlich einen Blick zu. Ihr strenges Auftreten und die Art, wie sie die Strickjacke trägt, erinnern so sehr an eine der eisernen St.-Paul's-Bibliothekarinnen, dass damit jede öffentliche Zurschaustellung der in mir tobenden Emotionen im Keim erstickt wird.

Auch auf dem Weg vom Bahnhof zu Colins und Charlottes Haus in der Nähe von Hampstead Heath schaffe ich es, ruhig zu bleiben. Das klare Augustlicht hat sich bereits gelegt, und nun ist der Park in einen diffusen goldenen Schimmer getaucht, dessen außergewöhnliche Schönheit ich trotz meiner Verzweiflung wahrnehme. Als ich läute, stelle ich mir vor, wie es mir gelingt, diese Gelassenheit während des gesamten Familienessens beizubehalten.

Doch schon als Colin die Tür zu seinem mehrstöckigen roten Backsteinhaus öffnet, bricht die liebevolle Anteilnahme in den Augen meines Bruders jeden Widerstand. Ich breche in Tränen aus. Ich bin selbst überrascht, vermutlich habe ich noch nie vor einem Familienmitglied geweint, zumindest nicht in letzter Zeit. Colin erstarrt, er hat nicht die geringste Idee, wie er reagieren soll, und so bleibe ich schluchzend auf der Türschwelle stehen. Nach einer sehr langen Minute wird schließlich Charlotte zu Hilfe gerufen und ich werde in ihre Obhut übergeben.

Sie führt mich durch den Eingangsbereich und am Esstisch mit dem für das Familienessen sorgsam drapierten Porzellan und Silber vorbei, bis wir schließlich in der Bibliothek meines Bruders stehen, wo wir uns erst einen Weg vorbei an den Büchern bahnen müssen – die meisten davon alt, einige auch ziemlich wertvoll –, die sich am Boden und auf allen anderen verfügbaren Flächen stapeln. Colin arbeitet seit ein paar Jahren für Routledge, das familieneigene Verlagshaus, aber seine wahre Leidenschaft gehört den Inkunabeln, sehr seltenen frühen Druckerzeugnissen, und Manuskripten – eigentlich wäre er am liebsten als Antiquar tätig. Würde ich je die Wissenschaft zugunsten einer Familie und eines Ehemannes aufgeben – dieses liebevolle Chaos wäre die Art von Zuhause, die ich mir auch für mich selbst wünschen würde.

»Was ist denn bloß passiert, Rosalind?«, fragt Charlotte, nachdem sie mich auf Colins Bibliothekssofa platziert hat.

Meine Brust bebt, mein Atem stockt. Ich kann gar nicht sprechen vor lauter Schluchzen.

Charlotte streckt die Arme aus und drückt mich an sich. Dann betritt mein Bruder den Raum und stellt sich hinter sie, als würde er mich stellvertretend umarmen. In Anbetracht unserer stoischen, wenig gefühlsbetonten Erziehung muss er sich extrem unbehaglich fühlen angesichts meines Gefühlsausbruchs. Dass er es dennoch fertigbringt, im Salon auszuharren, zeugt von seiner Loyalität mir gegenüber. Und seiner Liebe.

Allmählich ebbt das Schluchzen ab und mein Atem normalisiert sich wieder. Jetzt erst hält mich Charlotte ein Stück auf Abstand und mustert mich. »Bist du in Ordnung? Soll ich einen Arzt rufen oder einen Krankenwagen? Brauchst du einen Eisbeutel?«

Beinahe muss ich lachen. Als junge Mutter von zwei Söhnen schiebt sie Heulattacken automatisch auf irgendwelche Schnitte oder Prellungen und geht davon aus, dass ein ordentlicher Verband mich schon wieder zusammenflicken wird.

Ich löse mich aus ihrer Umarmung, hole ein Taschentuch aus der Tasche und tupfe mir die Augen. »Danke, ich glaube, ich bin erst mal durch mit Heulen.«
»Was ist eigentlich los, Rosalind?«, fragt sie.
»Wie viel Zeit hast du?«, frage ich halb lachend zurück.
»Ist es wegen diesem Wilkins?«, fragt Colin. Die Stimme meines sanftmütigen Bruders klingt ausgeglichen, aber ich sehe, dass er die Fäuste ballt. Ich hatte meiner Familie gegenüber den Ärger mit Wilkins zwar hin und wieder erwähnt, seine übelsten Fehltritte aber bewusst verschwiegen. Ich muss Papa schließlich nicht noch mehr Munition liefern für seine Argumentation, ich solle die Wissenschaft doch endlich aufgeben und mich stattdessen in einem der Familienunternehmen engagieren oder mich einer karitativen Aufgabe widmen.
»Ja, genau. Aber auch wegen der wissenschaftlichen Community generell, die einem wie ihm den Weg nach oben ebnet – und von der Sorte gibt es jede Menge.«
Eine tiefe Furche erscheint zwischen Colins hellen Augenbrauen. »Nutzt er etwa seine Machtposition dir gegenüber aus?«
»Das versucht er zumindest, ja. Aber nicht so, wie du denkst«, erwidere ich, doch Colins Fäuste sind immer noch geballt. Colin muss im Krieg entsetzliche Dinge gesehen haben, über die er nie gesprochen hat, das habe ich mir immer schon gedacht. Und mein hysterisches Getue ruft jetzt wahrscheinlich Erinnerungen daran wach. »Nicht körperlich. Er versucht, meine Arbeit zu untergraben, aber immer so, dass ich mich nicht offiziell darüber beschweren kann.«
Colins Hände entspannen sich ein wenig, dafür beugt sich Charlotte jetzt zu mir herüber. »Und wie macht er das?«, fragt sie, die sicher sensibilisierter ist für die Übergriffe, denen Frauen täglich ausgesetzt sind – jetzt, wo sich ihr erster Impuls, meine Verletzung mit einem Pflaster zu verarzten, als unangebracht herausgestellt hat.

»Er hat meine Abwesenheit ausgenutzt und sich in der Zwischenzeit in meine Arbeit eingeklinkt, und das, obwohl ich ihn ausdrücklich gebeten hatte, genau das nicht zu tun.«

»Und zu welchem Zweck das Ganze?«, fragt Colin.

»Er nennt es Zusammenarbeit, aber in Wirklichkeit ist es ein Putschversuch. Er will sich den Bereich zurückholen, der ausdrücklich mir übergeben wurde, als ich meine Arbeit am King's College aufgenommen habe. Ich fühle mich verpflichtet, auf dem Gebiet etwas zu erreichen, nachdem er die Sache komplett in den Sand gesetzt hat, als er selbst noch dafür verantwortlich war. Er ist völlig in diesen wissenschaftlichen Wettlauf verstrickt, wer nun als Erster die DNA-Struktur entschlüsselt. Gegen wen er da eigentlich antritt, weiß ich nicht.« Um mich zu beruhigen, atme ich einmal tief durch. »Ich habe mich jedenfalls nicht angemeldet zu diesem Rennen.«

»So ein Dreckskerl«, flüstert Charlotte.

»Charlotte!«, ruft Colin. Ein solches Wort hat er aus dem Munde seiner reizenden Gattin vermutlich noch nie gehört.

Aber Charlotte macht keinen Rückzieher. »Dieser Wilkins hat nichts anderes verdient, Colin.«

»Da hast du vermutlich recht«, stimmt Colin ihr zu.

Charlotte wendet sich wieder mir zu. »Können wir dich irgendwie unterstützen?«

Ich muss grinsen über meine so überraschend kämpferische Schwägerin. »Ich wünschte, ich könnte dich auf ihn loslassen, Charlotte. Das würde ihn vielleicht zur Vernunft bringen.«

Wir alle müssen lachen bei der Vorstellung. »Nein«, sage ich dann, »aber ich muss mir irgendetwas einfallen lassen. Vielleicht muss ich das King's College auch wieder verlassen. Ich komme einfach nicht klar mit Wilkins.«

»Und wo willst du hin?«, fragt Colins. Wie es aussieht, hört mein Bruder mir gut zu und hat ein Auge auf mich.

»Das weiß ich auch noch nicht genau.« Ich stemme mich aus

den Tiefen des Korduan-Ledersofas. »Ich muss ja zum Fürchten aussehen. Ich sehe zu, dass ich mich wieder halbwegs hinbekomme, bevor die Eltern eintreffen.« Dann taste ich meine Augenpartie ab, um zu prüfen, wie geschwollen sie ist. Ein Blick, und Mama und Papa gehen in die Offensive, und das Risiko kann ich nicht eingehen, heute schon gar nicht. Jetzt, wo ich schon das Opfer dargebracht habe, nach London zurückzukehren, könnte ich einen weiteren Vortrag über die langen Arbeitsstunden und die Entbehrungen, die mir die Wissenschaft abverlangt, und dass ich sie doch endlich hinter mir lassen soll zugunsten eines Lebens für die Philanthropie und die Familie, einfach nicht ertragen. Dafür bin ich zu verletzlich heute.

»Im Flur hängt ein Spiegel an der Wand«, sagt Charlotte.

»Rosalind«, sagt Colin, bevor ich aus dem Raum gehe. »Du hast es verdient, deine Arbeit auch abzuschließen. Lass nicht zu, dass dieser Wilkins dich zwingt, deine Arbeit vorzeitig abzubrechen, oder dass er dich aus dem King's College vertreibt.«

Mir steht der Mund offen. Mein immer liebenswürdiger, ausgeglichener jüngerer Bruder nimmt eine entschiedene, beinahe schon kämpferische Haltung für mich ein. Das ist so untypisch für ihn, dass ich sprachlos bin.

»Was ich damit sagen will: Du bist da doch an etwas dran. Das höre ich deutlich heraus, wenn du über deine Entdeckungen über die DNA sprichst. Lass dich von Wilkins nicht aus dem Konzept bringen, nur weil er Anteil haben will an deinem Erfolg. Bleib standhaft. Und wenn es sein muss, dann kämpfe für deine Wissenschaft.«

KAPITEL 24

25. Oktober 1951
London

»Ich hatte gehofft, dass wir uns dieses Treffen sparen können«, sagt Randall, während er seine Brille abnimmt und energisch mit einem Taschentuch über die Gläser reibt. Ich frage mich, ob er sich absichtlich genau diesen Moment dafür ausgesucht hat, damit er uns nicht so deutlich sehen muss. So konfliktscheu, wie er ist, muss ihm dieses Treffen extrem unangenehm sein – unseren direkten Blick zu vermeiden, ist eine Möglichkeit, damit umzugehen.
Aber es gibt nun wirklich keinen Aufschub mehr. Es sind jetzt beinahe zwei Monate, dass alles auf diesen Schlagabtausch hinausläuft, wenn nicht länger. Seit Wilkins' unglückseliger Einladung zur »Zusammenarbeit« habe ich wirklich alles versucht, um den Konflikt zu vermeiden – habe Wilkins ignoriert, habe freundlich mit ihm geplaudert, sogar im Treffpunkt für Studenten, wo auch Frauen zugelassen sind, wie ich extra erwähnte. Aber jedes Mal musste ich feststellen, dass er wieder irgendeine heimtückische Aktion unternommen hatte, um meine Arbeit in Misskredit zu bringen oder in meiner Forschung herumzuschnüffeln, und das halte ich einfach nicht länger aus.
Schütze deine Wissenschaft. Kämpfe für deine Wissenschaft. Wenn ich doch wieder ins Wanken geriet, haben mir die beinahe identischen Ermahnungen der beiden Menschen, die ich am meisten schätze – Vittorio und Colin –, Mut gemacht für das heutige Treffen. Und ins Wanken kam ich nicht etwa aus

Angst vor einem Disput, sondern weil ich auf keinen Fall als Nörglerin dastehen wollte. Wenn ich zögerte, habe ich mir deshalb immer wieder ihre Worte vorgesagt, und auch jetzt denke ich an sie.

»So ging es mir auch, Sir«, stimmt Wilkins jetzt ein. Mir kocht das Blut in den Adern. »Sir« nennt Wilkins Randall nur dann, wenn er ihn manipulieren oder sich auf seine Seite schlagen will. Ich mag unseren Chef und ich bewundere ihn auch, aber er ist definitiv anfällig für Schmeicheleien.

»Das entspricht auch gar nicht meiner Position«, fügt Wilkins hinzu.

Ich nehme einen tiefen und hoffentlich lautlosen Atemzug, um mich zu beruhigen und mir diese Kunstpause zu gönnen, die ich hin und wieder brauche, um eine angemessene Erwiderung zu formulieren. »Ich würde meinen, das ist weniger eine Frage der Position als vielmehr der Zuständigkeit für einen bestimmten Forschungsbereich«, sage ich schließlich in gemäßigtem Tonfall.

»Ach, wirklich?« Meine Antwort auf seine Frage will Wilkins gar nicht erst hören. »Wenn Sie Einspruch dagegen erheben, dass ich auf einer Konferenz, auf der ich im Namen unserer Einrichtung auftrete und über die Arbeit unserer Fachabteilung berichte, auch über Ihre Forschung spreche, dann ist das sehr wohl eine Frage der Position.«

Mir ist klar, dass er meinen Ausbruch nach der Cavendish-Konferenz nur deshalb so hinterhältig anspricht, um das eigentliche Thema zu verschleiern. Ich kann seine Gedanken förmlich hören: *Wenn ich Randall dazu bringe, sich ganz auf die Respektlosigkeit zu konzentrieren, die Rosalind gegenüber ihren Vorgesetzten am King's an den Tag legte, dann können wir* meine Beeinträchtigung *ihrer Arbeit ja vielleicht unter den Tisch fallen lassen.*

Ausnahmsweise gelingt es mir, den Mund zu halten. Wenn ich mich äußere, bevor Randall die Gelegenheit dazu hat, spiele ich Wilkins nur in die Karten. Also warte ich ab, bis Randall die übergründliche Reinigung seiner Brille beendet und sie sich wieder auf die Nase gesetzt hat.

Randall rückt seine Krawatte zurecht, formt seine Hände zu einem sauberen Dreieck und seufzt in unsere Richtung. »Wie unerfreulich das alles ist. Ich finde ja, dieser ganze Hickhack ist unter unserer Würde, als Wissenschaftler wie als Menschen.«

Wilkins und ich nicken beide, bleiben aber stumm.

»Aber die Verbitterung zwischen Ihnen beiden vergiftet de facto die ganze Abteilung und unsere Arbeit. Ganz zu schweigen von dem Preis, den der arme Ray Gosling zahlen muss. Und deshalb sitze ich nun hier.«

»Ja, Sir«, murmelt Wilkins, nachdem ich meinte: »Es tut mir wirklich leid, dass Sie da zwangsläufig hineingezogen wurden, Professor Randall.« Dabei hüte ich mich, mich für irgendetwas zu entschuldigen.

»Maurice, sofern Sie über die Arbeit des Fachbereichs allgemein berichten und als mein Vertreter unsere Abteilung repräsentieren, sollte Rosalind nichts dagegen einzuwenden haben, dass Sie auch über ihre Forschung sprechen«, erklärt Randall schließlich.

Wilkins wirft mir einen triumphierenden Blick zu, den ich geflissentlich ignoriere. Er ist wirklich ein Kind. Stattdessen lasse ich Randall, der immer noch spricht, nicht aus den Augen.

»Aber nur weil Sie stellvertretender Fachbereichsleiter sind, Maurice, heißt das nicht, dass Sie Ihre Grenzen überschreiten und sich in Rosalinds Forschung einmischen können, wie Sie es ja anscheinend wiederholt getan haben. Sie wissen doch, dass ich ihr, als ich sie zu uns geholt habe, die Röntgenkristallographie an der DNA versprochen habe, die uns Professor Signer überlassen hat.«

»W-was?« Wilkins stottert. »Das haben Sie aber nie ...« Er wirkt aufrichtig.

Randall zieht eine herrisch wirkende Augenbraue hoch. »Sie wollen mir doch nicht etwa unterstellen, dass ich die Unwahrheit sage, oder?« Er ist nicht lauter geworden als zuvor, dennoch kommt es mir vor, als würde er schreien, eine solche Feindseligkeit liegt in seinen Worten.

Auch Wilkins spürt das. Sich auf seinem Stuhl windend sagt er: »Aber nein, Sir. Das wollte ich unter keinen Umständen.«

»Gut. Ich würde mir wünschen, dass ausgerechnet Sie von solchen Anschuldigungen Abstand nehmen.«

»Selbstverständlich, Sir. Aber was meinen Sie mit ›ausgerechnet ich‹?«

»Ich habe diese wahnwitzige Sache nicht vergessen, wie Sie Linus Pauling gegenüber meinten, wir würden Rosalinds großartige Bilder nicht auswerten, obwohl wir das selbstverständlich tun. Zumindest hat Rosalind Pläne, die Bilder in ihrer Gesamtheit zu bewerten. Ich zerbreche mir immer noch den Kopf darüber, wie Sie dazu kamen, eine derart offensichtliche Unwahrheit von sich zu geben und was Sie sich eigentlich davon versprochen haben.«

»S-Sir, wie ich Ihnen bereits sagte, ich habe das nie zu Pauling gesagt. Er hat da etwas missverstanden, was ich zu jemand anderem gesagt habe darüber, ob ich persönlich ...«

»Darüber haben wir bereits gesprochen, Maurice. Mag sein, dass Sie es nicht direkt zu Pauling gesagt haben, aber definitiv haben Sie es zu jemandem gesagt.« Er atmet tief ein. »Und das kann ich nicht hinnehmen.« Wilkins verstummt, jetzt steht Randall im Mittelpunkt. »Ich bin zwar sicher, dass von Anfang an klar war, welchen Bereich Rosalind übernehmen wird, aber es sieht ganz so aus, als müsste ich dennoch Territorien verteilen wie ein Herrscher aus dem Mittelalter. Glauben Sie mir, ich habe nicht die geringste Lust, Sie beiden brillanten Wissenschaftler zu behandeln wie meine Untertanen.«

Mein Herz pocht. Bisher hat sich Randall auf meine Seite geschlagen, aber wird er am Ende doch noch eine Kehrtwende machen? Immerhin haben die beiden schon vor dem Krieg in verschiedenen Institutionen zusammengearbeitet, und mich kennt Randall gerade mal ein Jahr. Werden die alten Seilschaften den Ausschlag geben, oder wird er seine Versprechen halten?

»Rosalind«, sagt Randall und wendet sich mir zu, »Sie werden sich auf die Forschung konzentrieren, die Sie überhaupt ans King's College gebracht hat: die röntgenkristallographische Untersuchung der DNA. Und dazu werden Sie mit der DNA von Signer arbeiten, wie wir es von Anfang an besprochen haben.«

Ich kann es nicht fassen. Randall hat sich für mich eingesetzt und klipp und klar den Bereich abgesteckt, der meiner Meinung nach sowieso immer meiner war. Meine Erleichterung ist so deutlich spürbar, dass ich mir denke, sie müsste eigentlich eine ganz eigene Molekularstruktur haben.

Aber was wird dann für Wilkins bleiben? Und wird ihn seine Aufgabe beschäftigt genug halten, als dass er mir nicht mehr im Weg steht?

»Aber die Signer-DNA ...«, beginnt Wilkins zu protestieren, doch Randall unterbricht ihn. Ich weiß auch ohne den Rest des Satzes, was er meint. Die Signer-DNA ist aufgrund der außergewöhnlich klaren Bilder, die sie liefert, etwas ganz Besonderes – das wissen wir alle –, und genau deshalb will er sie auch nicht aus der Hand geben.

»Maurice«, fährt Randall ohne Rücksicht auf Wilkins' Einwände fort, »ich möchte, dass Sie Ihr bemerkenswertes Talent in die ausgezeichnete Schweinethymus-DNA stecken, die uns Erwin Chargaff überlassen hat. Ich setze große Erwartungen in das Material.«

Wilkins' Wangen laufen rot an, ich sehe, wie wütend er ist über diese Arbeitsaufteilung. Randalls Kompliment hat ihn nicht im Geringsten besänftigt. Wilkins hat den Kürzeren gezogen, weil ich mein Potenzial längst unter Beweis gestellt habe, und das weiß er auch.

Ich fühle mich, als hätte man mir Flügel verliehen.

KAPITEL 25

21. November 1951
London

Seit Randalls Erlass herrscht eine neue Dynamik in der Abteilung. Wilkins hat eine Barrikade zwischen uns errichtet, er zieht ihm gegenüber loyale Wissenschaftler auf seine Seite und vermeidet jede direkte Kommunikation zwischen uns. Wahrscheinlich soll das eine Strafe sein dafür, dass ich mich mit unserem Konflikt an Randall gewandt habe. Was er dabei nicht bemerkt, ist, dass mir die Isolation äußerst gelegen kommt.

Ohne die Dauerbelastung durch Wilkins' Ablenkungen und Einmischungen – seien sie real oder nur befürchtet – kann ich nun ganz in die Forschung eintauchen. Mit Ray an meiner Seite gelingen mir sogar noch schärfere und eindrucksvollere Bilder der B-Form der DNA, sodass wir uns jetzt an die harte Arbeit der Berechnungen machen können, um aus den Mustern der A- und B-Formen jeweils die dreidimensionale Struktur abzuleiten. Ich träume sogar schon von verstreuten schwarzen Punkten vor weißem Hintergrund – selbst im Schlaf gehe ich noch der Frage nach der Struktur des Lebens nach. Ich weiß, dass die Lösung zum Greifen nahe ist; ich muss die Hand nur noch ein kleines Stück weiter ausstrecken.

Auch als Wilkins seine neueste Waffe auf mich loslässt – seinen neuen Bürokollegen –, ist das zunächst nicht mehr als ein Ärgernis. Bill Seeds, ein irischer Experte für Mikroskopie, hält sich für den geborenen Komiker und reißt einen Witz nach dem anderen. Er hat jedem in der Abteilung einen Spitznamen verpasst, aber hinter meinem – Rosy – steckt Wilkins, das weiß ich. Ja, es ist einfach nur die Kurzform meines Namens, nur habe ich Wilkins schon vor Längerem ausdrücklich wissen lassen, dass ich den Namen nicht mag. Und wer hinter Seeds' bislang größter Nummer steckt, weiß ich auch: Als ich an einem frühen Morgen unter der Woche die Lichter meines Labors einschalte, prangen auf den Tüchern, die meine Röntgenkristallographiegeräte abdecken, unzählige Zettel mit der Beschriftung »Rosys Salon«.

Das ist zwar lästig, meine Hauptsorge aber gilt Ray. Der noch unerfahrene Wissenschaftler, für alle sichtbar mein Assistent und Doktorand, wird von Wilkins zunehmend als Schachfigur benutzt. Andauernd wird er von ihm in sein Büro zitiert, häufig, um Informationen über die frühere gemeinsame Arbeit der beiden an der DNA zu liefern, hin und wieder, um Wilkins bei dessen aktueller Forschung an den Schweinethymusproben zu assistieren, und gelegentlich auch, um mir Nachrichten über Sitzungen zukommen zu lassen. Wilkins lässt seine Wut so lange passiv an meinem Assistenten aus, bis die Spannungen erneut einen Höhepunkt erreichen.

*

Als die Wissenschaftler eintreffen, die am Kolloquium des King's College über Nukleinsäurestrukturen teilnehmen, stelle ich mich bewusst neben Randall statt neben Wilkins. Der heutige Tag soll ein echter Erfolg werden, und das bedeutet auch, Randall keine unnötigen Sorgen zu bereiten. Bis ich nach seiner Rede das Podium übernehme, werde ich Wilkins folglich aus dem Weg gehen.

Nachdem ich einen adrett gekleideten Biophysiker vom University College begrüßt habe – und mich frage, ob ich meine übliche Arbeitskleidung aus weißer Bluse, dunklem Rock und

Laborkittel nicht doch gegen eines meiner vier New-Look-Kleider hätte austauschen sollen –, stupst Ray mich an. »Ist das dieser Crick, von dem Professor Wilkins andauernd spricht?«, flüstert er.

»Was meinst du damit?«, frage ich und sehe in die Richtung, in die Ray starr seinen Blick gerichtet hat. Ich versuche, meine Überraschung zu verbergen – normalerweise ist er peinlich darauf bedacht, das Thema Wilkins zu vermeiden.

»Wilkins war in letzter Zeit ziemlich häufig im Cavendish, obwohl sie dort ja ausschließlich an Proteinen arbeiten, und er hatte sogar mal erwähnt, ein Wochenende im Haus eines Freundes vom Cavendish verbracht zu haben – das war vermutlich Crick. Oder aber dieser andere Kollege, der dort neu angefangen hat – Watson heißt er, glaube ich. Den mag Wilkins auch sehr«, antwortet Ray.

Sicher schöpft Ray aus der ergiebigen Informationsquelle, die auf den regelmäßig von Wilkins organisierten Ausflügen der Belegschaft in Finch's Pub vor sich hin sprudelt. Ich selbst war noch nie eingeladen; ich bin nur bei den offiziellen, von Randall persönlich organisierten Ausflügen dabei.

Wilkins unterhält sich mit einem großen, kantigen Mann, den ich sofort als den Wissenschaftler wiedererkenne, der auf der Cavendish-Konferenz so vollkommen abwegig über die Röntgenbeugungsanalyse von Proteinen referiert hatte. Und jetzt ist er hier am King's College und plaudert erneut mit Wilkins wie mit einem alten Freund. »Ja, ich glaube, das ist Crick. Ich bin ihm im Sommer über den Weg gelaufen.«

»Aber warum sollte er sich für ein Kolloquium über die DNA-Struktur interessieren? Soweit ich weiß, hält er doch Proteine für das Allergrößte, nicht die DNA«, sagt Ray.

»Ich weiß es nicht. Vielleicht ist er einfach zur kollegialen Unterstützung hier? Oder um zu sehen, ob die Arbeit am King's vielleicht auch in die Proteinanalyse etwas mehr Licht bringen kann? Es sind mehrere Leute vom Cavendish hier, ich war ja auf der Sommerkonferenz dort.«

Bevor Ray etwas erwidern kann, bedeutet uns Randall, dass wir die Gruppe von etwa zwanzig Wissenschaftlern in den Vorlesungssaal führen sollen. Nach einer sympathischen Einführung von Randall macht Wilkins den Anfang. Seine Rede ist im Wesentlichen die gleiche, die er schon am Cavendish gehalten hatte, nur dass ich diesmal keinen Einwand erheben kann. Die Rede wurde von Randall abgesegnet.

Wir gehen ohne Zwischenfall aneinander vorbei, als ich seinen Platz am Podium einnehme. Ich starre auf meine Notizen hinunter und dann zurück in die Menge. Und obwohl ich noch nie Probleme damit hatte, vor Publikum zu sprechen, bin ich plötzlich wie erstarrt.

Stundenlang habe ich an meiner Rede gefeilt, und trotzdem macht es mich nervös, den Kollegen selbst diese allerersten Ergebnisse meiner Röntgenkristallographiestudie über die DNA vorzustellen. Hatte nicht der geschätzte J. D. Bernal einmal gesagt, dass ein guter Wissenschaftler nicht spekuliert, bis er sich seiner Ergebnisse nicht hundertprozentig sicher ist? Habe ich wirklich genügend Bilder gemacht und genügend Berechnungen angestellt, um die für heute vorgesehenen Behauptungen aufzustellen? Mir wird schlecht bei dem Gedanken, zu früh zu viel zu sagen. Dann räuspert sich Randall, und mir wird klar, dass mir nichts anderes übrig bleibt, als anzufangen.

»Ich danke Ihnen allen, dass Sie hierhergekommen sind, um sich anzuhören, was wir in letzter Zeit alles ins Rollen gebracht haben. Wie viele von Ihnen wissen, konzentriere ich mich seit meinem Einstieg am King's vor allem auf die röntgenkristallographische Untersuchung von DNA-Fasern.« Schritt für Schritt beschreibe ich, wie ich DNA-Fasern erst hydratisiert und dann anhand von Bildern die Veränderungen festgehalten habe, die zwischen dem feuchten, dem kristallinen und dem trockenen

Zustand der Fasern zu erkennen waren. Mir ist klar, dass eine solche systematische Beschreibung verdeutlicht, welche Fähigkeiten und Erfahrungen ich sowohl bei der Vorbereitung der Proben als auch bei der Kristallographie selbst mitbringe, insbesondere im Vergleich zu Wilkins' sehr theorielastigen Ausführungen.

Dann komme ich zu einem der Höhepunkte meiner Rede. »Dank dieser Methoden sind mein Assistent Raymond Gosling und ich schließlich darauf gestoßen, dass es zwei verschiedene DNA-Formen gibt – wir sprechen von der A-Form und der B-Form. Wir fangen gerade erst an, ihre unterschiedlichen Eigenschaften und Strukturen näher zu erforschen, und hoffen natürlich, letztlich auch herauszufinden, welche Funktion sie jeweils erfüllen.«

Im Publikum ertönt etwas wie ein kollektives »Ah«, dann fangen alle an zu tuscheln. Unsere Entdeckung muss viele von ihnen verblüffen und in Aufregung versetzen, dennoch muss ich fortfahren.

»Ich stehe gerne am Ende meines Vortrags für Fragen zu den beiden DNA-Formen zur Verfügung.«

Soll ich es wirklich wagen, den nächsten Punkt anzusprechen? Obwohl sich die Wissenschaftlerin in mir nach deutlich mehr harten Fakten sehnt, bevor ich offenbare, was meine kristallographischen Beweise mir jetzt schon sagen?

Nach einem Mut machenden Atemzug starre ich erneut auf meinen handgeschriebenen Vortrag. Ich überfliege die Notizen über die Methoden, mit denen ich den Strängen unterschiedliche Feuchtigkeitsgrade zuführte, bevor ich sie der Röntgenstrahlung aussetzte, und die Beobachtungen, die ich über die Stränge in den verschiedenen Stadien machte. Dann gehe ich kurz meine Schlussfolgerung durch – dass die Ergebnisse stark auf eine zwei- bis vierkettige Helixstruktur mit den Phosphatgruppen an oder nahe der Außenseite hinweisen. Ich zögere.

Soll ich hier wirklich alle drei Elemente meiner Schlussfolgerung preisgeben – die Helixform, die Anzahl der Ketten und die Lage der Phosphate? Ist das nicht zu viel? Zu früh? Es geht hier schließlich um bahnbrechende Ergebnisse.

Dann treffe ich eine Entscheidung und richte den Blick wieder zurück ins Publikum. »Wir stehen zwar noch am Anfang, aber den ersten Ergebnissen meines Experiments nach zu urteilen, sieht es ganz so aus, als hätte zumindest eine der beiden DNA-Formen die Struktur einer Helix.«

KAPITEL 26

4. und 5. Dezember 1951
Cambridge

»Wie es aussieht, möchte Kendrew, dass Sie allesamt dem Cavendish einen Besuch abstatten, und zwar *tout de suite*«, posaunt Randall beim obligatorischen Nachmittagstee. »Wenn möglich gleich morgen.«

Normalerweise nehmen Wilkins und ich bei solchen Pflichtveranstaltungen die entgegengesetzten Seiten des Raumes ein. Er positioniert sich inmitten seines Kaders von Exmilitärs, ich schließe mich Freda an, und der arme Ray pendelt zwischen beiden Parteien hin und her. Heute aber hatte der Zufall seine Hand im Spiel, Wilkins war für seine Verhältnisse spät dran, und so stehen wir nun praktisch Schulter an Schulter.

Warum um alles in der Welt sollte John Kendrew, der zusammen mit Max Perutz das Cavendish Laboratory in Cambridge leitet, darauf drängen, dass wir in solcher Eile ihre Labors besuchen?

Als Randall seine Weisung näher ausführt, sehen Wilkins und ich uns automatisch an, wenden aber gleich wieder den Blick ab. »Wirklich *alle*?«, fragt Wilkins mit einer Geste, die die rund zehn bis fünfzehn Personen im Raum einschließt. »Ich kann mir nicht vorstellen, dass Kendrew wirklich mit dem ganzen Geschwader hier bombardiert werden will.« Seine Truppe lacht, aber was mir auffällt, ist nicht sein Witz, sondern dass er gar nicht fragt, *warum* Kendrew uns zu sich zitiert. Interessiert ihn das gar nicht?

»Nun«, brummt Randall und räuspert sich, »wo Sie so fragen, hat Kendrew namentlich eigentlich nur Rosalind und Maurice genannt. Aber es scheint mir nur recht und billig, dass auch Raymond Gosling und Bill Seeds dabei sind.«

»Hat er denn gesagt, worum es geht? Und warum er es so eilig hat?«, frage ich und spreche damit aus, was vermutlich den meisten hier im Kopf herumgeht. Ich kann mir nicht vorstellen, woran Kendrew und sein Team vom Cavendish arbeiten sollten, das eine solche Notfallvisite erforderlich machen würde. Soweit ich es von der Sommerkonferenz in Erinnerung habe, arbeitet Kendrew – auf angemessene, wenn auch etwas schleppende Weise – seit Jahren an der Struktur von Proteinen. Was um alles in der Welt könnte geschehen sein, dass wir *morgen* in sein Labor eilen müssen?

»Nein, hat er nicht. Er hat einfach von einer dringenden beruflichen Angelegenheit gesprochen, und eine solche Vorladung kann ein Gentleman nicht ausschlagen. Und jetzt raus mit euch!«

*

Am nächsten Morgen treffen wir uns am Bahnhof Liverpool Street, um den Zug nach Cambridge zu nehmen. Obwohl es wirklich früh ist, erst acht Uhr morgens, hatte ich ernsthaft in Erwägung gezogen, einen noch früheren Zug zu nehmen, nur um die zweistündige Zugfahrt mit Wilkins und dem widerwärtigen Seeds zu vermeiden. Aber weil ich keine Kettenreaktion aus Unfreundlichkeiten zwischen Wilkins und mir in Gang setzen wollte, die dann eventuell ein schlechtes Licht auf Randall wirft, habe ich mich dagegen entschieden. Und hier stehe ich nun.

Um der unangenehmen Frage aus dem Weg zu gehen, wie nahe ich mich zu Wilkins und Seeds setzen soll, steige ich als Erste ein. Die beiden nehmen sechs Reihen vor mir Platz – eine klare Botschaft, aber so bleibt *mir* zumindest erspart, sie selbst zu übermitteln. Ray setzt sich neben mich und ist wie üblich in der unangenehmen Lage, während der Fahrt zwischen uns hin- und herpendeln zu müssen.

Nach der Taxifahrt vom Bahnhof zum Cavendish begrüßt uns Kendrew im Empfangsbereich. »Wie gut, dass Professor Randall Sie alle so kurzfristig hergeschickt hat.«

»Wie immer sind wir gerne bereit zur Zusammenarbeit«, entgegnet Wilkins und wirft mir einen verstohlenen Blick zu. Er weiß genau, warum er dieses Wort gewählt hat.

»Ich würde gar nicht unbedingt von Zusammenarbeit sprechen. Es ist eher eine Frage der Höflichkeit.« Kendrew geht auf die Tür hinter der Rezeption zu. »Folgen Sie mir bitte zum Austin-Flügel, dort werden Sie verstehen, was ich meine.«

Wir vier stellen uns in einer Reihe auf und schlängeln uns hintereinander durch ein Gewirr von Gängen, bis wir schließlich eine schwarze Tür am Ende eines langen Flurs erreichen, auf der die Nummer 103 prangt. Kendrew stößt die Tür auf und führt uns in einen kleinen Raum mit weiß gestrichenen Backsteinwänden, der nur mit ein paar Tafeln und einem langen Tisch mit Stühlen darum ausgestattet ist. In der Mitte des Raumes stehen Crick und der Mann, den Ray als einen weiteren Cavendish-Wissenschaftler identifiziert hatte, der etwas zerzauste Watson mit dem lockigen Haar.

Ohne Kendrews offizielle Vorstellung abzuwarten, geht Wilkins direkt auf die beiden zu, gibt ihnen einen herzlichen, vertrauten Händedruck und klopft ihnen auf den Rücken. Sieht so aus, als hätte Ray recht damit, dass Wilkins irgendeine Verbindung zu den beiden hat.

»Ah, natürlich, Sie kennen Francis Crick und James Watson ja bereits, Dr. Wilkins. Das hatten mir die beiden schon gesagt. Aber Ihre Kollegen hatten vielleicht noch nicht das Vergnügen?«, fragt er und nickt zu Ray, Seeds und mir herüber.

»Stimmt«, antworte ich, »ich freue mich, Ihre Bekanntschaft zu machen.« Kendrew nennt unsere Namen und Titel und sagt dann: »Ich darf Ihnen den Biophysiker Francis Crick vorstellen, ebenfalls am Cavendish tätig, den Sie vielleicht schon auf unserer Sommerkonferenz gehört haben, und unser neuestes Teammitglied, den Biologen James Watson.«

Wir tauschen Höflichkeiten aus, haben aber immer noch keine Erklärung dafür, warum wir eigentlich hier sind. Ray wirft mir einen Seitenblick zu und ich weiß, dass er sich dieselben Fragen stellt wie ich. Nur Wilkins wirkt seltsamerweise überhaupt nicht überrascht. Was weiß er, was wir nicht wissen?

»Sicher fragen Sie sich, warum ich Sie gebeten habe, so kurzfristig ans Cavendish zu kommen«, sagt Kendrew, als hätte er unsere Gedanken gelesen. »Glauben Sie mir, ich hätte das nicht getan, würde ich es nicht für absolut notwendig halten.« Er räuspert sich, was sein Unbehagen verdeutlicht über das, was er als Nächstes zu sagen hat. »Unsere Aufgabe am Cavendish besteht darin, die molekulare Struktur von Proteinen zu entschlüsseln; das ganze Herumgemache mit der DNA überlassen wir laut inoffizieller Vereinbarung euch am King's College.« Diese Art der mündlichen Absprachen über die klare Aufteilung der Forschungsbereiche zwischen dem King's und dem Cavendish – also zwischen Lawrence Bragg, dem Leiter des Cavendish-Labors, und Randall, dem Leiter unserer Abteilung am King's – ist in der Wissenschaft nichts Außergewöhnliches. In diesem Fall hatten sich die beiden darauf geeinigt, dass am Cavendish am genetischen Material in Proteinen gearbeitet wird und am King's dafür ausschließlich an der DNA. Da wissenschaftliche Entwicklungen und Überlegungen aber nur durch einen gewissen Informationsaustausch vorankommen, hat sich eine Reihe ungeschriebener Konventionen für einen solchen Austausch etabliert, wozu auch die Achtung der Grenzen hinsichtlich des Forschungsbereichs eines Wissenschaftlers oder einer Einrichtung zählt sowie eine angemessene Anerkennung für jede Form der Unterstützung.

Mit einem wenig erfreuten Gesichtsausdruck zu Crick und Watson blickend, fährt Kendrew fort. »Ich habe per Zufall entdeckt, womit sich die Doktoren Crick und Watson in letzter Zeit beschäftigt haben, und muss zugeben, dass sie damit weit über den Aufgabenbereich des Cavendish hinausgeschossen sind und sich damit auch über die Vereinbarung zwischen dem Cavendish und dem King's College hinweggesetzt haben. Und zwar so weit, dass ich es für nötig befunden habe, Sie darüber in Kenntnis zu setzen.«

Die beiden Angesprochenen machen einen keineswegs betretenen Eindruck, was ich angesichts einer solchen Abmahnung eigentlich erwartet hätte. Der kantige, hochgewachsene Crick hat ein hochnäsiges Grinsen im Gesicht, und der etwas zu jugendliche Watson wirkt seltsam stolz unter seinem borstigen Lockenschopf. Ich kann mir beim besten Willen nicht vorstellen, was die beiden angestellt haben sollen, dass sie ihrem eindeutig missgestimmten Vorgesetzten derart ins Gesicht strahlen.

Kendrew deutet in die hintere Ecke des Raumes, wo ein wackliges, aus allerlei Krimskrams zusammengeschustertes Gebilde steht. »Statt an den ihnen zugewiesenen Projekten über Proteine zu arbeiten«, sagt er Crick gegenüber andeutend, dass er ihm dessen harsche Worte auf der Sommerkonferenz noch nicht ganz verziehen hat, »haben die beiden ein DNA-Modell zusammengestöpselt. Offenbar haben Ihre jüngsten Vorträge am King's College sie dazu angespornt.« Während wir zu dem seltsamen Gebilde hinübergehen, fährt er fort: »Selbstverständlich fällt die Struktur der DNA eindeutig in den Zuständigkeitsbereich des King's.« Damit bezieht er sich auf die Vereinbarung zwischen Randall und Bragg.

Kendrew dreht sich zu uns um. »Ich dachte, Sie sollten davon wissen. Außerdem wollte ich Sie einen Blick auf die Arbeit werfen lassen, für den Fall, dass Sie zumindest davon profitieren können im Hinblick auf Ihre eigene Arbeit – woran Crick und Watson im Übrigen nicht zweifeln.«

Daraufhin ergeht sich Crick unvermittelt in einem kleinen Vortrag über die Theorie der Beugung an einer Helix, von der er überraschend viel versteht. Aber sein lehrmeisterhafter Tonfall geht mir gegen den Strich. Weiß er denn nichts von meiner Erfahrung als Röntgenkristallographin? Ich würde nicht im Traum auf die Idee kommen, eine derart besserwisserische Haltung gegenüber einem Wissenschaftskollegen an den Tag zu legen, schon gar nicht, wenn es um sein Fachgebiet geht.

Crick schließt mit einer ausladenden Geste in Richtung der improvisierten Konstruktion. »Wie Sie sehen, haben wir uns für ein dreikettiges Helixmodell entschieden. Ganz im Sinne der am King's College vorherrschenden Überlegungen.«

Ich weiß die Erwähnung des King's zu schätzen, frage mich aber, warum er mich nicht direkt anspricht. Genau genommen hat er sich sogar eher an Wilkins gewandt.

Doch bevor ich mir dazu Gedanken mache, will ich mir erst einmal das Modell näher ansehen. Ich gehe um das Sammelsurium aus Draht-, Papp- und Plastikteilen herum, die zu einer Art geschwungenen Treppe zusammengefügt wurden – allerdings eine, die ich nur unter Todesangst betreten würde.

»Hier auf der Innenseite haben wir die Phosphatnachbildungen und auf der Außenseite die Basen – also Natriumionen«, erklärt Crick.

Mein Herz schlägt heftig, ich weiß, dass sie falschliegen, vor allem, was die Verortung der Phosphate betrifft, und das hätten sie wirklich wissen *müssen*. Jeder Chemiker weiß, dass hydrophobe Stoffe wie Basen nach innen gehören, wo sie geschützt sind, und hydrophile Stoffe wie Phosphate außen angeordnet sind, und ja, weder Crick noch Watson sind ausgebildete Chemiker, aber genau einen solchen hätten sie ja zurate ziehen können. Aber davon einmal abgesehen ist es ohnehin kein Wunder, dass sie so sehr danebenliegen, wenn man bedenkt, dass sie für den Bau ihres Modells so gut wie keine unabhängige Forschung und wissenschaftlichen Untersuchungen angestellt hatten. Ich wäre ja völlig entmutigt, hätten sie tatsächlich die richtigen Schlussfolgerungen gezogen!

Aber statt direkt mit dem offensichtlichen Patzer herauszuplatzen, nehme ich mir den so wichtigen kurzen Moment des Innehaltens. Jede Kritik würde sie jetzt sicher verstummen lassen, und bevor ich in die Offensive gehe, will ich so viel über ihr Modell in Erfahrung bringen, wie ich nur kann. »Wie sind Sie auf das Modell gekommen?«, frage ich deshalb in aller Gelassenheit.

Jetzt schaltet Watson sich ein. »Nun, wie Professor Kendrew ja schon sagte, der Vortrag am King's College hat mir wirklich eingeheizt ...«

Ich kann mich nicht zurückhalten und unterbreche ihn. »Sie haben also vor gerade mal einer guten Woche mit der Arbeit an Ihrer Theorie und dem Modell hier begonnen?«

Eine Woche? Diese beiden Gestalten hier denken, sie können das Rätsel um die Verortung und Struktur der Gene – und letztlich dann auch das ihrer Funktion – innerhalb einer Woche lösen? Diese Überheblichkeit ist wirklich schwer zu fassen. Wo ist ihre Beharrlichkeit, wo die Hingabe an die Plackerei des experimentellen Tüftelns, die gute Wissenschaftler nun mal auszeichnen?

»Gute Arbeit«, sagt Watson, und sein Tonfall trieft nur so vor Herablassung. Als wäre er überrascht, dass ich diese Rechnung ganz allein aufstellen kann. »Ja, direkt nach dem Vortrag. Wir sind von der Hypothese ausgegangen, dass die DNA-Struktur eine Helix ist ...«

»Sie hatten von Anfang an das Ergebnis vor Augen?«, unterbreche ich ihn erneut.

»Ganz genau«, erwidert er, wieder mit diesem süffisanten Grinsen im Gesicht. Watsons wissenschaftliche Herangehensweise enthält einen so entscheidenden Fehler, dass es mir fast den Atem raubt. Wie kann man sich Wissenschaftler nennen und seine Untersuchung mit der Schlussfolgerung beginnen, statt diese auf der Basis gründlicher Forschungsarbeit erst nach und nach zu entwickeln? Ganz zu schweigen davon, dass er, indem er betrügt und *meine* Hypothese und *meine* Forschungsergebnisse aus meinem Vortrag am King's College eins zu eins verwendet hat, mit seiner eigenen Philosophie in Konflikt gerät. Ob das auch für Crick gilt? Die beiden wurden schließlich nicht vom Blitz getroffen, der ihnen die Antwort auf eine entscheidende Frage der Wissenschaft eingetrichtert hat. Es sei denn, sie halten mich für diesen Blitz.

Während der folgenden fünfzehn Minuten ergötzen sich Crick und Watson an ihrem abwechselnd vorgetragenen enthusiastischen Bericht über die Entstehung ihres mickrigen Modells – auf das sie unbegründeterweise sehr stolz zu sein scheinen – und darüber, wie sie sich gegenseitig angespornt haben, immer wieder auf eine neue »Erkenntnis«-Stufe zu gelangen, wie sie sich ausdrücken. Dann treten sie einen Schritt zurück, um unseren Beifall entgegenzunehmen. Danach sieht es zumindest aus.

Ich schiele zu Wilkins hinüber, der sich in Schweigen hüllt. Wenn es stimmt, was Ray mir erzählt hat, und Wilkins tatsächlich mit Crick und Watson befreundet ist, dann wird er die beiden für ihre Grenzüberschreitung wohl kaum zurechtweisen. Aber etwas mehr als das halbherzige stolze Grinsen erwarte ich dann doch. Was ist hier los? Warum ist Wilkins so gar nicht irritiert? Immerhin ist ja sogar Cricks und Watsons eigener Vorgesetzter sichtlich verärgert.

Wenn sonst niemand etwas sagt, dann werde ich das eben übernehmen – aber zu meiner Zeit. Und ich lasse sie gerne noch ein wenig zappeln.

Wie ein Falke, der seine Beute umkreist, schreite ich das Modell ab. »Sie wissen, dass die DNA eine Menge Wasser benötigt, ja?«, frage ich schließlich, ohne auf die strukturellen Mängel des Modells einzugehen.

Watson wirft Crick einen Blick zu, und Crick meint: »Schätze schon, ja.«

Ich unterdrücke ein Grinsen, als mir klar wird, dass sich keiner der beiden an meine Ausführungen darüber erinnert, welche Feuchtigkeitsmenge es um jeden einzelnen Strang braucht, und auch keiner der beiden begreift, was die Nukleinsäure eigentlich braucht.

»Und wo ist dieses Wasser in Ihrem Modell?«

»Was meinen Sie damit?« Cricks Augenbraue verzieht sich sichtlich verwirrt.

»Wie werden die Moleküle mit ausreichend Feuchtigkeit versorgt?« Sie sehen mich derart ahnungslos an, dass ich ihnen eine weitere Frage stelle: »Und Sie haben die Phosphate innen und die Basen außen angeordnet?«

Keiner der beiden sagt etwas.

Ich beschließe, sie im Dunkeln zu lassen. Sollen die beiden ruhig ins Zweifeln geraten über ihr Modell und realisieren, dass ich allein weiß, worin die Fehler liegen und wie sie korrigiert werden könnten. Ich habe zwar beileibe kein Vergnügen daran, an diesem männergemachten Rennen teilzunehmen, und würde nichts lieber tun, als endlich allein um der Wissenschaft willen zu arbeiten, aber ich will verdammt sein, wenn ich diese beiden Emporkömmlinge so spät noch in das Rennen einsteigen und dann auch noch gewinnen lasse.

KAPITEL 27

28. und 29. Dezember 1951
Paris

Mein Herz wird ganz weit beim Anblick der Seine. Auch wenn der Himmel überwiegend mit graublauen Wolken bedeckt ist und manch einer den Tag als düster bezeichnen würde, bin ich ganz beschwingt. Jedes Café, an dem ich vorbeikomme, jede modische Pariserin, jede Windböe, die mir den Duft starken Kaffees und frisch gebackener Brioches in die Nase weht, begeistern mich. Die Rückkehr nach Paris fühlt sich so viel mehr wie nach Hause kommen an als meine Ankunft in London, immerhin meine Geburtsstadt und der mir vertrauteste Ort überhaupt.

»Warum denn schon wieder Paris?«, hatte Papa während des Essens am letzten Chanukka-Abend gefragt. Er und Mama wollten eigentlich, dass ich die Winterferien – wenn das King's College über Weihnachten geschlossen ist – mit ihnen und der erweiterten Familie verbringe. Jede einzelne Familienzusammenkunft hatten sie als Gelegenheit betrachtet, mich von meinem Kurs abzubringen, und ich konnte zusehen, wie die anderen Familienmitglieder zustimmend nickten. Alle außer Ursula, Colin und Charlotte natürlich. Anfang Dezember hatte ich noch gezögert und überlegt, ob ich nicht doch über die Feiertage in London bleiben sollte, aber nach dem jährlichen Abendessen des Physikinstituts hatte ich mich dann endgültig für Paris entschieden.

Bill Seeds' Anblick, wie er auf der Bühne Parodien über jeden

Einzelnen im Labor zum Besten gab, hatte mir den Rest gegeben. Sein derber, höhnischer Song über die Expansion von Randalls Königreich hat mich beleidigt und verärgert, und damit war ich nicht allein. Selbst die Professoren, die Seeds' Eskapaden und die Dreistigkeit des Exmilitärs normalerweise hinnehmen, wirkten empört.

Die Atmosphäre in der Abteilung für Biophysik des King's College war in letzter Zeit ziemlich angespannt gewesen, und ausnahmsweise empfand nicht nur ich das so. Es war fast erleichternd zu sehen, dass sich mehr oder weniger alle unwohl fühlten in ihrer Haut.

Den Mantel noch fester gegen die Pariser Kälte um mich schlingend bin ich froh, nicht mehr weit von Adriennes Wohnung entfernt zu sein. Sie hatte mich eingeladen, bei ihr und ihrer Tochter zu wohnen, aber ich fühle mich wohler bei den Luzzatis. Außerdem bleibt mir so mehr Zeit, um mit Vittorio, dessen Fachkenntnisse in der Röntgenkristallographie wirklich herausragend sind, meine DNA-Bilder durchzusehen und mit ihm die weiteren Schritte zu planen.

Noch bevor ich klopfen kann, fliegt die Tür zu Adriennes Wohnung auf. »Rosalind, ist das lange her!«, ruft sie und hüllt mich in ihrer warmen Umarmung ein.

Wie sehr ich mir doch einen wissenschaftlichen Mentor wie Adrienne – oder sogar Jacques – am King's College wünschte. »Wie ein ganzes Leben kommt es mir vor!«, erwidere ich, und das tut es wirklich, obwohl es gerade mal ein Jahr her ist, dass wir uns zuletzt gesehen haben.

Sie tritt ein Stück zurück und mustert mich. »Blass siehst du aus. Und ich sehe dunkle Ringe unter deinen Augen.«

Adrienne ist nun mal bekannt für ihre Direktheit. Ich hatte die Ringe selbst bemerkt, sie aber auf die Reise nach Paris und die schlaflose Nacht vor der Abfahrt geschoben. Dabei sind sie eigentlich schon seit Monaten da.

Ich winke ab. »Ach, das ist nichts – nur die Reise.«

Sie akzeptiert meine Erklärung und platziert mich mit einer Tasse starkem Kaffee vor dem Kamin. Ich drapiere den Tellerrock meines smaragdgrünen Wollkleides, damit sie nichts auszusetzen hat an meinem Anblick; niemand nimmt mich so genau unter die Lupe wie Adrienne. Natürlich auf eine fürsorgliche, aber auch ziemlich unverblümte Art.

»Abgesehen davon siehst du gut aus. Wobei du wirklich nicht dein bestes Kleid anziehen musst, wenn du zu mir zum Kaffee kommst«, sagt sie.

»Ich gehe nachher noch auf die Weihnachtsfeier des *labo*. Deshalb kann ich auch nicht zum Abendessen bleiben.«

»Ah, das *labo*«, wiederholt sie mit hochgezogener Braue. »Ich vermute, Jacques Mering wird auch dort sein.«

Ich nippe an meinem Kaffee und wende den Blick ab. Ich habe mich so sehr bemüht, nicht mehr an Jacques zu denken, seit ich aus Paris fort bin, dass es mich schmerzt, wenn ich seinen Namen höre und Gedanken an ihn hochkommen. Ich habe zwar nie offen mit ihr darüber gesprochen, aber aus irgendeinem Grund weiß Adrienne von unserem Intermezzo. »Vermutlich schon, aber ich weiß es nicht. Ich habe keinen Kontakt mehr zu ihm. Ich wohne bei Vittorio und seiner Frau Denise und gehe mit den beiden auf die Party.«

»Sei vorsichtig, *ma chère*.«

»Was meinst du damit?«

»Ts«, macht Adrienne. »Glaubst du, ich weiß nicht, was du für Jacques empfindest? Ich sehe dir doch an, dass du dich immer noch vor Sehnsucht ...« Sie hält inne und fragt dann, »wie sagt man auf Englisch? Vor Sehnsucht verzahnst?«

»Ich verzehre mich vor gar nichts, Adrienne. Nur weil ich ihn nicht gegen einen anderen Wissenschaftler ausgetauscht habe, heißt das noch lange nicht, dass ich mich nach ihm sehne.«

»Ich mache dir doch keine Vorwürfe deswegen. Ich sehe einfach, dass er den Platz in deinem Herzen besetzt, den du der Liebe zugewiesen hast, und dass deshalb niemand anderes dort hineinfinden kann.«

Wie kann sie das auf den ersten Blick erkennen, nachdem wir uns fast ein Jahr lang nicht gesehen haben? Erst will ich protestieren, aber eigentlich wusste ich schon, als sie es aussprach, dass sie recht hat. Ich erlaube mir nur einfach nicht, darüber nachzudenken. Nein, eigentlich ist es mehr als das: Ich tue alles dafür, um zu verhindern, dass meine Gedanken zu Jacques abdriften.

»Adrienne, selbst wenn du recht hättest, was nicht der Fall ist: Es gibt überhaupt niemanden in meinem Leben, den ich auch nur in Erwägung ziehen würde. Außerdem weißt du doch, was ich davon halte, Wissenschaft und Familie zu vereinbaren.«

»Komm schon. Es muss doch irgendeinen netten Engländer geben, der genauso für die Wissenschaft brennt wie du und mit dem du dir ein Leben vorstellen könntest. Jemanden wie meinen verstorbenen Mann.«

Wie konnte das Gespräch nur auf solche Abwege geraten? Ich hatte mich darauf gefreut, mich mit Adrienne über meine Wissenschaft auszutauschen und über meine Karriere zu beraten. Ich hatte mir in letzter Zeit immer mal wieder ausgemalt, wie es wäre, wenn ich wegginge und das vergiftete Umfeld des King's College hinter mir ließe; sogar über eine Rückkehr ans *labo* hatte ich nachgedacht, auch wenn ich weiß, wie emotional gefährlich das für mich sein könnte und dass es in meiner Karriere sicher einen Rückschritt bedeuten würde. Aber muss es denn immer nach vorne und weiter nach oben gehen im Leben? Kann ich denn nicht auch einmal eine Entscheidung treffen, die Wissenschaft und Glück zugleich bedeutet? Diese Überlegungen würden Adriennes Meinung, ich sollte ein Berufs- *und* ein Privatleben haben, sicher in die Karten spielen.

Eine Träne rinnt mir über die Wange. Ich hebe die Hand,

nehme sie mit dem Finger auf und betrachte sie verwundert. Ich will diese Diskussion nicht führen, und ich will auch meine Ansichten über mein Leben als Wissenschaftlerin und Ehefrau nicht überdenken.

Adrienne rückt ihren Stuhl näher an meinen heran, greift nach meiner Hand und sagt: »Komm, und jetzt erzählst du mir alles von Anfang an.«

*

Stunden später stürmen Vittorio, Denise und ich lachend und mit von der Kälte geröteten Wangen in ihre Wohnung. »Was für ein Abend«, sagt Vittorio, während er zu dem Tischchen mit der provisorisch aufgebauten Bar hinübergeht. »Wie wär's mit einem wärmenden Getränk?«

»Für mich nicht, danke«, rufe ich zurück, während ich mich aus meinem Mantel schäle und mir den Schal um die Schultern lege.

Denise sagt gute Nacht und fügt hinzu: »Nehmt es mir nicht übel, ihr zwei, aber mein warmes Bett ruft und ihr sprecht jetzt vermutlich sowieso nur noch über eure Wissenschaft.«

Vittorio entzündet ein Feuer in dem prunkvollen Marmorkamin, der in der ansonsten so einfachen Wohnung seltsam aus dem Rahmen fällt. Wir ziehen zwei ungleiche Stühle heran und setzen uns ans Feuer.

»Denise hatte recht«, sage ich und ziehe meine Tasche mit den Bildern zu mir, »ich will tatsächlich über Wissenschaft sprechen.«

»Dann lass mich die Bilder mal sehen«, erwidert Vittorio, der ohne ein weiteres Wort von mir weiß, was ich ihm zeigen und worüber ich mit ihm sprechen will.

Ich reiche ihm den wertvollen Umschlag mit meinen besten DNA-Bildern. Während er sich die Bilder ansieht, denke ich an den Abend zurück, ein lockeres Treffen in einem Café in der Nähe des *labo*. Es war einfach wundervoll, all die *chercheurs* wiederzusehen, die ich von meinen Jahren im Institut kenne, und mich mit ihnen über unsere jeweilige aktuelle Forschung auszutauschen, ohne dabei Bedenken haben zu müssen, was sie mit meinen Ergebnissen anstellen könnten. Erst jetzt wird mir so richtig klar, wie außergewöhnlich das kollegiale Verhältnis am *labo* gewesen war. Hätte ich nichts mit Jacques angefangen, hätte ich vielleicht sogar auf Dauer dort bleiben können. Nicht dass ich eine liebevolle Umarmung von ihm erwartet hätte heute Abend, aber von etwas mehr als einem flüchtigen Gruß war ich dann doch ausgegangen. Womit hatte ich einen so kühlen Empfang eigentlich verdient? Damit, dass ich das *labo* verlassen hatte? Oder hatte meine eigene, zum Selbstschutz an den Tag gelegte Kälte seine Reaktion verursacht? *Hör auf, an ihn zu denken*, sage ich mir. Es spielt keine Rolle.

»Die sind wirklich beeindruckend, Rosalind«, sagt Vittorio und reißt mich aus meiner Träumerei. Sein für mich so wertvolles und mühsam errungenes Urteil beruhigt mich. »Das X in der B-Form ist deutlich zu sehen, das ist ein klarer Hinweis, wie du sicher weißt, auf eine ...«

»Helix, ich weiß.« Ich sollte nicht so barsch sein zu Vittorio, aber ich hätte es einfach nicht ertragen, das Wort noch einmal aus dem Mund eines anderen Wissenschaftlers zu hören. Nur weil ich es nicht von den Dächern rufe und die Gespräche darüber auf eine kleine Gruppe beschränke, heißt das noch lange nicht, dass mir nicht bewusst ist, dass die Molekularstruktur der B-Form der DNA eine Helix ist. Ich will nur einfach sichergehen, dass ich wirklich jede Aufnahmemöglichkeit aus jedem denkbaren Winkel wahrgenommen und sämtliche Berechnungen angestellt habe. »Danke. Ich denke sogar darüber nach, noch schärfere Bilder zu machen. Was würdest du als Nächstes tun?«

»Wenn du Kristallographin wärst, meinst du?«, fragt er, halb im Scherz. Er zieht mich gerne damit auf, dass mein Fachgebiet in erster Linie die physikalische Chemie ist und ich die Kristallographie eigentlich nur nebenbei betreibe.

»Ich *bin* Kristallographin«, sage ich grinsend.

Er lacht. »Ja, natürlich bist du das. Also, ich an deiner Stelle würde zur Bestätigung der Struktur der B-Form der DNA die Patterson-Methode anwenden. Dadurch würden die Schweratome besser sichtbar und man könnte den Abstand zwischen ihnen messen und du würdest ein ziemlich gutes Bild der Molekularstruktur erhalten.« Dann sieht er sich auch die Bilder der A-Form an. »Und dieselbe Analyse könntest du auch auf die etwas kompliziertere A-Form anwenden. Wobei das Muster so komplex ist, dass ich nicht sicher bin, ob die Methode etwas bringt. Beziehungsweise wann.«

»Das hatte ich auch schon in Erwägung gezogen.«

»Ich denke, es ist die beste Methode, um definitive Zahlen für die Strukturanalyse zu erhalten. Allerdings muss ich dich warnen ...« Er bricht ab.

»Was meinst du?«

»Die Methode ist extrem anspruchsvoll. Die Berechnungen erfordern sehr viel Zeit und Konzentration.«

»Und hast du je erlebt, dass es mir an einem davon mangelt?«

Wieder lacht er. »Nein, wahrlich nicht. Du bist mit beidem wirklich in Hülle und Fülle ausgestattet.«

»Jedenfalls nehme ich mich lieber einer solchen Herkulesaufgabe an, als aufs Geratewohl irgendein Modell zu bauen wie manche meiner Konkurrenten in England, die sich für den nächsten Linus Pauling halten.«

»Was meinst du damit?« Vittorio war schon immer empfänglich für meine Stimmung, und so verschwindet jetzt auch das Lächeln aus seinem Gesicht. »Ich dachte, das King's College ist die einzige Einrichtung, die sich mit der DNA-Struktur beschäftigt.«

»So ist es eigentlich auch gedacht; zumindest ist das die Abmachung zwischen Lawrence Bragg, dem Leiter des Cavendish Laboratory in Cambridge, und Randall, dem Leiter meiner Abteilung am King's. Aber diese beiden Typen vom Cavendish sind so skrupellos, dass sie trotzdem damit herumexperimentieren, obwohl Bragg es untersagt und als ungehobelt bezeichnet hat. Eigentlich sollten die beiden an Proteinen arbeiten, nicht an der DNA.«

»Und wie kommen sie auf die Idee, ein Modell zu bauen, wenn sie überhaupt keine Daten haben?«

Ich könnte Vittorio umarmen für diese Frage, die auch mir sofort in den Sinn gekommen war, aber komischerweise sonst niemandem.

»Eben! Der eine, James Watson, hat gemeint, er sei durch meine Vorlesung inspiriert worden, aber Watson und sein Kollege Francis Crick haben sich auch mit meinem Mitarbeiter Wilkins angefreundet ...«

Vittorio richtet sich auf seinem Stuhl auf. »Das ist doch der, der dir immer wieder solchen Ärger macht?«

»Genau der. Jedenfalls ist Wilkins mit Crick und möglicherweise auch mit Watson eng befreundet, und ich wundere mich schon etwas über den Zufall. Ich hasse es, Teil dieses lächerlichen Wettlaufs um den ersten Platz zu sein. Was ist eigentlich aus der Wissenschaft geworden, die einfach nur um ihrer selbst willen betrieben wird?«

»Für mich klingt das nicht nach Zufall. Für mich klingt es so, als würde Wilkins deine Daten an seine Freunde weitergeben.« Er seufzt. »Ich bin ja ein absoluter Befürworter von kollegialem Austausch – in der Wissenschaft *müssen* wir zusammenarbeiten –, aber nur so, wie wir ihn im *labo* pflegen; hinter dieser Art von Austausch steckt ein anderer Geist, vor allem wenn Wilkins weiß, wie Crick und Watson mit den Informationen umgehen. Nämlich indem sie das Gentlemen's Agreement zwischen den beiden Institutionen missachten. Am liebsten würde ich dir ja raten, das King's sofort zu verlassen; aber ich habe das Gefühl, dass du kurz vor einer großen Entdeckung stehst, Rosalind, und deshalb solltest du dich jetzt ganz auf die Wissenschaft konzentrieren. Und sobald du fertig bist und publiziert hast, kehrst du dem King's den Rücken.«

KAPITEL 28

6. März 1952
London

Mich ganz auf die Wissenschaft konzentrieren. Seit meiner Rückkehr aus Paris Anfang Januar befolge ich Vittorios Rat und wiederhole nun seit zwei Monaten die immer gleichen Abläufe. Den Versuch vorbereiten, bei dem die B-Form der DNA-Fasern hundert Stunden lang mit Röntgenstrahlen beschossen wird. Die schwenkbare Kamera, die endlich aus den Werkstätten des King's College gekommen ist, genau auf den richtigen Winkel einstellen. Die Ausrichtung nachjustieren und das Röntgengerät einschalten. Die Ergebnisse nähern sich dem Optimum immer weiter an, und ich glaube fast, dies könnte das Bild sein, auf das ich die ganze Zeit gewartet habe. Endlich zeigt mein Einsatz Ergebnisse.

Ob auf diesem Bild die endgültige perfekte X-Form zu sehen sein wird? Je nach physikalischen Eigenschaften beugen Kristalle Röntgenstrahlen in unterschiedlicher Art und Weise, sodass unterschiedliche Muster entstehen, die dann häufig den entscheidenden Hinweis auf die Struktur des Kristalls liefern. Ist nach der Röntgenbeugung der DNA ein X-förmiges Muster auf dem Fotofilm zu sehen – inklusive der Balken oben und unten –, wäre das zwar kein Beweis, aber doch ein deutlicher Hinweis auf eine Helixstruktur.

Bei jedem weiteren Bild, das ich untersuche, stelle ich mir diese Frage erneut. Eine deutlich erkennbare X-Form würde es sicher leichter machen, die letzten Zweifel hinsichtlich einer

Bekanntgabe der Helixstruktur der B-Form der DNA auszuräumen. Und sobald ich dieses perfekte Bild in den Händen halte, werde ich mich der A-Form der DNA widmen, die ein schärferes, aber auch unübersichtlicheres Bild aufweist, und die beiden Bilder dann mithilfe der von Vittorio empfohlenen Patterson-Methode vergleichen, wovon ich mir weitere Erkenntnisse verspreche. Und *dann* erst ist es an der Zeit, ein Modell anzufertigen.

Ein Schlag vor der Labortür lässt mich hochfahren. Wer könnte das sein? Es ist früher Samstagabend; vormittags kommt es hin und wieder vor, dass ich auf den einen oder anderen Wissenschaftler oder Assistenten treffe, aber ab Samstagnachmittag bin ich normalerweise allein. Sogar die Reinigungsleute sind fertig für heute.

Als es laut und deutlich an meiner Tür klopft, stehe ich auf, schon etwas entspannter jetzt. Das kann eigentlich nur jemand aus der Abteilung sein. »Ja?«

Randall steckt den Kopf herein. »Ich dachte, ich hätte jemanden hier drin herumfuhrwerken gehört. Gut, dass Sie es sind.« Dann mustert er mich von oben bis unten. »Was tun Sie hier ohne Schutzkleidung?«

Ich ignoriere seinen Kommentar. Was ich mit am meisten schätze an der Wochenendarbeit ist, dass ich mir das Dosimeter und die Schutzvorrichtungen vor dem Gesicht oder den Augen sparen kann und so die Ergebnisse und die Ausrüstung viel besser im Blick habe. Ehrlich gesagt werfe ich die Dosimeterkarte der Vorwoche – die in der Regel erhöhte Werte anzeigt und mir dadurch den Zugang zum Labor versperren würde – einfach weg, wenn ich sie irgendwo herumliegen sehe. Niemandem wird das auffallen, und ich vermute, dass viele meiner Kollegen es genauso handhaben. So wie es ja auch im *labo* nicht anders gehandhabt wurde.

»Und was in Gottes Namen tun Sie überhaupt noch hier so spät am Samstag, Rosalind?«

»Dasselbe könnte ich Sie fragen, Sir.«

»Jetzt haben Sie mich erwischt«, erwidert er schmunzelnd und richtet sich die Krawatte. »Wirklich erwischt haben Sie mich. Bin eben immer auf der Jagd nach Kapital, um diesen Ort hier am Leben zu erhalten. Das hält mich rund um die Uhr auf Trab. Ich wünschte, ich könnte meine Zeit so wie Sie der Wissenschaft widmen, aber ich muss nun mal dafür sorgen, dass die Gelder fließen.«

»Das tut mir leid zu hören, Sir. Ich wünschte, ich könnte Ihnen behilflich sein.«

Er setzt sich auf den Stuhl am Labortisch, der den Kristallographiegeräten und mir am nächsten ist. »Das sind Sie mehr, als Sie ahnen, Rosalind.«

»Wie meinen Sie das?«

»Wenn Ihre Entdeckung nur halb so gut ist, wie ich denke, dann erleichtern Sie mir den Job ungemein.« Und nach einer kurzen Pause fügt er hinzu: »Zumal sich die Insulinforschung als etwas langweilig erweist.«

»Danke, Sir.«

»Irgendwelche Neuigkeiten?«

Ich bin nicht sicher, was er hören will. Er bekommt regelmäßige Updates bei unseren wöchentlichen Abteilungsbesprechungen, außerdem sehe ich ihn täglich beim obligatorischen Mittagessen und beim Nachmittagstee. Er hat zwar Verständnis für meine Zurückhaltung gegenüber einer frühzeitigen Ankündigung – aber jetzt frage ich mich, ob er diese inoffizielle Situation nicht vielleicht nutzt, um mich dazu zu bewegen, mich doch allmählich auf meine Schlussfolgerungen festzulegen.

»Na ja, dass ich immer deutlichere Bilder der B-Form der DNA erhalte und dass diese Bilder sowohl die Helixstruktur als auch die Anzahl der Ketten bestätigen, wissen Sie ja. Ich bin allerdings noch nicht so weit, dass ich Einzelheiten publik machen könnte.«

»Ich verstehe Ihre Vorsicht sehr gut.« Er nickt und fügt dann hinzu: »Obwohl Sie vielleicht etwas viel davon mitbekommen haben.«

Ich beschließe, seine Bemerkung zu ignorieren, auch wenn sie verdächtig nach Wilkins klingt. »Ich setze große Stücke auf noch klarere Bilder, setze aber auch die Patterson-Methode zur weiteren Analyse ein.«

»Die soll ja ein ganz schöner Hammer sein, was man so hört.«

»Ja, tatsächlich, Sir. Aber ich wäre keine besonders gründliche Wissenschaftlerin, würde ich nicht auch die A-Form untersuchen und mir ansehen, was sie über beide Formen verrät – also habe ich beide Formen der Patterson-Methode unterzogen. Offensichtlich sind ja beide von entscheidender Bedeutung für die DNA – und damit für das Verständnis unserer Gene.«

»Okay, okay«, sagt er, wobei sein Tonfall verrät, dass er sich eine andere Antwort erhofft hatte. Da steht er auf und beginnt, im Raum herumzulaufen. »Ich hoffe, dass Sie dennoch bereit wären, nächste Woche zumindest einen vorläufigen Bericht zu liefern.«

Allein bei der Vorstellung verkrampfen sich meine Schultern. Es ist einfach noch zu früh. »Nächste Woche?«

»Nächste Woche findet die Jahrestagung des Medical Research Council mit allen von ihm finanzierten Abteilungen für Biophysik statt. Ich will sicherstellen, dass wir dieselbe Summe wie letztes Jahr bekommen – mindestens. Ihre Arbeit könnte den Ausschlag dazu geben, den Beirat zu überzeugen.« Er räuspert sich, dann wird seine Stimme ernst, fast tadelnd. »Wir wollen doch nicht, dass die anderen Abteilungen das ganze Geld einstreichen, oder?«

»Nein, Sir.«

»Ihre Forschung hat das Zeug zur Sensation. Vor allem, wenn wir ihnen einen Vorgeschmack darauf geben, was sie noch alles erwarten können.«

»Ich denke, ich könnte etwas zusammenstellen, Sir.«

Er grinst, seine Schultern entspannen sich deutlich. War es wirklich Zufall, dass er heute Abend in mein Labor geplatzt ist? Irgendwie wirkt das Ganze ziemlich inszeniert. »Ich würde es wirklich sehr zu schätzen wissen, wenn Sie etwas zu Papier bringen würden, Rosalind. Gerade jetzt.«

»Wieso ›gerade jetzt‹?«

»Nun, es ist ja kein Geheimnis, dass es Spannungen zwischen Ihnen und Maurice gibt; jedenfalls hat er mich darüber informiert, dass er nicht gedenkt, irgendeine öffentliche Rolle im Zusammenhang mit der DNA einzunehmen, solange Sie hier sind. Eine ziemlich verzwickte Lage. Denn irgendeinen Namen und ein Gesicht muss ich unseren Entdeckungen über die DNA ja geben.«

Mein Magen schlingert. Was will Randall damit andeuten? Ich kann mir nicht vorstellen, dass er Wilkins, mit dem er seit Jahren zusammenarbeitet, loswerden will. Oder will er damit andeuten, dass ich kündigen sollte? Ja, ich sehne mich danach, das King's in Würde zu verlassen, aber zu *meinen* Bedingungen und zu einem von mir selbst bestimmten Zeitpunkt. »Wollen Sie, dass ich gehe, Sir?«

»Oh nein, Rosalind. Das habe ich ganz und gar nicht sagen wollen. Wilkins macht mit seinem Projekt weiter und Sie mit Ihrem. Trotzdem müssen wir irgendwann eine Lösung für die Probleme zwischen Ihnen finden.«

»Ja, das würde ich auch gerne«, sage ich, auch wenn ich mich frage, was für eine Art Lösung Randall wohl vorschwebt. Dass ich Wilkins' Assistentin werde? Das zumindest würde Wilkins gefallen.

»Gut. Ich würde wirklich nur sehr ungern auf meinen wichtigsten Wissenschaftler bei der Entdeckung des Jahrhunderts verzichten müssen«, verkündet er und verlässt den Raum.

Und ich frage mich, ob Randall mir gerade ein Kompliment gemacht oder eine Drohung ausgesprochen hat.

KAPITEL 29

18. März 1952
London

Der obligatorische Nachmittagstee endet in besserer Stimmung als üblich. Nicht dass der Tee stärker oder die trockenen, geschmacklosen Kekse süßer oder saftiger gewesen wären. Vielmehr haben Randalls Neuigkeiten der allgemeinen Stimmung Schwung verliehen. Ich fühle mich unerwartet beschwingt, als ich den Raum verlasse. Das Treffen des Medical Research Council war Randall zufolge ausgezeichnet gelaufen, und zwar vor allem wegen meines Beitrags. Ich hatte mich erst unwohl gefühlt, Randall gegenüber so viele Details preiszugeben, aber jetzt bin ich froh darüber, zumal alle offiziellen Berichte, die beim Beirat eingereicht werden, als vertraulich gelten, bis sie gezielt der Öffentlichkeit zugeführt werden. Wenn ich das King's verlasse – und das werde ich definitiv –, dann werde ich auf eine Fülle publizierbarer Forschungsergebnisse und einen dankbaren Arbeitgeber zurückblicken können. Und zwar unabhängig davon, wie sich mein Verhältnis zu Wilkins bis dahin entwickelt.

Die Hände in den Taschen meines Laborkittels gehe ich lächelnd den Korridor in Richtung meines Labors hinunter und nehme ein paar vereinzelte Glückwünsche und einen liebevollen Armdrücker von Freda entgegen. Gute Nachrichten über die Finanzierung der Abteilung sind schließlich gute Nachrichten für alle, die hier arbeiten.

Als ich dem Büro näher komme, das sich Wilkins mit Seeds

teilt, beschleunige ich meinen Schritt. Ich habe seinen Gesichtsausdruck bei Randalls Ankündigung gesehen und habe nicht die geringste Lust, ihm jetzt über den Weg zu laufen. Oder überhaupt jemals wieder, wenn ich ehrlich bin.

Die Tür steht einen Spalt offen, und ich achte darauf, mich nicht bemerkbar zu machen. Als ich an der ominösen Öffnung vorbeischleiche, ertönt Wilkins' Stimme auf dem Flur. »Diese ganze ›Einig darin, uneinig zu sein‹-Sache ist eine Farce, Seeds. Eine einzige Farce, sage ich dir. Sie sackt die ganzen guten, wichtigen Dinge ein, und ich soll mich mit dem restlichen Mist abfinden? Randall findet es tatsächlich in Ordnung, dass sie die legendäre Signer-DNA und die neue Kamera abbekommt und ich das Chargaff-Material und die alte Raymax-Röhre? Bin ich etwa nicht ihr Vorgesetzter? Und habe ich nicht jahrelang für Randall gearbeitet, bin ihm überallhin gefolgt und habe alles getan, was er verlangt hat?«

Ich erstarre. Ich weiß ganz genau, wer »sie« ist. Ein Teil von mir will sofort den Gang hinunterrennen, bloß weg von der abscheulichen Hassrede, aber ein anderer will stehen bleiben und zuhören. Ich will meinen Feind kennen, jetzt, wo Wilkins sich selbst als solcher bezeichnet.

»Es ist wirklich nicht fair, Kumpel«, stimmt Seeds ihm zu, wobei seine Stimme ein wenig glanzlos und halbherzig klingt. Als hätte er dieselbe Leier schon viele Male gehört.

»Und sie in der Zwischenzeit tut rein gar nichts, um die Wissenschaft voranzubringen. Bastelt immer nur weiter an den Bildern herum und vertrödelt Zeit mit den Berechnungen; alles pure Verzögerung, und dann weigert sie sich auch noch zuzugeben, dass beide DNA-Formen Helices sind. Sagt, sie braucht mehr Zeit. Hat sie denn gar nichts aus Paulings Erfolg mit dem Modellbau gelernt? Er hat Riesenschritte gemacht für das Verständnis molekularer Strukturen, und das ohne ein einziges Röntgenkristallographiebild. Wir könnten *jetzt* unser eigenes verdammtes Modell bauen und der ganzen Welt verkünden, dass die DNA eine Helix ist! Wir wären die Stars der wissenschaftlichen Community – und vielleicht bekämen wir sogar einen dieser Nobelpreise!«

Wilkins schreit inzwischen beinahe, und es wundert mich, dass niemand sonst sich auf dem Gang einfindet, um zu sehen, wo das Spektakel herkommt. Haben sich die anderen vielleicht längst an seine Tiraden gewöhnt? Ich schleiche um die Ecke, weit genug entfernt, falls jemand kommen sollte, und nah genug, um Wilkins' Gehässigkeiten mitzubekommen. Ich weiß ja schon länger, dass er mich nicht ausstehen kann, aber die Heftigkeit seiner Abscheu macht mich doch nervös und ich zittere am ganzen Körper.

»Ich kann dich gut verstehen, Kumpel«, erwidert Seeds mit seltsam flacher Stimme, als wäre er gelangweilt von Wilkins' Tirade. Ich frage mich, wie oft Wilkins schon so über mich gesprochen haben mag. Die Lage ist schlimmer, als ich dachte. Viel schlimmer. »Nach Randalls kleiner Ansprache heute hört es sich so an, als würde sie ihm vorgaukeln, sich ultrahart am Geheimnis der DNA abzurackern – und damit er das auch weiter schön glaubt, wirft sie ihm immer wieder kleine Informationshäppchen vor.«

»Sie arbeitet wirklich daran, Bill. Daran habe ich überhaupt keinen Zweifel. Wahrscheinlich verlässt sie das Labor inzwischen überhaupt nicht mehr, die alte Jungfer. Aber es passiert eben alles im Schneckentempo – jeder Stein wird siebenmal umgedreht und der ganze Quatsch, statt dass sie endlich an die Öffentlichkeit geht oder mit dem Bau eines Modells anfängt. Und in der Zwischenzeit kommen unsere Konkurrenten der Entdeckung, die eigentlich uns zusteht, näher und näher. Da könnte sie das Ganze genauso gut bleiben lassen.«

»Und warum bittest du Randall nicht, ihr zu sagen, dass sie dir einen Teil der guten DNA zurückgeben soll? Das wäre doch nur logisch, dann könntest du das Projekt parallel vorantreiben.«

Schon seltsam, denke ich, *dass keiner der beiden meinen Namen ausspricht.* Nur um »sie« und »ihr« geht es, als wäre ich ein namenloser Platzhalter für die Frauen schlechthin. Vielleicht fällt es Wilkins leichter, seine Wut auf eine anonyme Frau zu richten, mit der er nicht persönlich spricht und die er auch nicht beim Namen nennt, statt auf mich, Rosalind Franklin, eine Kollegin vom King's College, ein menschliches Wesen, mit dem er spricht und arbeitet und isst.

»Das kann ich nicht machen, Bill. Randall hat sich eindeutig zur Arbeitsteilung geäußert und mir klipp und klar jede Einmischung in die Signer-DNA untersagt; wenn ich mich jetzt schon wieder beschwere, stehe ich da wie ein Jammerlappen. Ich muss einen anderen Weg finden.«

Seeds' Erwiderung kann ich nicht hören, aber ich kann sie mir vorstellen nach Wilkins' Antwort.

»Meine Freunde am Cavendish sind jedenfalls fassungslos. In Cambridge würde eine Frau mit einem derart dilettantischen Verhalten niemals durchkommen, meinen sie – erst recht nicht, wo Linus Paulings Erfolg mit seinem Modell kurz bevorsteht und uns die anderen Wissenschaftler im Rennen um die DNA im Nacken sitzen. Am Cavendish hätte man ihr das Projekt längst aus der Hand genommen; sie fragen schon dauernd, warum hier am King's eigentlich nichts unternommen wird. Ihrer Meinung nach sollte *mir* das Projekt übergeben werden, weil ich wenigstens ordentlich Gas geben würde in der Sache; oder sonst, nun ja ...« Er hält inne, als fürchte er plötzlich selbst, zu weit zu gehen.

»Nun ja was?«, fragt Seeds, und zum ersten Mal seit Beginn des Redeschwalls schwingt echte Neugier in seiner Stimme mit.

»Nun ja, sie sind der Meinung, dass sonst eben *sie* die Daten bekommen sollten. Sie würden mit Hochdruck daran weiterarbeiten, damit die Welt schnellstmöglich von der Struktur der DNA erfährt.«

»Du findest, die Daten sollten ans Cavendish gehen?« Seeds klingt skeptisch, ich höre die Missbilligung in seiner Stimme. Ob Wilkins *diesen* Vorschlag wohl zum ersten Mal gemacht hat? »Aber welchen Anspruch haben Crick und Watson – oder überhaupt jemand am Cavendish – denn auf die DNA? Ich dachte, ihr Chef, Bragg, hat einen Zaun um die DNA gezogen und sie angewiesen, sich schön auf die Proteine zu konzentrieren. Haben sie denn etwa heimlich schon an der Molekularstruktur der DNA gearbeitet?«

»Nein, nein, das nicht.« Wilkins beeilt sich, ihn zu beschwichtigen; er merkt, dass er tatsächlich zu weit gegangen ist. »Ich will einfach nur sicherstellen, dass wir« – er hält inne und sagt dann eilig – »also, wir am King's, meine ich, auch wirklich das Rennen um die DNA machen werden.«

KAPITEL 30

17. April 1952
London

Der irische Wissenschaftler mit dem dichten Haarschopf sitzt mir gegenüber auf der anderen Tischseite, und ich muss mich zusammenreißen, nicht damit herauszuplatzen, wie viel mir seine Worte auf der Stockholm-Konferenz bedeutet haben. *Jede Behauptung über die Natur der molekularen Struktur egal welcher Materie – lebend oder unbelebt – muss einer Röntgenanalyse unterzogen werden; wir dürfen uns nicht allein auf Modelle verlassen*, so oder so ähnlich hatte er sich ausgedrückt, und ich hatte den Satz, so gut ich ihn noch erinnerte, wortwörtlich in mein Notizbuch übertragen, als hätte er ein Grundprinzip postuliert. Seitdem sind mir seine Worte nicht mehr aus dem Kopf gegangen, und wenn ich mal wieder kritisiert werde am King's oder man mich drängt, meine systematische Analyse endlich sein zu lassen und stattdessen doch endlich ein Modell anzufertigen oder eine öffentliche Erklärung über die Struktur der DNA abzugeben, dann spenden sie mir häufig Trost.

Das allein wäre schon Motivation genug gewesen, für Professor J. D. Bernal arbeiten zu wollen, einen Vorreiter in der Röntgenkristallographie im Bereich der Molekularbiologie und Leiter des neu gegründeten Forschungslabors für Molekularbiologie am Birkbeck College, das zur University of London gehört. Aber da ist noch mehr. Tatsächlich bin ich Bernal schon zuvor begegnet, im *labo* in Paris nämlich; er ist mit Monsieur Mathieu befreundet, und auch, wenn Anne Sayre ihn aus irgendeinem Grund schon immer geschmacklos fand, mag ich ihn allein schon deshalb. Ich habe eben einfach eine Affinität für alles, was irgendwie mit Paris zu tun hat, egal ob es um Menschen, Essen oder Wissenschaft geht, auch wenn diese Affinität sich wissenschaftlich nicht rechtfertigen lässt. Es mag ungerecht sein, dass ich Frankreich so sehr verehre und nicht mein Heimatland. Aber Frankreich ist nun mal der einzige Ort, an dem ich mich je richtig gefühlt habe.

Bernal schiebt die Haarsträhne zur Seite, die ihm immer wieder in die Stirn fällt. »Wir würden uns jedenfalls sehr freuen, Sie bei uns zu haben, Dr. Franklin.« Er lächelt. »Und das nicht nur, weil mein lieber Freund Marcel Mathieu Sie so wärmstens empfohlen hat. Dazu kommt noch, dass Ihr Wechsel von der physikalischen Chemie hin zur biologischen Materie sowohl in der Ausbildung als auch in der beruflichen Karriere meinem Werdegang auffallend ähnlich ist, und für Ihre praktische Arbeit gilt genau dasselbe. Ich denke, Sie würden wunderbar hierher nach Birkbeck passen.«

Bei diesen Worten fällt eine riesige Last von mir ab, eine Last, die schon lange immer schwerer geworden ist und mich, seit ich Wilkins' Schimpftirade über mich mitangehört hatte, beinahe erdrückt hat. Bernals Worte bedeuten, dass ich nicht am King's College bleiben muss, wo ich von Wilkins und seinem Kader nur verunglimpft und verachtet werde. Es gibt also einen Ort, an dem ich willkommen bin und der sich vielleicht mehr nach Zuhause anfühlt.

Am liebsten würde ich aufspringen und durch den Raum tanzen. »Das würde ich wirklich gerne, Professor Bernal«, antworte ich stattdessen seelenruhig.

»Hervorragend. Ich habe auch schon eine ganze Ladung Viren für Sie bereitgelegt, die Sie erforschen können.« Er wirft einen Blick auf ein paar Papiere auf dem Schreibtisch. »Wie ich sehe, endet Ihr Stipendium am King's offiziell erst nach einem

Jahr von Januar an gerechnet, aber keine Sorge, ich habe schon früher erfolgreich Stipendiaten aus anderen Einrichtungen hierher geholt. Es geht also nur noch darum, wann Professor Randall mit Ihrer Forschung so weit zufrieden ist, dass er Sie gehen lassen kann.«

»Ich werde mit Professor Randall sprechen; ich denke, nach den Winterferien wäre ein guter Zeitpunkt.«

»Das wäre perfekt für uns. Ich freue mich sehr, Sie in Birkbeck begrüßen zu dürfen, Miss Franklin. Wann immer Sie so weit sind.«

*

Ich hüpfe förmlich die Treppe des georgianischen Hauses am Torrington Square in Bloomsbury hinunter, in dem Professor Bernals Labor untergebracht ist. Die Vorstellung, dem King's den Rücken zu kehren und mich stattdessen dieser fünfzehnköpfigen wissenschaftlichen Forschungsgruppe anzuschließen, in der ich mich sofort wohl- und angenommen gefühlt habe, ist fast zu schön, um wahr zu sein. Das Birkbeck ist kein Cambridge und kein Oxford – und auch kein King's College –, da mache ich mir nichts vor; aber Professor Bernal hat etwas, und auch wegen des eigenwilligen Charakters der Einrichtung reizt mich die Stelle. Die University of London, der das Birkbeck angehört, war eine der ersten englischen Hochschulen, die auch Frauen zuließ, fast vierzig Jahre vor Oxford und Cambridge, und ich hoffe sehr, dass dies etwas über die Atmosphäre an der Institution aussagt. Wobei sich Randalls verstärktes Einstellen von Wissenschaftlerinnen, das ich auch für ein gutes Zeichen gehalten hatte, ja nicht als besonders förderlich für die Atmosphäre erwiesen hat; aber Randall und Bernal sind wohl auch nicht aus demselben Holz geschnitzt. Wie auch immer, ich bin auf jeden Fall zuversichtlich.

Ich laufe die paar Blocks zum Tearoom in der Nähe des British Museum hinunter. Da ich mir sowieso den ganzen Vormittag für das Gespräch mit Professor Bernal freinehmen musste, dachte ich, ich mache gleich einen ganzen Tag daraus und treffe Ursula. Als ich den Tearoom betrete – hinter dessen trügerisch einfacher Aufmachung sich einige der stärksten Tees und die köstlichsten Kekse und Kuchen von ganz Bloomsbury verbergen –, schüttle ich den leichten Nieselregen von meinem zweckmäßigen hellbraunen Trenchcoat ab und mache im hinteren Ladenteil einen strahlend roten Farbtupfer aus. Das kann nur Ursula sein.

»Miss Rosalind.« Ursula springt auf, als ich auf sie zugehe, und umarmt mich; sie ist immer noch die einzige Franklin, die sich angesichts körperlicher Gefühlsbekundungen nicht gänzlich unwohl fühlt. »Sehe ich da etwa ein Lächeln auf deinem Gesicht?«, fragt sie.

Selbst wenn ich wollte, könnte ich mein Grinsen nicht unterdrücken. »Oh ja, Miss Ursula, das siehst du. Oder sollte ich dich jetzt, wo du verheiratet bist, nicht besser Mrs. Ursula nennen?« Ich habe Ursulas Mann, Frank Richley, einen netten Banker, wirklich gern, aber irgendwie bewegt sich die Ehe der beiden außerhalb unserer Freundschaft. Als wäre eine andere Ursula diese Verbindung eingegangen – bei der ich übrigens Brautjungfer und Trauzeugin war.

»Sehr witzig. Nein, wir beide werden auf immer Miss Ursula und Miss Rosalind bleiben. Das wird sich nie ändern«, sagt sie lächelnd. »Ich habe dich lange nicht mehr so glücklich gesehen. Wirklich, das lenkt sogar fast von deinen Augenringen ab«, sagt sie und täuscht, auf unseren Großvater anspielend, einen tadelnden Blick vor. »Warum benutzt du denn nicht diese tolle Schminke, von der ich dir erzählt habe? Die würde Wunder bewirken und die Dinger einfach verschwinden lassen.« Sie schüttelt den Kopf. »Wirklich, du siehst aus, als kämst du aus einer Schlägerei und hättest zwei blaue Augen.«

Ich wedle ihre Kritik einfach weg, grinse aber immer noch. Sie weiß genau, dass ich außer einem dezenten Lippenstift und etwas Puder keine Schminke benutze. Ganz im Gegensatz zu der Palette, die Ursula selbst auffährt – wobei mir meine hartnäckigen Augenringe auch selbst schon aufgefallen sind.

»Also, ich freue mich sehr über dein Lächeln, aber es ändert nichts daran, dass du mir aus dem Weg gehst. Du warst jetzt schon seit über einem Monat nicht mehr beim Familienessen.« Diesmal ist der Tadel echt und auch ihre Verletztheit. »Und zurückgerufen oder -geschrieben hast du auch nicht.«

Nachdem ich meine Tee- und Kuchenbestellung aufgegeben habe, bringe ich die übliche Entschuldigung an. »Ach, du weißt doch, wie es ist. Das Labor hat mich über die Maßen gefordert in letzter Zeit. Es tut mir leid, Miss Ursula. Es ist wirklich nicht so, dass ich dich nicht sehen will.«

Sie gibt etwas Zucker in ihren Tee und weicht meinem Blick aus, während sie umrührt. »Weißt du, deine Schwester Jenifer meint, du ziehst dich immer dann zurück, wenn irgendwas nicht so läuft, wie du es gerne hättest. Ich habe ja den Verdacht, dass du uns allen nur deshalb aus dem Weg gehst, weil am King's College irgendetwas schiefläuft, was du nicht vor uns verbergen könntest. Was ist da los?«, fragt sie und sieht mir endlich in die Augen.

Wie kann ich meiner lieben Freundin und Cousine jetzt noch ausweichen? Wie könnte ich ihr auf eine so besorgte Frage hin ins Gesicht lügen? Noch nie habe ich ihr je die Unwahrheit gesagt. Mal etwas weggelassen, das vielleicht, aber eine Lüge? Und ich schaffe es auch jetzt nicht.

Zumindest unternehme ich einen ernsthaften Ausweichversuch. »Du darfst nicht alles so ernst nehmen, was Jenifer sagt. Sie ist doch noch so jung«, erwidere ich, wobei ich insgeheim überrascht bin über Jenifers Einblick in mein Innenleben. Dann versuche ich es mit einem heiteren Lächeln.

Ursula wirft mir einen skeptischen Blick zu – sie durchschaut meinen fadenscheinigen Ablenkungsversuch ganz genau. Meine Fassade bröckelt und mir steigen die Tränen in die Augen. Aber dann schaffe ich doch es, sie zurückzuhalten, während ich ihr ausführlich von meiner Zeit am King's berichte, den guten wie den schlechten Seiten. Die Begeisterung über meine Entdeckungen. Die Verbundenheit mit Ray. Wilkins' herablassende Blicke und Kommentare. Seine Weigerung, sich an die von Randall gesetzten Grenzen zu halten. Die zufällig mitgehörte Hetzrede.

»Mein Gott«, sagt Ursula, als ich fertig bin. »Wir müssen dich da rausholen.«

»Ich glaube, das habe ich schon selbst getan. Weißt du noch, mein Lächeln, als ich reingekommen bin?«

»Ja?«, sagt sie misstrauisch.

»Da kam ich gerade vom Birkbeck an der University of London, wo ich einen Job angeboten bekommen habe. Daher das Lächeln.«

Ursula seufzt. »Gott sei Dank.«

»Dein Gott hat vermutlich kaum etwas damit zu tun.«

»Das alte Gedöns – ich kenne deinen Glauben und du kennst meinen. Lassen wir uns doch davon nicht von deinen großartigen Neuigkeiten ablenken.« Sie greift nach meiner Hand und drückt sie. »Ich freue mich so. Wann kannst du das King's verlassen?«

»Ich muss mit Professor Randall sprechen, aber vor Januar werde ich vermutlich nicht gehen können.«

»Januar?« Ihre Stimme klingt alarmiert. »Das sind ja noch neun Monate. Wie willst du das noch so lange aushalten?«

»Na ja, so kann ich wenigstens noch meine Arbeit abschließen, Miss Ursula. Und mit dem Wissen, dass ich gehen werde, wird es mir sicher leichterfallen. Die Zeit wird wie im Flug vergehen«, sage ich in dem Versuch, nicht nur Ursula, sondern auch mich selbst zu überzeugen. Mein Stuhl scharrt über den Linoleumboden, als ich aufstehe. »Sollen wir ins Museum gehen?«

Während wir unsere Mäntel anziehen und besprechen, ob wir uns zuerst die Sammlung niederländischer Drucke und Zeichnungen oder die Ausstellung über Leonardo da Vinci ansehen wollen, stoße ich mit einem großen Mann zusammen, der gerade den Tearoom betritt.

»Tut mir leid, Sir«, sage ich und schaue auf. Ich kenne ihn; es ist Francis Crick vom Cavendish.

»Rosy?«, fragt er mit einem breiten Grinsen im Gesicht. »Witzig, Ihnen hier über den Weg zu laufen.«

Wie kommt er dazu, mich bei diesem schrecklichen Spitznamen zu nennen, den Seeds mir gegeben hat? Den Seeds und Wilkins benutzen, um mich zu ärgern? Woher kennt er ihn überhaupt? Die drei Male, die wir uns begegnet sind, hat mich ganz sicher niemand so angeredet. Und überhaupt kennen wir uns kaum, es wäre deutlich angemessener, er würde mich Miss Franklin oder sogar Dr. Franklin nennen. Ich kann mir nur einen Grund vorstellen – Wilkins muss den Namen benutzen, wenn er über mich spricht.

»Warum nennen Sie sie Rosy? Keiner nennt sie so. Ihr Name ist Rosalind«, sagt Ursula, stets zur Stelle, um ihre Lieblingscousine zu verteidigen.

»Dann bin wohl jetzt ich an der Reihe, mich zu entschuldigen«, sagt Crick verlegen. Dann nimmt er wieder seine übliche onkelhafte Art an. »Was führt Sie aus den Kerkern des King's hinaus?«

»Ein Tag mit meiner Cousine«, sage ich und deute auf Ursula. »Wenn Sie uns jetzt entschuldigen würden ... «

Wir wollen uns eben verabschieden, da ruft er: »Wie läuft es eigentlich mit der DNA-Forschung, Rosy?«

Ich drehe mich wieder um zu ihm. Wenn er denkt, er kann mich einschüchtern mit diesem Namen, dann werde ich ihn gleich eines Besseren belehren. »Ausgezeichnet«, sage ich und schenke ihm ein Lächeln.

»Erfolgreich mit der A- und der B-Form? Keine Verzögerungen, wie ich hoffe, bei keiner der beiden?« Sein Gesichtsausdruck ist offen und freundlich, als würde er einfach mit einer Kollegin plaudern. Dabei steckt so viel mehr hinter seinen Worten.

Seine Frage lässt keinen Zweifel daran, dass Wilkins sich bei ihm in aller Breite über mein »übergründliches« Vorgehen und meine »Unvernunft« ausgelassen hat, die Arbeit nicht zügiger voranzutreiben. »Die Forschung an beiden Formen läuft absolut planmäßig«, antworte ich.

»Sie sind doch nicht immer noch der Meinung, dass die A-Form keine Helix ist, oder? Denn das ist wirklich blanker Unsinn.«

»Auch wenn meine Messungen keine Helix zeigen? Nicht dass ich das eine oder andere behaupten würde.«

»Auch dann. Es gibt eine Menge Argumente, die für eine Helix sprechen, auch wenn die Zahlen etwas anderes vermuten lassen.« Er lächelt, was vermutlich freundlich wirken soll, aber für mich sieht er aus wie die Grinsekatze aus Alice im Wunderland. »Die Vorstellung, dass die A-Form *keine* Helix sein soll, ist jedenfalls Schwachsinn.«

Ich spüre den Arm meiner Cousine durch meinen eigenen schlüpfen – sie will mich von diesem schrecklichen Schlagabtausch erlösen. »Komm, *Rosalind*. Wir haben einen Termin mit ein paar Exponaten im British Museum. Guten Tag, Sir«, sagt sie und zieht mich nach draußen. Ohne meinen Arm loszulassen, schiebt sie uns weiter in Richtung des berühmten Kunst- und Kulturgiganten. »Du musst so schnell wie möglich weg vom King's College und ins Birkbeck, Miss Rosalind. Eine derart herablassende Haltung können wir nicht noch einmal hinnehmen.«

KAPITEL 31

2. Mai 1952
London

»Sind das die neuen Bilder?«, fragt Ray abwesend, als ich das Labor mit einem Päckchen in der Hand betrete, etwas spät dran, weil ich gerade von der Untersuchung beim Collegearzt komme, die sämtliche mit Strahlung arbeitenden Wissenschaftler einmal im Jahr über sich ergehen lassen müssen. Er beugt sich über die Probe, die in den vergangenen zwei Tagen mit Röntgenstrahlen beschossen wurde, und rührt sich nicht.

Ich wundere mich über seine Reaktion. Normalerweise lässt er alles stehen und liegen und stürmt auf mich zu, wenn er mich mit einem Päckchen neuer Röntgenkristallographiebilder sieht.

»Ja. Sollen wir sie zusammen durchsehen?«

»Gerne«, antwortet er, den Blick noch immer starr auf die Kristallographiegeräte geheftet. »Aber zuerst sollten Sie sich das hier ansehen.«

»Was gibt's?«, frage ich und gehe zu ihm.

»Ich weiß nicht recht, wie ich es beschreiben soll. Ich denke, Sie sollten sich selbst ein Bild machen.«

Ich stehe neben ihm und sehe mir durch das Mikroskop die an einer Drahthalterung hängende DNA-Probe an. Dann wechselt eine der DNA-Fasern direkt vor meinen Augen so plötzlich von der A-Form in die B-Form, dass die Faser von der Halterung fällt. Ich zucke zurück. »Was ...«

»Ich weiß!«, unterbricht mich Ray. »Sie hat die Form gewechselt, stimmt's?«

»Ja, und dann ist sie direkt vor meinen Augen von der Halterung gefallen.«

»Nein!«, sagt er ungläubig und positioniert sich selbst noch einmal vor dem Mikroskop. »Was könnte eine so starke Transformation verursachen, dass die Probe sich derart heftig bewegt?«

Ich schüttle den Kopf. »Ray, würde es Ihnen etwas ausmachen, diese Entwicklung schriftlich festzuhalten, solange sie noch frisch ist?«, frage ich dann.

»Nicht im Geringsten«, erwidert er genüsslich. »Was für ein Anblick!«

»Ich werfe inzwischen einen ersten Blick auf die Bilder und lasse Sie wissen, falls ich auf irgendwas Besonderes stoße.«

Er antwortet nicht einmal mehr, so tief versunken ist er in den Tanz der DNA.

Ich breite die neuen Bilder auf dem Lichtkasten aus. Wir haben inzwischen derart scharfe und schöne Bilder der B-Form erhalten, dass ich kaum noch Hoffnung auf Besseres habe, auch wenn ich es nach außen hin anders kommuniziere, um uns mehr Zeit für unsere Berechnungen zu verschaffen. Mir fällt nichts Besonderes auf, während ich die Bilder über den Kasten schiebe; alle sind glasklar und gestochen scharf. Bis auf das allerletzte.

Ich halte den Atem an. Da ist es.

Vor mir liegt das denkbar spektakulärste aller Bilder. In meinem Blickfeld materialisiert sich ein deutliches, markantes X aus klaren schwarzen Punkten, wobei die Fläche zwischen den Armen des X vollkommen freiliegt. Ich hatte die bisherigen Bilder der B-Form der DNA schon für eindeutig gehalten, aber das war ein Irrtum. Der Unterschied zwischen den bisherigen Bildern und diesem hier entspricht in etwa dem Gefälle zwischen einem Gemälde aus Michelangelos Werkstatt und einem Bild des Künstlers selbst.

Jetzt bin ich es, die ihren Augen nicht traut.

»Ray, können Sie kurz rüberkommen?«, frage ich zögernd, als fürchtete ich, dass sich meine Entdeckung durch Rays Bestätigung auflösen könnte – dabei weiß ich, dass ich seine Meinung brauche. *Wie dumm von mir*, denke ich. *Genau solche Gedanken spielen dem Aberglauben in die Hände und fördern das Aufkommen von Religionen.* Ich bin Wissenschaftlerin, ich glaube an die Gesetze *dieser* Welt, an prüfbare, beweisbare, messbare Tatsachen, die ich mit meinen eigenen Augen sehe.

»Kann das noch kurz warten?«, sagt er, ohne aufzusehen. »Ich will nicht unhöflich sein, aber das Schauspiel hier ist derart faszinierend, dass ich jedes Detail festhalten möchte.«

»Ich denke nicht.«

Widerstrebend legte er seinen Füllfederhalter nieder und kommt zu mir. Als er vor dem Lichtkasten steht, sage ich kein Wort. Ich lehne mich einfach zurück und gebe den Blick frei.

»Ach, du meine Güte.«

»Ist es tatsächlich so perfekt, wie ich denke?«

»Es ist makellos, Rosalind.«

Sein Ton wechselt von Ehrfurcht zu Erleichterung. »Sehen Sie nur, wie absolut symmetrisch die Arme des X von der Mitte ausgehen.«

»Ich weiß«, sage ich kopfschüttelnd, ich kann es selbst kaum glauben. »Und zwischen den Armen ist kein einziger Punkt. Der Raum dazwischen ist völlig frei.«

»Die fünfzig Fotos davor waren schon hervorragend, aber das hier ist anders. Das hier ist atemberaubend.«

Er dreht sich zu mir um, mit leuchtenden Augen und einem Strahlen im Gesicht. »Ja, es *ist* atemberaubend, allerdings«, sagt er und lacht. »Ich glaube, das habe ich noch nie über ein Röntgenkristallographiebild gesagt. Oder überhaupt über ein wissenschaftliches Resultat.«

»Ich auch nicht.« Ich steige in sein Lachen ein und meine

dann etwas ernsthafter: »Wenn es je einen Zweifel gab über die Helixstruktur der B-Form der DNA ...«

»Dieses Bild hier räumt alle Zweifel aus«, unterbricht er mich.

»Sollen wir die Forschung einstellen?«

»Nein, warum sollten wir? Wir müssen die Helixtheorie für die B-Form ja immer noch untermauern und auch noch Antworten für die Struktur der A-Form finden.«

Ray seufzt. »Es wird nicht einfach, nach der heutigen Aufregung mit den ganzen mühsamen Berechnungen weiterzumachen.«

»Ich weiß«, sage ich und klopfe ihm auf die Schulter. »Aber dafür können wir uns dann um so sicherer sein, wenn wir unsere Aufsätze publizieren und der Welt von unseren Ergebnissen berichten.«

Bei der Erwähnung unserer Beiträge, den entscheidenden Bestandteilen seiner Doktorarbeit, blitzen seine Augen auf. »Na gut.« Er rappelt sich auf und kehrt zu seinem Mikroskop mit der neuesten Entdeckung zurück, vorbei an dem speziellen Metallschrank, in dem wir all unsere erstaunlichen Röntgenaufnahmen aufbewahren.

Ich wende mich erneut dem Bild zu und sauge seine wunderbare Form und die glasklaren Details in mich auf. Dann beschrifte ich es als »Foto 51«.

KAPITEL 32

25. Juni 1952
London

Wir sind genau dort zusammengekommen, wo noch vor Kurzem ein gigantisches ausgebombtes Loch mitten im Innenhof des King's College klaffte. Dass dieser durch den *Blitz*, einen der Luftangriffe der Deutschen, aufgerissene Abgrund im Zentrum der Gebäude des Colleges heute die makellosen, mit der neuesten Technik ausgestatteten Laborräume der Abteilung für Physik und damit auch des Fachbereichs für Biophysik beherbergt, soll symbolisch für den Sieg Englands über das Übel der Nazis stehen. Fortschritt scheint das Gebot der Stunde zu sein und Randalls größter Wunsch für meine Arbeit.

Ray und ich sehen uns um in dem neuen zweigeschossigen unterirdischen Raum, dem die Unterseite des Innenhofs als Dach dient. Ich hatte mir Gedanken über die Lichtverhältnisse in den Räumen gemacht, aber die vielen Lichtschächte sorgen für eine überraschend gute Ausleuchtung. Wir können es kaum erwarten, uns in unserem neuen Labor einzurichten, und nehmen daher im hinteren Bereich des belebten Vorlesungssaals unsere Plätze ein, um uns später möglichst schnell von den Feierlichkeiten entfernen zu können.

Ich nehme eine der Broschüren zur Hand, die auf den Sitzen ausgelegt sind, und blättere flüchtig durch die Seiten, während wir auf den ersten Redner warten. Zu meiner Verwunderung stoße ich auf eine detaillierte Beschreibung meiner eigenen Arbeit, so wie ich sie Randall für seinen sehr persönlichen Bericht an den Medical Research Council gegeben hatte, damit er damit für unsere Finanzierung werben konnte.

Ich schäume vor Wut, als ich von den *parallel angeordneten helikalen Polymerketten der DNA* lese und davon, wie Randall sich von dieser Forschung Erkenntnisse über die Funktion der DNA erhofft. Als ich die Namen der für die Forschung Verantwortlichen lese, schnürt mir die Wut die Kehle zu – ich, Ray, Stokes und *Wilkins*. Wie kann Randall mich nur derart hintergehen und diese Informationen vor einem öffentlichen Publikum ausbreiten, darunter auch Journalisten, die über das neue Gebäude und die Feierlichkeiten berichten? Und wie kann er nur den Eindruck vermitteln, dass Wilkins an dem Projekt beteiligt war? Nach den paar Bildern aus der Anfangsphase vor gut einem Jahr hat Wilkins keinen Strich mehr dafür getan. Meine Grenze ist erreicht.

Ich werde ein Treffen mit Randall vereinbaren und ihm morgen von Birkbeck erzählen. Es mag der falsche Zeitpunkt sein, aber jetzt kann ich es nicht länger aufschieben.

*

Die Sonne ist bereits untergegangen, und für den Moment sind alle Gedanken an Randall und die Broschüre verflogen. Alles, woran ich denken kann, sind die Patterson-Berechnungen und die fächerförmig ausgebreiteten Rechenschieber auf dem mir zugewiesenen Tisch des frisch eröffneten Labors. Es fühlt sich an, als stünde ich kurz davor, die Geheimnisse beider Formen zu entschlüsseln, wenn ich nur noch etwas länger dranbleibe.

Als es an der Tür klopft, scheint das irgendwo anders zu geschehen, irgendwen anders zu betreffen, nicht mich. Ich brauche einen Moment, um mich aus der Wissenschaft in die reale Welt zu begeben und »Ja?« zu sagen.

»Rosalind?«

Es ist Randall, und auf einen Schlag sind der Verrat und meine Wut zurück. Doch bevor ich irgendetwas sagen kann, hat er sich schon in den bis auf mich selbst, meinen Labortisch und einen Berg Kisten weitgehend leeren Raum geschoben. »Ziemlich abgelegen, Ihr Büro, nicht?«

Vermutlich war es Randall selbst, der mein Büro mitten im Nirgendwo platziert hat, also bleibe ich stumm. Vielleicht hat er sich gedacht, dass ich, wenn ich nur außerhalb von Wilkins' Blickfeld bin, auch nicht mehr in Wilkins' Kopf herumspuke. Und würde das nicht allem Ärger ein für alle Mal ein Ende setzen? Tja, bald schon werde ich außerhalb des Blickfelds beider Herren sein.

Das alles kann mir egal sein, rufe ich mir ins Gedächtnis. Ich habe meinen Weg in die Freiheit gefunden. Jetzt muss ich nur noch Randall überzeugen, mich gehen zu lassen.

»Ich dachte, ich schneie mal kurz rein und schau mir an, wie es so ist in der neuen Bude.«

»Gut, danke«, antworte ich; ich werde jetzt sicher keinen Streit über die Lage meines Labors vom Zaun brechen. Was für eine Rolle spielt das noch? Ich werde ohnehin nicht mehr lange hier sein. Ich mache eine ausladende Geste. »Ziemlich geräumig, wie Sie sehen. Und das Labor ist gleich hinter der Tür dort.«

»Sieht mir ganz nach dem genau richtigen Ort für Ihre Zauberkünste aus.« Er lässt den Blick durch den Raum schweifen und nickt. »Hat ja allerdings ziemlich gedauert. Wir haben uns ganz schön gedulden müssen, nicht wahr?«

»Das stimmt, Sir.«

»Es ist jedenfalls schön zu sehen, dass Sie sich bereits eingerichtet haben. Aber jetzt ist es dann auch Zeit, nach Hause zu gehen, nicht wahr?«

Ja, ich *bin* müde. Ich könnte einfach Ja sagen und das Unvermeidliche bis morgen aufschieben, bis zu meinem offiziellen

Treffen mit Randalls Assistenten. Oder aber ich ergreife die Gelegenheit beim Schopf und mache jetzt meinen ersten Schritt hinaus aus dem King's.

»Es gibt da noch etwas, worüber ich mit Ihnen sprechen möchte, Sir.«

Randall versteift sich und zupft an seiner Fliege herum, wie üblich, wenn er nervös ist. Rechnet er mit einer Reaktion auf die Broschüre? Hätte ich meine Ausstiegspläne nicht schon in Angriff genommen, wäre ich vermutlich tatsächlich in die Luft gegangen. Aber jetzt bin ich bereit, ihm den Verrat nachzusehen, was auch unseren Austausch hier einfacher machen dürfte.

»Worum geht's, Rosalind?«, fragt er, eher förmlich und ohne sein übliches Grinsen.

»Ich habe mit Professor J. D. Bernal vom Birkbeck gesprochen, drüben an der University of London ...« Jetzt, wo ich die Worte ausgesprochen habe, kommen sie mir fast irreal vor, und ich fange an zu zweifeln. Was, wenn Birkbecks Angebot aus irgendwelchen Gründen doch nicht zustande kommt? Alles, was ich habe, ist Bernals mündliche Zusage. Dann stünde ich ohne Stellung da und meine Eltern würden in die Bresche springen und mich für eines ihrer Wohltätigkeitsprojekte einspannen. Und ich würde selbst zum Wohltätigkeitsprojekt werden.

Nein. So darf es einfach nicht laufen. Sollte Bernal tatsächlich abspringen, wird jemand anderes auf den Plan treten; sogar Anne und David haben angeboten, sich für mich in Oxford umzusehen, sollte sich in London nichts ergeben. Ich werde das King's College verlassen, so oder so.

»Ja?«, sagt Randall auffordernd.

»Äh, ja.« Ich kehre in die Gegenwart zurück und zu diesem wichtigen Gespräch. »Er hat mir eine Stelle in seinem Labor angeboten. Vorausgesetzt, es findet sich ein passender Zeitpunkt für meinen Weggang vom King's. Ein Zeitpunkt, mit dem Sie einverstanden sind.«

Es setzt sich auf den Stuhl mir gegenüber. Ein Bein über das andere geschlagen, dreht er sich zu mir, sieht mich aber nicht direkt an. »Wollen Sie das wirklich?«

»Eigentlich wollte ich, dass es am King's gut läuft. Unter Ihrer Leitung, Sir. Aber dazu müsste sich die Atmosphäre in der Forschungsabteilung für Biophysik ändern, und das kann ich für die nähere Zukunft einfach nicht erkennen. Durch Wilkins hat sich das Blatt gegen mich gewendet, und ich kann es nicht wieder zurückdrehen – weder was ihn noch was andere betrifft.«

Randall nickt, so langsam, dass ich es erst gar nicht bemerke. Dann sagt er zu meiner Verwunderung: »Dann also das Birkbeck.«

Ich bin baff. Wo bleibt der Versuch, mich zum Bleiben zu bewegen? Wo die Enttäuschung über meinen Weggang? Nicht dass ich ein Riesentheater erwartet hätte, aber mit einem gewissen Widerstand hatte ich doch gerechnet. Vor allem, nachdem Randall mich als seine wichtigste Waffe beim Beschaffen von Geldern bezeichnet hatte. Ich dachte, ich würde ihn anflehen und triftige Gründe vorbringen müssen. Aber vielleicht interpretiere ich die Reaktion dieses undurchschaubaren Mannes ja auch ganz falsch. Es wäre schließlich nicht das erste Mal für mich, die ich mich auch bei Menschen, die ich weitaus besser kenne als Randall, schwertue, Zwischentöne und Mimik zu deuten.

Doch für ihn scheint die Sache tatsächlich erledigt zu sein, und er steht auf. »Sollen wir gleich ein Datum festlegen?«

Jetzt besteht kein Zweifel mehr an seiner Reaktion. Immer noch wie benommen von seinem sofortigen Einverständnis, antworte ich nicht. Bin ich denn entbehrlich geworden, weil erst kürzlich wieder Gelder geflossen sind? Oder ist Wilkins ihm so lange in den Ohren gelegen, bis er sich schließlich dessen Meinung über mich angeschlossen hat?

»Hm«, mache ich inmitten meines Gedankenstrudels. »Wie

wär's mit dem 1. Januar?« Ich spucke das erste Datum aus, das mir in den Sinn kommt.

»Ich werde mit dem Turner-and-Newall-Stipendienausschuss sprechen und um Zustimmung bitten, dass Sie das dritte Jahr Ihres Stipendiums in Bernals Labor am Birkbeck absolvieren können. Wenn sie dort einverstanden sind, spricht nichts gegen den 1. Januar.« Er hält inne und sagt dann: »Vorausgesetzt, Sie haben bis dahin Ihre Forschung abgeschlossen und in einem Aufsatz schriftlich festgehalten.«

Seine Schritte wirken irgendwie leichter, als er zur Tür geht. Oder bilde ich mir das nur ein?

Kurz bevor er den Raum verlässt, dreht sich Randall noch einmal um und meint: »Schade, dass Sie nur so kurz in den Genuss dieses neuen Labors kommen – denn ich glaube kaum, dass das Komitee irgendwelche Einwände haben wird.«

KAPITEL 33

18. Juli 1952
London

»Wie wär's, sollen wir uns selbst einen Streich spielen?«, frage ich Ray, nachdem ich mich abrupt zu ihm umgedreht habe. Er sieht mich an aus müden Augen, erschöpft von den vielen Stunden, die wir heute schon mit der Patterson-Methode verbracht haben. Dass wir uns dem Ende nähern, hat uns in den letzten Monaten Auftrieb gegeben und uns auch durch diesen schwülwarmen Tag getragen.

»Uns einen Streich spielen? Und das von Ihnen?« Er wirkt regelrecht schockiert, schließlich kennt er meine Klagen über Seeds' miese Streiche von dessen erstem Arbeitstag an. »Hätte nicht gedacht, dass ich den Tag noch erleben würde.«

Ich höre mich selbst kichern – ja wirklich, kichern – und vor lauter Schreck über das ungewohnte Geräusch schlage ich mir die Hand vor den Mund. Seit der Turner-and-Newall Stipendienausschuss zugestimmt hat, dass ich mein Stipendium im Januar nach Birkbeck verlegen darf, fühle ich mich ungeheuer erleichtert. Endlich ist ein Ende meines Daseins in dieser unbehaglichen Atmosphäre in Sicht, auch wenn es mir leidtut, meine Forschung zurückzulassen. Und Ray.

»Tja, der Tag ist gekommen, Ray.«

Er strahlt. »Schätze, Sie haben schon was Konkretes im Sinn?«

»Habe ich.« Ich grinse zurück.

»Bitte sagen Sie, dass es nichts mit dem Schälen von Orangen zu tun hat.«

Eines besonders warmen Juninachmittags war Ray der Verzweiflung nahe gewesen, weil er das Gefühl hatte, er würde nie fertig werden mit den Patterson-Berechnungen, und dann hatte er mir gestanden, dass ihm eigentlich auch gar nicht klar sei, wie diese ganzen Zahlen je die Struktur der A-Form offenbaren sollten. Ich war eine Zeit lang wie erstarrt gewesen, völlig ratlos, wie ich ihm die dreidimensionale Form bloß veranschaulichen könnte, die ich selbst so klar vor Augen hatte. Dann war mir plötzlich etwas grell Orangenes ins Auge gestochen und ich hatte eine Idee. »Darf ich?«, hatte ich gefragt und die Navelorange genommen, die auf Rays Papieren lag.

»Nur zu«, hatte er gemeint und mir zugesehen, wie ich die Frucht mit einem scharfen Labormesser schälte. Während die Schale spiralförmig zu Boden fiel, erklärte ich ihm, wie wir über unsere Messungen und Zahlen letztlich auf eine dreidimensionale Form wie diese kommen würden. Oder eben auch nicht, wie es für die A-Form immer wahrscheinlicher schien.

»Was die B-Form betrifft, wird unsere Struktur sehr wahrscheinlich genauso aussehen wie diese Orangenschale. Die A-Form könnte der B-Form durchaus ähneln, aber letztlich wissen wir nicht, wie sie aussieht.«

Wir müssen lachen bei der Erinnerung an jenen Tag mit der Orangenschale. »Nein, das würde ich Ihnen nicht noch einmal antun. Der Streich, den ich meine, ist eher eine Art Gedenkfeier für einen verstorbenen Freund: die Helixstruktur der A-Form.«

In den letzten Wochen, seit ich Anfang Mai dieses perfekte Foto – Foto 51 – der B-Form gemacht habe, haben wir alles darangesetzt, auch die A-Form abschließend beurteilen zu können, immer noch in der Hoffnung, dass auch sie eine Helixstruktur aufweist oder uns zumindest etwas mehr über die B-Form verrät. Womit wir es bei der B-Form zu tun haben, wissen wir genau – mit einer Helix, daran besteht kein Zweifel. Aber sosehr wir uns auch bemühen und so tief wir auch in die Patterson-Berechnungen einsteigen, die Bilder der A-Form lassen einfach nicht klar auf eine Helix schließen. Die komplexe Vielfalt der Kristalle dieser Form bildet einfach keine Muster, die mit dieser Struktur übereinstimmen würden. Aber nur wenn man die tatsächliche Form herausfindet, kann man auch ihre Funktion verstehen.

Ich muss den Spekulationen jetzt ein Ende setzen. Auch unabhängig von Wilkins Hetze gegen mich und den leidgeprüften Ray, weil wir uns weigern, einzulenken und ihm einfach zuzustimmen, dass es sich um eine Helix handelt.

»Eine Gedenkfeier?«, fragt Ray und sieht jetzt eher verwirrt als vergnügt aus.

»Genau«, sage ich. »Wir sind uns doch einig, dass unsere Berechnungen der A-Form nicht auf eine Helixstruktur schließen lassen, richtig?«

»Richtig. Zumindest nicht in dieser Phase, und in der befinden wir uns gefühlt seit einer Ewigkeit.«

»Und das steht im kompletten Gegensatz zu unserer Überzeugung, was die B-Form betrifft, die ja allem Anschein nach eine perfekte Helix darstellt, stimmt's?«

»Absolut.«

»Sind Sie also bereit, die A-Form zur ewigen Ruhe zu betten, zumindest gegenüber den Wissenschaftlern am King's? Oder uns zumindest die Verfechter einer Helixstruktur der A-Form für eine Weile vom Hals zu schaffen, damit wir frei von ihren Schikanen weitermachen können?«

Er knallt einen Stapel Papiere auf den Tisch und ruft: »Unbedingt!«

Armer Kerl, denke ich. Sich so unermüdlich und immer gut gelaunt mit einer derartigen vermeintlichen Sisyphusarbeit abkämpfen zu müssen. Was für ein Glück, ihn zum Assistenten zu haben, in so vieler Hinsicht.

Ich schiebe eine kurze Mitteilung, die ich mit meinem Füllfederhalter auf eine Karteikarte geschrieben habe, über den mit allerlei Formeln, Kritzeleien und ellenlangen Berechnungen übersäten Labortisch. Es ist ein Abschiedsbrief an die Hoffnung, die A-Form könnte etwas anderes als kristallin sein, der ich durch die schwarze Umrandung das Aussehen einer Traueranzeige verliehen habe.

Ich verkünde darin, hinreichend zerknirscht, versteht sich, den »Tod der Helix«, die nach langer Krankheit nun von uns gegangen ist, gefolgt von einer Einladung zur Gedenkfeier, bei der ihr Tod gebührend betrauert wird.

»Das ist genial, Rosalind. Auch wenn wir natürlich nichts dergleichen wirklich wissen. Zumindest nicht mit Sicherheit«, sagt Ray mit einem anerkennenden Pfiff, nachdem er sich die Karte angesehen hat. »Wirklich gut.«

»Das ist ja genau der Punkt. Es geht eben darum, den ganzen müßigen Spekulationen ein Ende zu setzen und damit auch den ganzen perfiden Schikanen. Und uns dadurch zu ermöglichen, ungestört mit unserer Analyse weiterzumachen und eine gründliche, sachkundige Studie *beider* Formen durchzuführen, bevor wir uns in den Bau eines Modells oder in irgendwelche haltlosen Schlussfolgerungen stürzen. Nur so kann Wissenschaft aufrichtig betrieben werden.« Genau das ist der Kern meiner wissenschaftlichen Ausbildung – unermüdlich arbeiten, sorgsam agieren.

Ray nickt auffallend bedächtig. Für jemanden, der sonst so überschwänglich ist, wirkt sein Gesicht seltsam verschlossen und düster. »Ihnen ist klar, dass Wilkins ausrasten wird?«

Bin ich zu weit gegangen? Bringe ich Ray damit in eine zu kompromittierende Lage? Der arme Kerl vollzieht ohnehin schon einen Drahtseilakt, ist andauernd hin- und hergescheucht zwischen Wilkins und mir. Und dabei weiß er noch nicht einmal von meinem bevorstehenden Weggang, der für ihn vermutlich eine gewisse Abhängigkeit von Wilkins mit sich bringen wird.

Ich nehme die Karte an mich. »Schon gut, Sie haben recht.

Ich bin zu weit gegangen, das war genauso idiotisch und unreif, wie man es von diesem dämlichen Seeds normalerweise kennt.«

Ray reißt mir die Karte aus der Hand. »Nein. Sie sind da wirklich an was dran. Das mit der Zeremonie und der Bekanntmachung ist doch nur ein kleiner Akademikerscherz, das hat nichts mit dem beleidigenden Zeug zu tun, das Seeds sonst so von sich gibt.« Sein Gesicht hellt sich wieder auf. »Außerdem sind Sie selbst oft genug zur Zielscheibe seiner Späße und auch von Wilkins' Gerede und seinem Drängen geworden. Ihre Arbeit ...«

»*Unsere* Arbeit«, unterbreche ich ihn. In jeder einzelnen Publikation, die wir über unsere Forschung veröffentlichen, wird Rays Name direkt neben meinem stehen. Jede Arbeit hat in vollem Umfang gewürdigt zu werden, egal, welche Position derоder diejenige innehat, das ist meine feste Überzeugung.

»Unsere Arbeit«, räumt er ein, auch wenn ihm klar ist, dass mir, weil er noch keinen Doktortitel hat, mehr Anerkennung dafür zuteilwerden wird als ihm, »unsere Arbeit jedenfalls ist jetzt lang genug von Wilkins durch den Dreck gezogen worden, intern wie extern. Wir haben schließlich den Beweis«, dabei gestikuliert er in Richtung der sich auf den Labortischen und meinem Schreibtisch stapelnden Berechnungen, »es ist höchste Zeit, dass er endlich aufhört, an Ihnen herumzumäkeln und so zu tun, als wäre es sein Projekt.«

Ich bin überrascht, wie emotional er ist und wie sehr er hinter mir steht. Der umgängliche Ray, der so oft für gute Laune sorgt, hat bewiesen, zu welchem Großmut er fähig ist. *Tja, wer ist jetzt wohl König Artus?*, denke ich wehmütig. Als Einzelkämpferin unter all den männlichen Wissenschaftlern und innerhalb meiner Familie bin ich so sehr daran gewöhnt, für mich selbst einzustehen, dass mich sein Gefühlsausbruch wirklich berührt. Ohne darüber nachzudenken und ohne den Extratakt, der meine Impulse in Schach halten soll, tue ich etwas, was ich an einer Hand abzählen kann, so selten habe ich mich dazu hinreißen lassen. Ich umarme Ray für einen kurzen Augenblick.

»Entschuldigen Sie, Ray«, stammle ich, peinlich berührt und mit glühenden Wangen, »es ist nur, ich habe ...«

Ray, der merkt, wie unbehaglich mir zumute ist, meint: »Alles in Ordnung. Ich sage nur die Wahrheit, und das wissen wir beide.« Dann, während er in Richtung meiner roten Wangen nickt, zeichnet sich ein breites Grinsen auf seinem Gesicht ab. »Abgesehen davon, dürfen wir Seeds auf keinen Fall eine weitere Chance bieten, Sie Rosy zu nennen.«

KAPITEL 34

4. Oktober 1952
London

»Ich habe gehört, es gibt jetzt auch am Cavendish einen Pauling«, sagt Ray, als er mit zwei dampfenden Tassen Kaffee in der Hand zurück ins Labor kommt, die uns durch diesen langen, zahlenbeladenen Nachmittag bringen sollen. Ohne Ray wäre ich heillos abgeschnitten von jeglichem Tratsch innerhalb und außerhalb des King's, vor allem seit meinem kleinen Scherz mit der Gedenkfeier, den Wilkins nicht besonders witzig fand; seither sind seine Barrikaden nur noch höher und breiter geworden und die Wachen schärfer.

»Ich dachte, Linus Pauling hätte ein Ausreiseverbot für Amerika. Irgendein Quatsch von wegen seiner politischen Einstellung?«, sage ich. Randall hat Pauling immer noch nicht verziehen, dass er ihn um unsere DNA-Bilder gebeten hatte, um auf deren Basis ein Modell analog zu seinem Proteinmodell zu bauen, und genauso wenig habe ich Wilkins verziehen, dass er Pauling gegenüber meinte, ich hätte nicht vor, meine eigenen Bilder zu analysieren. *Oje*, denke ich. Die Nachricht wird Randall erst einmal verdauen müssen, das ist ein echter Gewinn für Cambridge.

»Wie hat es das Cavendish hinbekommen, dass er ausreisen durfte, und womit haben sie ihn vom Caltech weggelockt?«

»Es geht nicht um Linus Pauling, sondern um seinen Sohn Peter.«

Ich lehne mich ein Stück zurück und schiebe mir den Bleistift hinters Ohr. Interessante Entwicklung; ich kann mir sehr gut vorstellen, wie die Wissenschaftler am Cavendish – allen voran Crick und Watson – vor lauter Begeisterung, Paulings Sohn abbekommen zu haben, die Gläser klirren lassen. Ich wette, Crick und Watson haben längst ausgetüftelt, wie sie Informationen über seinen Vater aus ihm herauskitzeln wollen, den sie ja regelrecht vergöttern wegen seiner erfolgreichen Modelle. Aber etwas so Niederträchtiges würde ich nie laut sagen. Zumindest nicht ohne Beweise.

»Was für eine Art Wissenschaftler ist er denn?«, frage ich stattdessen.

»Ich bin nicht ganz sicher, die Grenzen zwischen den Disziplinen verschwimmen ja heutzutage immer mehr. Er soll wohl bei Kendrew studieren. Also vermutlich Molekularbiologe?«

»Und woher wissen Sie das alles?«

Ray nimmt einen großen Schluck Kaffee und meint dann: »Der übliche Weg.«

»Der Pub?«

»Genau, aber dann hatte ich es glatt wieder vergessen, bis ich zufällig Wilkins mit einem seiner Kumpels am Kaffeestand über den neuen Pauling plaudern hörte. Ich dachte, das könnte Sie interessieren.«

»Das weiß ich wirklich zu schätzen, Ray«, sage ich leise. Manchmal glaube ich, er ist der Einzige, der wirklich zu mir steht. Klar, ich habe Freda, aber da sie das Fotolabor leitet, wohin sich Wilkins nur selten verirrt, bewegt sich unsere Freundschaft außerhalb meiner Fehde mit Wilkins.

Mitten im nächsten Schluck hält Ray plötzlich inne. Liegt ihm noch etwas auf der Zunge? Gibt es noch etwas zu berichten?

»Sie wissen ja, dass Wilkins die Wochenenden häufig in Cambridge verbringt. Er ist inzwischen eng mit Crick und dessen Frau Odile befreundet und wohnt dann auch entweder bei ihm oder bei Watson. Und dann treffen sich alle in ihrem Lieblingspub in Cambridge, dem Eagle.«

»Das wundert mich gar nicht«, sage ich und frage mich, woher sein anfängliches Zögern rührte. Ich hatte schon vermutet, dass Wilkins und Crick sich nahestehen, auch wenn ich nicht damit gerechnet hatte, dass sie inzwischen auch die Wochenenden miteinander verbringen.

»Wilkins hat inzwischen wohl auch diesen Peter Pauling kennengelernt, denn der ist häufig sonntags zusammen mit Wilkins und Watson zum Mittagessen bei den Cricks.«

Aha, denke ich. *Hatte ich's doch geahnt.* Sie versuchen also an Informationen über die Arbeit des alten Pauling an Molekülmodellen und an seine Erkenntnisse über Helices zu kommen. Nur wozu? Bragg, der Leiter des Cavendish, hat ihnen die Arbeit an der DNA ja deutlich untersagt.

Aber das spreche ich nicht laut aus. Manche Vermutungen behalte ich lieber für mich, selbst Ray gegenüber. »Was für eine schräge Truppe. Mir tut nur Cricks Frau leid«, sage ich stattdessen.

»Ich habe Wilkins zufällig sagen hören, dass sie allesamt hoffen, Bragg davon überzeugen zu können, sein Verbot über die Forschung an der DNA aufzuheben.«

Das Gewicht seiner Aussage drückt mich in die Stuhllehne. Ich spüre förmlich, wie Wilkins und seine Mitstreiter mir im Nacken sitzen, spüre ihre Hände an meinem Rücken, wie sie mich anschieben, wie sie mich in ein Rennen drängen, an dem ich nie teilnehmen wollte. Oder mich gleich aus der Bahn werfen. Ich kann es kaum noch erwarten, diesen vergifteten Ort zu verlassen. Stünde ich nicht so kurz vor dem Abschluss meines Projektes und dem Ende meiner Zeit am King's, ich würde wohl noch heute das Handtuch werfen und gehen. Aber vor allem anderen bin ich nun mal Wissenschaftlerin.

Ray starrt mich an. Als ich seinen zerknirschten Ausdruck wahrnehme und seinen erwartungsvollen Blick, wird mir bewusst, dass ich ihn in meine Pläne einweihen muss. Er ist ein so treuer Assistent und loyaler Freund, er hat es verdient, über meinen Fortgang Bescheid zu wissen und seine eigenen Vorkehrungen treffen zu können. Trotzdem dreht sich mir der Magen um bei der Vorstellung, ihn zu enttäuschen.

»Ich muss Ihnen etwas sagen, Ray.«

»Ja?« Seine Augen weiten sich und wirken so unschuldig, dass ich mich zwingen muss weiterzusprechen.

»Ich verlasse das King's. Ich werde am Birkbeck unter Bernal arbeiten.«

Hat er gerade nach Luft gerungen? Oh Hilfe. Ich bin ja normalerweise unerschütterlich in Gefühlsangelegenheiten, aber das hier ist wirklich herzergreifend. Wie kann ich ihn nur im Stich lassen, wo er sich immer und immer wieder hinter mich gestellt hat?

Einen langen Moment sagt keiner von uns ein Wort. »Ist es wirklich so schlimm?«, fragt er, und seine Stimme zittert ein wenig.

»Gäbe es Sie nicht, wäre ich schon lange weg. Nur wegen Ihrer Unterstützung – als Wissenschaftler und als Freund – habe ich es hier fast zwei Jahre ausgehalten. Und es tut mir so leid, Sie jetzt im Stich zu lassen.«

»Oh, Rosalind.« Er lässt sich auf den nächstgelegenen Stuhl sinken.

»Mir ist bewusst, dass Sie sich nicht gerade beliebt gemacht haben dadurch, dass Sie zu mir gehalten haben ...«

»Bitte, machen Sie sich deshalb keine Gedanken. Sie sind im Recht, ich musste mich einfach hinter Sie stellen.«

»Sie sind wirklich zu liebenswürdig, Ray.« Ich schüttle den Kopf. »Manchmal frage ich mich, wie sich die Sache mit Wilkins nur so schlecht entwickeln konnte.«

»Und ich frage mich manchmal, ob nicht alles mit unerwiderten Gefühlen auf Wilkins' Seite begann«, erwidert Ray mit dem Anflug eines Lächelns.

Ich bin baff. Meint er das ernst? Nein, das kann er nicht ernst meinen; ich weiß doch noch genau, wie angespannt mein Verhältnis zu Wilkins von Anfang an war. Oder ist das wieder mal eine meiner typischen Fehleinschätzungen? Nein, er muss Witze machen.

»Das ist nicht lustig, Ray.«

»Ich will auch gar nicht lustig sein«, erwidert er. Die Bestürzung muss mir deutlich anzusehen sein, denn er fügt eilig hinzu: »Aber das ist natürlich alles nur Spekulation meinerseits, Rosalind. Es gibt keine Beweise dafür.«

»Da bin ich aber froh«, sage ich erleichtert. »Es tut mir wirklich furchtbar leid, Sie so zurückzulassen, vor allem jetzt, wo wir so kurz davor sind, unsere Arbeit abzuschließen und alles zu Papier zu bringen.«

»Ehrlich gesagt bin ich einfach nur traurig, dass Sie gehen. Von allen Wissenschaftlern, mit denen ich je zusammengearbeitet habe, sind Sie die beste und die engagierteste dazu. Es ist schrecklich, dass Sie Ihre Arbeit an der DNA nicht abschließen können, wo Sie sich so dafür eingesetzt und so viel durchgemacht haben.«

Ich schlage mir seinen befremdlichen Kommentar zu Wilkins endgültig aus dem Kopf und meine: »Es spricht nichts dagegen, dass wir beide noch ein paar Aufsätze über unsere Ergebnisse verfassen, bevor ich gehe.«

»Wirklich?« Als er aufsteht, ist das Funkeln in seinen Augen zurück.

»Natürlich. Ich gehe davon aus, dass wir zwei oder drei Aufsätze in der *Acta Crystallographica* oder *Nature* veröffentlichen können, und ich werde alles in meiner Macht Stehende tun, damit Sie Ihre Dissertation abschließen können. Auch nach meinem Weggang. Angesichts der knappen Zeit ...«

»Wann gehen Sie denn?«, unterbricht er mich.

»Irgendwann im Januar oder Februar. Sie werden einen neuen

Doktorvater brauchen, der Sie bis zum Ende der Promotion begleitet, aber bis dahin werden wir beide sicher auch noch ein gutes Stück vorankommen. Und wer weiß? Vielleicht gestattet mir Randall ja, Sie auch vom Birkbeck aus weiter zu betreuen. Es wäre mir eine Freude.«

»Das würde mir sehr viel bedeuten, Rosalind.«

»Nach allem, was wir durchgemacht haben, überlasse ich Sie doch nicht den Wölfen.« Ich lächle, aber das Lächeln vergeht mir, als ich an Rays Theorie über Wilkins und seine Gefühle denke. »Und mit Wölfen meine ich Wilkins und sein Rudel.«

KAPITEL 35

12. Dezember 1952
London

Hinter dem kleinen Streifen Horizont, der vom Esszimmerfenster meiner Eltern aus zu sehen ist, verschwinden die letzten goldenen Spuren der Wintersonne. In Gebetshaltung legt Papa seine Hände auf die jahrhundertealte silbern glänzende Menora, die schon seit Generationen in seiner Familie weitergegeben wird. Bevor er die Kerze anzündet, die den ersten Chanukka-Abend symbolisiert, rezitiert er die ersten beiden rituellen Segenssprüche, einen für die Heiligung der Anhänger Gottes durch die Gebote und einen für die Wunder, die unseren Vorfahren widerfahren sind. Da ich dem Glauben meines Vaters nicht anhänge und Wunder eher für Fehlkalkulationen und Missverständnisse halte, ist mir der letzte Segen, der nur am ersten Chanukka-Tag gesprochen wird, der liebste: Baruch atah Adonai, Elohenu Melech ha'olam, shehecheyanu, v'kiyimanu, v'higiyanu la'zman hazeh. Ich glaube zwar nicht, dass Gott uns das Leben geschenkt hat und uns am Leben hält, wie es darin heißt, aber an die Unantastbarkeit des Lebens glaube ich schon. Glaube ist in meinen Augen etwas für diese Welt – nämlich der Glaube, dass wir alles daransetzen sollten, um das Leben zu verstehen und besser zu machen, in meinem Fall durch die Brille der Wissenschaft – und dafür schließe ich jetzt die Augen und bete, zu wem oder was auch immer.

Dann entzündet mein Vater die Kerze ganz rechts in der Menora und ich sehe zu, wie ihr Schein die Gesichter meiner erweiterten Familie erstrahlen lässt. Nicht nur mein geliebter Bruder Colin und seine Frau Charlotte, meine Schwester Jenifer und mein Bruder Roland mit seiner Frau sind heute Abend bei uns, sondern auch Tante Mamie und ihr Mann Norman sowie Tante Alice. Nur David fehlt, er verbringt das Chanukka-Fest dieses Jahr bei der Familie seiner Frau. Ich betrachte sie der Reihe nach und denke daran, wie unterschiedlich und gleichzeitig verbunden wir alle doch sind, genau wie die einzelnen Bestandteile der DNA. Würde ich doch nur begreifen, wie die beiden Stränge zusammengesetzt sind – welche Einsichten hätte ich in die Welt meiner Familie und die unsichtbare Welt unserer Gene!

Als alle Segenssprüche gesagt sind, wird Mama allmählich nervös. Ob die Gerichte wohl gelungen sind, die sie der Köchin aufgetragen hat, ob die Hausmädchen das Essen auch anständig servieren, ob mein Vater auch zufrieden sein wird? Wie immer, wenn ich mitbekomme, wie sie ihre eigene Meinung und ihre Überzeugungen zugunsten derer meines Vaters zurückstellt, schaudert mich, wobei es ihr selbst überhaupt nichts auszumachen scheint. Nicht zum ersten Mal frage ich mich, ob mich deshalb die Einsamkeit des Wissenschaftlerdaseins so stark anspricht. Ich könnte mich nie so aufgeben, und ich würde es auch niemals wollen. Aber genau das scheint eine Ehe zu erfordern.

Ich kann Mamas Lamentieren nicht länger mit ansehen und gehe hinüber zu den großflächigen schrägen Fenstern, die den Blick auf die Baumwipfel von Kensington Garden ein paar Blocks weiter freigeben, wo mein Kindermädchen Nannie Griffiths uns immer zum Spielen hinbrachte. Wobei dieser dunkle, stürmische Abend kaum etwas mit den heiteren, hellen Nachmittagen zu tun hat, an denen ich mit meinen Geschwistern rund um den Round Pond und die Peter-Pan-Statue im Park herumtollte. Manchmal fühlt sich das eher gemütliche denn luxuriöse vierstöckige Townhouse meiner Eltern nach der behaglichen Geborgenheit meiner Kindheit und einem zu klein gewordenen Käfig zugleich an. Plötzlich verspüre ich den Drang, von hier fortzugehen. Wie bald, frage ich mich, kann ich das wohl tatsächlich tun, ohne jemanden vor den Kopf zu stoßen? Eher spüre ich die Anwesenheit eines anderen Menschen, als dass ich ihn sehe. Als ich mich umdrehe, habe ich das elegante Profil meiner Lieblingstante Mamie vor mir. Während ich meine Tante Alice, da unsere Wohnungen nicht weit voneinander entfernt liegen, seit meiner Rückkehr nach London bei gegenseitigen Besuchen lieben und schätzen gelernt habe, bewundere ich Mamie, die ältere Schwester meines Vaters, für ihren Intellekt und ihre politische Arbeit. Ihre mütterliche Unterstützung und ihr Zuspruch bedeuten mir sehr viel; sie sind mein Ersatz für die Anerkennung, die mir meine Mutter vorenthält oder von der ich zumindest glaube, dass sie sie mir vorenthält.

Wir lächeln uns an. »Alles in Ordnung, Rosalind?«

»Natürlich, Tante Mamie«, antworte ich. »Warum fragst du?«

»Du siehst nicht ganz gesund aus. Übermüdet vielleicht? Macht dir das King's College zu schaffen?«

»Die Arbeit an sich ist fantastisch, aber die Atmosphäre, ehrlich gesagt, also ...« Ich zögere. Will ich das Thema wirklich jetzt hochkommen lassen? Wo meine Eltern so nah sind? Ich schenke ihr ein halbes Lächeln und liefere eine Kurzfassung der Situation. »Du weißt ja vermutlich, wie es ist, in einer Männerwelt zu leben.«

Ihre warme Hand liegt auf meinem Unterarm. »Das weiß ich sehr wohl, liebste Nichte. Es kann ziemlich belastend sein, als eine der wenigen Frauen im County Council zu sitzen, das wird für dich in der Wissenschaft nicht anders sein. Aber wenn wir etwas bewirken und mit gutem Beispiel vorangehen wollen, dann müssen wir dieses Opfer bringen.«

»Natürlich, Tante Mamie. Genau das sage ich mir ja auch immer, wenn sich die Schwierigkeiten mal wieder türmen.«

»Braves Mädchen«, meint sie und tätschelt meinen Arm. Aus Tante Mamies Mund finde ich den Ausdruck irgendwie ermutigend. Aber als Watson ihn von sich gab, hätte ich platzen können vor Wut. »Du hast doch bestimmt irgendein tolles Winterabenteuer vor dir, das dich wieder aufmuntert. Deine Pläne scheinen sich ja von Jahr zu Jahr zu übertreffen.«

Wieder zögere ich. Dieses Jahr habe ich einfach nicht die Energie aufgebracht, eine Reise zu planen, geschweige denn zu unternehmen. Bin ich wegen all dem Stress mit Wilkins so ausgelaugt oder wegen meiner Schuldgefühle, weil ich Ray habe hängen lassen? Ich schaffe es gerade noch so, diesen Sprint zu Ende zu bringen und dabei meine Kritiker halbwegs auf Abstand zu halten und die Konkurrenz abzuhängen. Ich bastle mir eine annehmbare Antwort für meine Tante zurecht, in der ich die Wahrheit streife, ohne dabei das ganze Grauen meines Ringens offenzulegen. »Bleibt das unter uns? Ich ertrage gerade keine einzige Belehrung meines Vaters über meine Entscheidungen mehr.«

»Das bleibt unter uns. Obwohl dein Vater ja überzeugt ist, dass er dich beschützt mit seinen althergebrachten Ansichten.«

Ohne weiter auf ihren Kommentar zu Papas Motiven einzugehen – ich weiß ja, dass er es gut meint –, sage ich: »Das Stipendium am King's hat mir aus wissenschaftlicher Sicht fantastische Chancen eröffnet, aber der Preis, als Frau gerade an dieser speziellen Einrichtung zu arbeiten, ist einfach zu hoch. Mir ist eine bessere Stelle am Birkbeck angeboten worden, wo die Atmosphäre deutlich angenehmer ist. Aber bevor ich nächsten oder übernächsten Monat dorthin wechsle, muss ich noch einen ganzen Berg an Forschung erledigen. Da bleibt leider nur wenig Zeit für Urlaub.«

Ihrem Blick nach zu urteilen, kann Tante Mamie meine Lage

besser einschätzen, als ich gehofft hatte. Erste Fragen bilden sich auf ihren Lippen, aber ausnahmsweise rettet mich Mamas Rufen: »Rosalind? Mamie? Es ist so weit, wir können essen.«

Für mich ist der Platz am Ende des langen Esstischs reserviert, gegenüber von meinem Vater. Im Kreise meiner Schwester, meiner Tanten und meiner Schwägerinnen nehme ich eine Bestandsaufnahme des Festmahls vor. Auf dem Tisch sind die üblichen Chanukka-Gerichte ausgebreitet – von der aromatischen Rinderbrust bis hin zu den perfekt knusprigen Latkes –, daneben gibt es aber auch ein traditionell englisches Abendessen, falls wir der Festtagskost überdrüssig werden sollten. Das Kerzenlicht flackert, das Porzellan funkelt und alle scheinen von innen heraus zu leuchten durch die warme Atmosphäre dieses Festtags. In Momenten wie diesem bezweifle ich manchmal, ob ich – bei aller Liebe und allem Engagement für die Wissenschaft – tatsächlich die richtige Entscheidung getroffen habe. Sollte ich nicht doch besser den Weg einschlagen, den meine Familie für mich vorgezeichnet hat und der so vielen Jüdinnen und Juden in diesem entsetzlichen Krieg von den Nazis geraubt wurde? Bin ich es ihnen allen nicht schuldig, die Franklin-Tradition in ihrem Namen weiterzuführen?

Aber dann sehe ich mir an, wie die Frauen am Tisch ihre eigenen Teller erst dann befüllen, wenn sie ihre Männer und Brüder gut bedient wissen, und wie sie auch während des restlichen Mahls auf deren Bedürfnisse achten. Selbst Mamie, eine echte Größe in ihrem politischen Umfeld, macht sich in Gegenwart dieser Männer irgendwie klein – was sich in ihrer Stimme, ihrer Meinung, ihrem ganzen Wesen niederschlägt. Ich kann dieses Leben der Selbstreduktion nicht führen, auch wenn es auf seine Weise einen noblen, tradierten Ursprung haben mag. Ich bin Wissenschaftlerin, zuallererst und für alle Zeit, und damit muss ich weitermachen, in ihrem Namen und für die Menschheit.

KAPITEL 36

15. Dezember 1952
London

Gib's zu, denke ich. *Jetzt hast du dich doch noch freiwillig auf ein Rennen eingelassen.* Nicht den Wettbewerb, dem ich unwissentlich mit dem Eintritt ins King's College beigetreten bin, meine ich, sondern dass ich es schaffe, meine Arbeit noch vor meinen Wechsel ans Birkbeck abzuschließen. Und Ray bis zur Ziellinie mitzuziehen.

Dafür bleibt mir nur eines: Scheuklappen anlegen und so gut wie meine gesamte Zeit im Labor und im Büro verbringen, auch wenn ich damit Papas Zorn riskiere. Denn ich werde auf Familienessen verzichten müssen, auf den Tee mit meinen Tanten, die obligatorischen gesellschaftlichen Verpflichtungen für das Working Men's College, Papas liebste Wohltätigkeitsorganisation, und sogar auf Ausflüge mit Ursula, der ich normalerweise nie absage. Ich muss mich jetzt ganz und gar auf meine Aufgabe konzentrieren. Nur von Randall werde ich mich ablenken lassen, denn ich möchte auf keinen Fall durch irgendwelche offenen Verpflichtungen ihm oder dem King's gegenüber noch länger an diesen Ort gefesselt sein.

Ray und ich stehen da wie Tiere im Zoo, die auf ihre Besucher warten. Heute findet im King's die Jahrestagung des Biophysikausschusses des Medical Research Council statt, und nach dem Mittagessen sollen wir Wissenschaftler uns von zwei bis vier Uhr nachmittags den Ausschussmitgliedern für Fragen zur Verfügung halten und ihnen unsere Labors zeigen. Wir sollen brillieren und charmant sein und bestens über die Projekte informiert sein, die in dem heute Morgen an die Ausschussmitglieder verteilten Bericht beschrieben sind. Das Material dafür auf Randalls Geheiß hin zusammenzustellen, hatte mich über Gebühr in Aufregung versetzt; ich hasse es, Daten im Vorfeld meiner Publikationen herauszugeben. Aber welche Wahl habe ich schon? Das ist nun mal Teil des Prozesses, um die für den Fortbestand der Abteilung notwendigen Gelder zu sichern.

Ich kann es kaum erwarten, dass der Tag zu Ende geht. Ein Blick zu Ray zeigt mir, dass er sich genauso unwohl fühlt, wie er da in seinem gestärkten Laborkittel Versuche nachstellt. Ein Lachanfall überkommt mich, das Schauspiel ist einfach zu albern, und Ray lässt sich anstecken. Wir halten uns förmlich die Bäuche vor Lachen, als ich jemanden das Labor betreten höre.

»Na so was aber auch. So viel Spaß haben *meine* Wissenschaftler normalerweise nicht. Ich muss unbedingt Professor Randall nach seinem Geheimnis fragen.« Eine tiefe Stimme mit deutschem Akzent hallt durch den Raum. Ich blicke zur Tür und sehe Max Perutz vom Cavendish das Labor betreten. Was tut er hier? Gehört er etwa dem Medical Research Council an beziehungsweise dessen Ausschuss für Biophysik?

»Wir freuen uns eben über unsere Entdeckungen«, sage ich, immer noch mit einem Grinsen im Gesicht.

»Genau deshalb bin ich schnurstracks hierhergekommen nach dem Essen. Ich habe heute Morgen den Bericht über Ihre Forschung gelesen und bin ausgesprochen neugierig geworden«, sagt Perutz. Und dann, als würde er meine unausgesprochene Frage beantworten, fügt er hinzu: »Ich gehöre dem Ausschuss an.«

Mein Körper verspannt sich noch im selben Augenblick. Bei der Cavendish-Konferenz vor eineinhalb Jahren hatte sich Perutz kaum für meine Forschung interessiert. Was ist geschehen seither? Ist meine Arbeit aus irgendwelchen Gründen interessanter für ihn geworden oder ist er tatsächlich nur in seiner offiziellen Funktion als Mitglied des Ausschusses hier? Oder ist irgendetwas ganz anderes im Gange, wie Ray ja schon angedeutet hat?

Ray, immer feinfühlig für meine Stimmung, schaltet sich ein: »Genau deshalb sind wir hier. Um Ihre Fragen zu beantworten.«

»Und Sie sind?«, fragt Perutz etwas brüsk.

Nur wenige Dinge können Rays Freundlichkeit erschüttern – ein herablassender Tonfall gehört nicht dazu. Dafür bewundere ich ihn, ich wünschte, ich wäre solchen Geringschätzungen gegenüber ähnlich unempfindlich.

»Mein Name ist Raymond Gosling, und es ist mir eine Ehre, als Dr. Franklins Assistent tätig zu sein«, antwortet er mit gewinnendem Lächeln.

Perutz nickt abwesend, als würde es ihn eigentlich gar nicht interessieren, wer Ray ist, und richtet seinen intensiven Blick wieder ganz auf mich. »Der Beschreibung in dem Bericht zufolge hört es sich ganz so an, als stünden Sie kurz vor einer größeren Entdeckung, Miss Franklin. Wenn Sie nicht sogar schon darüber hinausgeschossen sind.«

»Worauf genau beziehen Sie sich, Dr. Perutz?« Den »Doktor« betone ich extra, um zu unterstreichen, dass er mich mit »Miss« angesprochen hat statt mit dem eigentlich angemessenen »Doktor«. Ich kann mir schon denken, dass er minutiöse Informationen über die Struktur der DNA von mir hören will, möchte aber auf keinen Fall ein Gespräch anregen, in dem ich ausgefragt werde. Genau deshalb hatte ich mich so unwohl damit gefühlt, meine Arbeit für Randalls Bericht niederzuschreiben. Ich will sie nun mal erst dann mit der erweiterten wissenschaftlichen Welt und der Öffentlichkeit teilen, wenn sie abgeschlossen und in einer Zeitschrift veröffentlicht ist. Punkt.

»Ich würde gerne mit Ihnen darüber sprechen, wie es zu Ihrer

Entdeckung der A- und B-Formen der DNA kam, über die Verfahren, mit denen Sie die beiden Formen untersucht haben, einschließlich der kristallographischen sowie mathematischen und wissenschaftlichen Analyse der Bilder, und außerdem hätte ich gerne nähere Informationen über die Elementarzelle, also über die in Ihrem Bericht enthaltenen Daten hinaus. Vielleicht könnten Sie mir Länge, Breite und Winkel der Elementarzelle nennen?«

Was um alles in der Welt will Perutz mit diesen minutiösen Details anfangen? Wenn ein Wissenschaftler eine so detaillierte Beschreibung erfragt, dann aus genau einem Grund: Er hat selbst Verwendung für die Daten. Nur hat der Leiter von Perutz' Abteilung, der berühmte Lawrence Bragg, ja mit Randall vereinbart, dass dort eben *nicht* an der DNA gearbeitet wird. *Rätselhaft*, denke ich. Ich kann schlecht um eine Erklärung bitten, ohne Perutz vor den Kopf zu stoßen, trotzdem fühle ich mich extrem unwohl dabei, weitere Informationen herauszugeben. Ray, der erfasst hat, was in mir vorgeht, öffnet schon den Mund, um für mich zu antworten. Aber ich weiß, ich muss selbst reagieren.

»Ich wünschte, ich könnte entgegenkommender sein, Dr. Perutz. Nur stecken wir leider noch mitten in den Untersuchungen. Zu diesem Zeitpunkt detaillierte Informationen herauszugeben, wäre verfrüht, um nicht zu sagen unprofessionell.« Ich versuche ein Lächeln, das hoffentlich nicht zur Grimasse gerät. »Ich bin aber sehr gerne bereit zu einem allgemeinen Gespräch über die in dem Bericht behandelten Themen und ich zeige Ihnen auch gerne unsere Ausrüstung.«

So, wie er die Augenbrauen hochzieht und vor mir zurückweicht, ist Perutz offensichtlich sprachlos angesichts meiner Reaktion. Als Leiter eines großen Labors in Cambridge ist er es vermutlich nicht gewohnt, zurückgewiesen zu werden. Schon gar nicht von einer Frau.

»Man kann also eine baldige Publikation des Berichts in einer wissenschaftlichen Zeitschrift erwarten?«

»Sobald es aus wissenschaftlicher Perspektive angezeigt ist, ja.«

Er nickt, dann macht er kehrt, um das Labor zu verlassen. Als ich gerade erleichtert aufseufzen will, dreht er sich noch einmal um zu mir, als wäre ihm gerade noch etwas eingefallen. Als wäre die nächste Frage nicht der eigentliche Grund für seinen Besuch in meinem Labor.

»Dürfte ich vielleicht noch ein paar Ihrer Kristallographiebilder sehen? Die sollen ja höchst bemerkenswert sein.«

Ich werfe Ray einen schnellen Blick zu und sehe, dass wir dasselbe denken. Bei den wenigen Menschen, die unsere kristallographischen Röntgenbilder zu Gesicht bekommen haben, ist die Zahl der Kandidaten, die Perutz etwas über die Qualität der Bilder hätten sagen können, verschwindend gering.

»Vielen Dank für das Kompliment, Dr. Perutz. Wer hat Ihnen denn von den Bildern erzählt?«

Überraschenderweise wird Perutz rot, und statt zu bestätigen, dass Randall der Wichtigtuer ist, der die Informationen über meine Bilder verbreitet hat, so wie ich es vermute, stammelt er: »D-Das weiß ich nicht mehr.«

War es also doch nicht Randall, der ihm von Foto 51 und den anderen Bildern berichtet hat?

»Seltsam. Nun, wenn es aus wissenschaftlicher Sicht angebracht ist, unsere« – ich werfe Ray einen Blick zu – »Bilder mit der breiten Öffentlichkeit zu teilen, werde ich dafür sorgen, dass Sie als einer der Ersten Zugang dazu bekommen.«

KAPITEL 37

28. Januar 1953
London

Beim heutigen Nachmittagstee geht es deutlich weniger ausgelassen zu als üblich. Anfangs kommt mir Randalls Stimmung zwar nicht besonders merkwürdig oder anders vor als sonst, und dann bin ich abgelenkt von den Überlegungen zur Gestaltung meines Modells; denn endlich habe ich den Eindruck, dass unsere Forschung weit genug gediehen ist, um diesen nächsten Schritt in Angriff zu nehmen. Ray dagegen bemerkt Randalls Gemütszustand durchaus, er lehnt sich zu mir und flüstert: »King John ist offensichtlich eine Laus über die Leber gelaufen.«
Ich sehe zu Randall hinüber und stimme Ray zu: Er scheint wirklich nicht bei bester Laune zu sein. Statt der üblichen Witzeleien und heiteren Schwätzchen schleicht er stumm um die Teestation. »Stimmt«, meint Freda, die neben uns steht. »Er wirkt irgendwie rastlos oder sogar sauer.« Wie schön wäre es doch gewesen, hätte ich mehr mit Freda und weniger mit Wilkins und seinen Kumpanen zu tun gehabt. Meine Zeit am King's hätte auch völlig anders verlaufen können.
»Lasst uns uns zusammensetzen, Leute«, ruft Randall.
Das Murmeln im Raum verstummt, und Wissenschaftler wie Assistenten begeben sich zum Teetisch, wo Randall Hof hält. Ich sehe mich nach Wilkins um und entdecke ihn am Ende des Raumes, flankiert von den üblichen Gefolgsleuten.
»Ich habe heute ziemlich beunruhigende Nachrichten von den Kollegen vom Cavendish erhalten.«

Ray und ich werfen uns einen Blick zu, und ich frage mich, ob er dasselbe denkt wie ich. Ob die »beunruhigenden Nachrichten« wohl eine Erklärung für Perutz' eigenartigen Besuch in meinem Labor liefern werden?

»Es kursiert ja schon ein paar Wochen das Gerücht, dass Linus Pauling« – Randall spricht den Namen wie einen Fluch aus und lässt keinen Zweifel daran, was er hält von dem Mann – »sich von den Proteinen ab- und der DNA zugewandt hat. Bis zur heutigen Nachricht von Sir Lawrence Bragg habe ich nicht viel darauf gegeben. Aber heute ließ Bragg mich ohne Umschweife wissen, dass Pauling in den kommenden Wochen in den *Proceedings of the National Academy of Sciences* eine Arbeit über die Struktur der DNA veröffentlichen wird.«

Nein, denke ich. Wie sollte Pauling das Rätsel vor uns gelöst haben? Nach allem, was man hört, hat er sich bis vor Kurzem ausschließlich mit Proteinen beschäftigt, und dass er über keine röntgenkristallographischen Beweise für die DNA-Struktur verfügt, geht ja schon aus seiner Bitte um *meine* Bilder hervor. Warum sollte ein geschätzter Wissenschaftler wie er eine so überstürzte Antwort auf ein so gigantisches Rätsel liefern, mit dem er sich noch dazu kaum beschäftigt hat bisher? Und auf welche Daten sollte er sich stützen, um eines seiner berühmten Modelle zu bauen? Soweit ich weiß, bin ich die Einzige, die über entsprechende Daten verfügt.

»Woher will Bragg überhaupt wissen, was Pauling vorhat?«, ruft jemand. »Die beiden sind ja nicht gerade beste Freunde.« Die Anspielung auf die schon lange bestehende Rivalität zwischen den beiden ist nicht unberechtigt. Warum sollte Bragg im Vorfeld von Paulings Aufsatz erfahren?

Dann fällt es mir wieder ein.

»Paulings Sohn Peter arbeitet für Perutz am Cavendish. Sir Lawrence hat es aus erster Hand erfahren, direkt von Paulings Sohn. Damit besteht kein Zweifel an der Sache«, sagt Randall.

Die respektvolle Ruhe im Konferenzraum weicht einem Stimmengewirr, als die Meldung in der Abteilung die Runde macht. Randall hebt die Hand. »Ruhe, Leute. Ich bin noch nicht fertig.« »Die Nachricht ist erschütternd, gelinde gesagt, und mehr als befremdlich. Bevor ich auf die Konsequenzen für unsere Abteilung eingehe, möchte ich Sie wissen lassen, wie ich den Inhalt seines Aufsatzes verstehe. Wir müssen wissen, womit wir es zu tun haben.«

Mir dreht sich der Magen um, während Randall sich räuspert. Welche Annahmen mag Pauling über die DNA getroffen haben? Wissenschaft ist kein Wettrennen, dafür habe ich mich oft genug starkgemacht, aber dass Pauling diesen Sprint gewinnt, ohne all die mühsame Arbeit, die Ray und ich hinter uns haben, möchte ich dann doch nicht. Das widerspricht einfach meinem Sinn für Gerechtigkeit und Fairness, zumal jetzt, wo meine Zeit hier so gut wie abgelaufen ist. Ich habe Bernal ohnehin schon um ein paar zusätzliche Wochen über den ursprünglich vereinbarten Termin am ersten Januar hinaus gebeten, um vor meinem Wechsel ans Birkbeck meine Arbeit an der DNA abzuschließen; viel mehr werde ich nicht herausholen können.

»Offenbar geht Pauling davon aus, dass die Struktur der DNA eine dreisträngige Helix mit den Phosphaten in der Mitte ist. Er hat dazu eines seiner berühmten Modelle gebaut.« Der Spott ist deutlich aus Randalls Tonfall herauszuhören.

Eine Helix, ja, da hat er recht, auch wenn ich nicht weiß, wie er darauf gekommen ist ohne meine Bilder. Aber dreisträngig? Phosphate in der Mitte? Das sind genau dieselben Fehler, die auch Crick und Watson bei ihrem unglückseligen Modell gemacht haben. Am liebsten würde ich Hurra schreien, beschränke mich aber auf ein angedeutetes Lächeln zu Ray hinüber.

Statt mein Lächeln zu erwidern, stellt mein loyaler Assistent Randall eine Frage. »Und handelt es sich um ionisierte Phosphate?«

Niemand außer uns beiden kann ermessen, was wirklich hinter dieser Frage steckt. Wurden die Phosphate nämlich nicht durch das Hinzufügen der elektrischen Ladung, die Phosphate durch Wasser erhalten, ionisiert, dann wäre das ein weiterer Hinweis darauf, dass Paulings Modell falsch ist.

Randall blickt irritiert auf seine Notizen und meint dann: »Nein, ich glaube nicht. Ich werde das überprüfen.«

Ray und ich werfen uns einen Blick zu, innerlich aus dem Häuschen vor Begeisterung über Paulings Fehler. Er wird also doch nicht der Erste sein, der die *wahre* Struktur der DNA aufdeckt, auch wenn ihm ein noch so brillanter Ruf vorauseilt. Pauling liegt komplett daneben, so viel ist jetzt klar, und auch wenn wir es vielleicht der wissenschaftlichen Community überlassen müssen, den großen Mann und sein Modell zu Fall zu bringen, haben wir immer noch eine Chance. Und sind so nah dran.

Selbst Randall hat die Tragweite dessen, was er gerade gesagt hat, nicht begriffen. »Pauling bringt einige überzeugende Argumente für die Bedeutung der DNA – die vergleichbar mit der der Proteine sei, wie er sagt – und ihre Rolle bei der Weitergabe der Erbeigenschaften, dem eigentlichen Kern des Lebens.« Dann atmet er einmal tief durch und fährt fort: »Selbstredend ist die Nachricht über Paulings Arbeit an sich schon niederschmetternd genug. Aber das ist nicht alles. Die bevorstehende Publikation hat eine noch weitere unerfreuliche Auswirkung.«

Oh nein. Hoffentlich ist es nicht das, was ich denke. Denn das wäre so viel schlimmer als eine stark fehlerbehaftete Publikation über die Struktur der DNA allein.

Mit jedem weiteren Wort nimmt die Wut in Randalls Stimme zu. »Lawrence Bragg hat, nachdem er ja vor einiger Zeit schon einen Teil des Rennens um die Proteine an Linus Pauling verloren hat, offenbar nicht die Absicht, sich auch noch im Rennen um die DNA geschlagen zu geben. Daher hat Bragg nun beschlossen, das mit mir vereinbarte Gentleman's Agreement zwischen dem King's und dem Cavendish zu brechen. Er hat die Anweisung, dass am Cavendish nicht an der DNA gearbeitet wird, aufgehoben und seinen Wissenschaftlern freie Bahn gegeben – und das, wo wir seit Jahren daran arbeiten und so gut wie am Ziel sind.«

Jemand japst nach Luft. Ehrlich gesagt bin ich überrascht, dass nicht kollektiv nach Luft gejapst wird. Denn ein Gentleman's Agreement zu brechen, um an einem Gegenstand forschen zu können, an dem längst in dem anderen Labor gearbeitet wird, das *macht man einfach nicht* in der Wissenschaft.

Randall fährt fort: »Von nun an treten unsere Labors also offiziell *beide* im Wettlauf um die Aufklärung der DNA-Struktur an – wenn es sein muss, auch gegeneinander.«

KAPITEL 38

30. Januar 1953
London

Mein Labor liegt im Dunkeln. Die Jalousien sind heruntergelassen und die Türen geschlossen, ich will ungestört und konzentriert meinen Untersuchungen nachgehen. Die Flecken und Punkte auf dem Bild sollen zu mir sprechen, sie sollen mich einweihen in die Geheimnisse ihrer Struktur. *Wir müssen uns beeilen*, flüstere ich ihnen zu. *Ich habe nicht mehr viel Zeit.*
Ich platziere eine Fotografie auf dem Lichtkasten. Als ich mich auf die Muster fokussiere, beginnen sich die Spiralen vor meinen Augen zu entfalten, und ich erkenne die sie verbindenden und zusammenhaltenden Ketten. Und dann sehe ich plötzlich gar nichts mehr. Das Labor ist in gleißendes Licht getaucht, die Erscheinung ist verschwunden.
Ich blinzle, während sich meine Augen an die Helligkeit gewöhnen, und sehe zur Labortür hin. Eine schlaksige Gestalt steht dort, mit einem aufgebauschten Lockenschopf. Als ich wieder klar sehen kann, erkenne ich, wer sich da uneingeladen in mein Labor gewagt und es noch nicht einmal für nötig befunden hat anzuklopfen. James Watson.
»Was tun Sie hier?«, blaffe ich ihn an, und ausnahmsweise mache ich mir keine Vorwürfe, mich nicht beherrscht zu haben. Watson hat jede einzelne schroffe Bemerkung verdient, die ich ihm entgegenschleudern könnte – für seine Unhöflichkeit in diesem Moment und die Herablassung, die er mir gegenüber schon seit Längerem an den Tag legt.

»Auch hallo«, gibt er zurück in seinem nasalen amerikanischen Akzent.

Ich beschließe, seine pampige Erwiderung zu ignorieren. »Kann ich Ihnen helfen?«

»Wissen Sie, Rosy, ich bin hier nicht zufällig hereingestolpert.«

»Ich heiße nicht Rosy.«

Seine Augenbrauen ziehen sich irritiert zusammen. »Tut mir leid, ich dachte wirklich, das ist Ihr üblicher Spitzname.«

Ich kann zwar keinen Spott in seinem Tonfall erkennen, aber das zieht noch lange keine Unschuldsvermutung nach sich. Ich weiß schließlich, woher der Name »Rosy« kommt, und ich kann mir das abfällige Geläster über mich beim Bier in einem Cambridger Pub lebhaft vorstellen. »Mein Name ist Rosalind Franklin, und abgesehen davon bewegen wir uns wohl kaum auf einer Ebene, auf der wir uns mit Spitznamen ansprechen würden. Sie können mich Dr. Franklin nennen.« Ich bestehe nur selten auf dieser förmlichen Anrede, aber gerade jetzt und gerade ihm gegenüber scheint es mir mehr als angebracht.

»Na gut, Dr. Franklin, ich stehe hier jedenfalls nicht zufällig in Ihrem Büro.«

»Obwohl Sie nicht angemeldet sind.«

»Tut mir leid, dass ich so hereingeplatzt bin, aber das Licht war aus und die Tür war nur angelehnt.«

»Ich bin ziemlich sicher, dass die Tür nicht angelehnt war. Ich habe nämlich ganz bewusst alle Türen und Läden geschlossen, um die Bilder auf dem Lichtkasten besser zu sehen. Sie haben einfach die Tür geöffnet, ohne anzuklopfen, und als Sie sahen, dass das Labor im Dunkeln lag und anscheinend niemand da war, sind Sie eingetreten.«

Watson ist wie erstarrt, und ich nutze die Pause.

»Daraus lässt sich leicht schließen, dass Sie nicht nach mir gesucht haben, sondern nach etwas in meinem Labor«, sage ich und habe auch schon eine Vermutung, was ihn hier hergelockt haben könnte. Meine Aufzeichnungen und meine Bilder nämlich. Die Daten, die ihn weiterbringen in diesem Wettlauf, jetzt, wo auch das Cavendish offiziell eingestiegen ist, wobei ich ja vermute, dass sie insgeheim ohnehin schon die ganze Zeit im Rennen waren. Aber so weit will ich nicht gehen, nicht mal Watson gegenüber. Ich habe schließlich keine Beweise für meine aufwieglerischen Anschuldigungen.

»Ganz falsch.« Er greift in seine Tasche und holt ein zusammengerolltes Päckchen heraus. »Ich wollte eigentlich nur fragen, ob Sie Paulings Manuskript lesen wollen. Ein Friedensangebot, wenn Sie so wollen.«

Natürlich würde ich das Manuskript gerne vor seiner Veröffentlichung lesen, aber die Genugtuung werde ich ihm nicht geben. Sein Angebot ist doch nur eine List, ein simples Vertuschungsmanöver, um sein illegales Auftauchen in meinem Labor zu rechtfertigen. Hält er mich wirklich für so einfältig?

»Ich muss Paulings Aufsatz nicht erst lesen, um zu wissen, dass er komplett falschliegt.«

»Ach nein?« Er scheint überrascht. Ich bin sicher, dass er die erstbeste Gelegenheit genutzt und den Aufsatz längst gelesen hat, ihn aber erst jetzt allmählich begreift. Seine Kenntnisse und Erfahrungen mit der DNA sind ja doch sehr oberflächlich.

»Nein.« Ich erlaube mir ein Schmunzeln. »Sein Modell sieht schließlich genauso aus wie Ihres. Und das hätte falscher nicht sein können.«

Sein sonst so jungenhaftes Gesicht verzieht sich vor Wut. »Ach, Sie haben doch keine Ahnung. Sie sind doch völlig hoffnungslos in Ihre kristallographischen Interpretationen verstrickt. Wenn Sie nur etwas Verstand hätten, würden Sie sich mal mit der Theorie dahinter befassen, dann würden Sie nämlich auch zu dem Schluss kommen, dass die A- und B-Formen der DNA Helices sind und dass die Abweichungen von den Bildern mit der

Struktur dieser Helices zu tun haben und mit deren Eingebettetsein in kristalline Leitern. Lassen Sie Ihre verdammten Röntgenstrahlen und Ihren Faktenwahn doch einfach mal bleiben.«

Fassungslos sitze ich da. Woher kommen diese Wut und dieser Schwall an Beleidigungen? Hat er das alles aus einer von Wilkins' Tiraden übernommen oder steckt seine eigene Unsicherheit dahinter? Sein Auftritt ist jedenfalls mehr als unprofessionell, er ist unhöflich und in höchstem Maße beleidigend. Wut steigt in mir auf, aber dann wird mir die Komik der Situation bewusst – wie dieser unerfahrene Frischling mich der Nutzlosigkeit beschuldigt – und ich muss lachen.

»Das ist ja ein starkes Stück – ausgerechnet von Ihnen, dem vermutlich einzigen Wissenschafter da draußen, der keinen Wert auf harte Fakten legt. Und das, wo Sie doch selbst so ein Weltklasse-Kristallograph sind. Sie haben doch selbst lange und hart an der Erforschung der DNA gearbeitet und mit ihr experimentiert, oder nicht?«, höhne ich, doch dann höre ich auf, so zu tun, als wüsste ich nicht, was hier vor sich geht. »Wie können Sie es wagen?«, sage ich und gehe auf ihn zu. »Wie können Sie es wagen, sich in mein Büro zu schleichen und, als Sie erwischt werden, so zu tun, als würden Sie mir ein Geschenk vorbeibringen, wo Sie mich in Wahrheit hintergehen? Das hier ist *mein* Labor, in *meiner* Abteilung für Biophysik, und Sie haben es widerrechtlich betreten.«

Ich gehe noch einen Schritt auf ihn zu, aber er rührt sich nicht vom Fleck. Er ist über einen Meter achtzig groß und ich frage mich, ob ich nicht gerade einen Riesenfehler begehe. Ray wird nicht vor dem späteren Nachmittag zurück sein, und wie Randall ja explizit betonte, ist unser Raum extrem abgelegen. Würde mich überhaupt jemand hören, wenn ich schreie? Und würde Watson etwas tun, das mich zum Schreien brächte?

Aber darüber kann ich jetzt nicht weiter nachdenken. Ich muss die Sache durchziehen.

»Wir wissen doch beide, warum Sie hier sind. Kaum hat Bragg das Verbot über die DNA-Forschung aufgehoben, sind Sie Dauergast am King's, dem Zentrum der DNA-Forschung. Das kann kein Zufall sein. Ich habe Sie gestern hier gesehen und zwei Tage zuvor auch schon. Professor Randall ist es sogar so leid, Sie in unserem Fachbereich herumhängen zu sehen«, hier mache ich eine kurze Pause, um diesen kleinen Leckerbissen, das Abwenden des berühmten Randall, auch gebührend wirken zu lassen, »dass er Wilkins befohlen hat, dafür zu sorgen, dass Sie ihm nicht mehr unter die Augen kommen.«

Seine Augen weiten sich, aber einen Rückzieher macht er nicht. »Was werfen Sie mir eigentlich vor, Rosy?«

»Was haben Sie sich denn zuschulden kommen lassen, Jimmy?«

Dann hallt eine männliche Stimme durch den leeren Gang vor meinem Büro. Nichts würde ich mir sehnlicher wünschen, als dass Randall jetzt in meiner Tür erschiene. Zumal, da ich ihm inzwischen in einer sehr interessanten Diskussion die Fehler in Paulings Modell und seinem Manuskript dargelegt habe. Randalls miese Laune war danach wie weggeblasen gewesen und er hatte mir freie Bahn gegeben, meine Arbeit so schnell wie möglich zu Ende zu bringen. Denn jetzt hat er die Chance auf einen Sieg wieder klar vor Augen – den Sieg in einem Rennen, an dem ich immer noch nicht teilnehmen will.

Für Watson dagegen ist Randall vermutlich der Letzte, dem er jetzt über den Weg laufen will, zumal Randall sehr wahrscheinlich die gleichen Schlussfolgerungen ziehen würde wie ich. Und so stürmt er, kaum dass die Stimme auf dem Gang ertönt ist, ohne ein weiteres Wort quer durch das Labor und aus der Tür.

KAPITEL 39

31. Januar 1953
London

Die Sonne ist noch nicht ganz aufgegangen, als ich am nächsten Morgen, einem Samstag, meine Bürotür aufschließe. Es fällt mir zunehmend schwerer, samstags früh aufzustehen. Normalerweise schließe ich mein Büro und mein Labor nicht ab, aber die gestrige Auseinandersetzung mit Watson hat mich verunsichert. Wie entschlossen mag er sein, das DNA-Rennen doch noch für sich zu entscheiden, jetzt, da er Braggs Erlaubnis hat und sich Paulings Theorie als falsch erwiesen hat? Würde er sich tatsächlich ohne meine Erlaubnis meine Ergebnisse ansehen? Wie weit würde er gehen? Watson sieht sich definitiv als Erster die Ziellinie passieren, mit Crick und wem auch immer noch an seiner Seite. Aber dafür braucht er Daten, und ich bin die Einzige, die diese Daten hat.

Ich lasse den Blick durch mein Büro und das Labor schweifen – alles scheint unberührt. Nachdem ich mir einen Kaffee *à labo* aufgebrüht habe, lege ich los und mache mich auf einen langen Arbeitstag gefasst. Bernal hat zugestimmt, meinen Arbeitsbeginn im Birkbeck auf Mitte März zu verschieben – als spätesten Zeitpunkt; bis dahin muss ich nicht nur die Modelle der A- und der B-Form fertigstellen, sondern auch die drei Aufsätze über meine Arbeit am King's, die ich im April gemeinsam mit Ray veröffentlichen will. Im ersten Aufsatz, dem wir die schärfsten Bilder beilegen werden, die Ray und ich von beiden Formen aufgenommen haben, gebe ich meine Entdeckung der beiden DNA-Formen sowie die Bedingungen für den Übergang von der trockenen zur kristallinen Form bekannt. Der zweite Aufsatz enthält sämtliche röntgenkristallographischen Daten und Messungen der A-Form der letzten sechs Monate, und im letzten Aufsatz fasse ich unsere Forschung zur B-Form zusammen. Jeder einzelne dieser Aufsätze ist für sich genommen einzigartig und bedeutend und hat das Potenzial, Watson und Crick und wen auch immer am Cavendish in den Schatten stellen.

Während ich stapelweise Aufzeichnungen für die verschiedenen Aufsätze sortiere, höre ich eine Tür im Flur zuschlagen. In der plötzlichen Befürchtung, Watson könnte zurückkommen, erstarre ich. Aber dann fällt mir ein, dass man ja nur mit dem passenden Schlüssel ins Gebäude kommt und dass samstags jede Menge Wissenschaftler herkommen, und die Anspannung lässt nach.

Wirklich entspannt bin ich aber erst, als Ray kurz darauf seinen Kopf in die Tür steckt. »Gott sei Dank, Sie sind es. Ich habe mich schon gefragt, wer da auf dem Flur herumgeistert«, sage ich zur Begrüßung.

»Ich bin so froh, dass Sie hier sind.«

Ich muss lachen, aber der Witz in seiner Bemerkung ist ihm wohl entgangen. »Ich bin jedes Wochenende hier, Ray.«

»Natürlich. Das hätte ich mir denken können«, sagt er mit einer Andeutung seines gewohnten Lächelns.

»Stimmt, hätten Sie. Und was machen Sie hier?«, frage ich, immer noch dabei, meine Daten zu sortieren.

Er setzt sich mir und meinen Stapeln gegenüber auf einen Stuhl und stützt den Kopf in die Hände. Er antwortet nicht.

Ich halte inne und sehe zu ihm. Seine Augen sind blutunterlaufen; schwer zu sagen, ob es an der Uhrzeit oder vielleicht zu vielen Pints am gestrigen Abend liegt. Außerdem hat er eine Schwere an sich, die völlig im Widerspruch steht zu der Leichtigkeit, die er normalerweise in jeden Raum trägt, den er betritt. Irgendetwas ist ganz und gar nicht in Ordnung.

»Was ist los, Ray? Ist alles in Ordnung mit Ihnen?«

»Ich weiß nicht genau.« Seine Stimme ist zittrig.

»Sie können mir alles sagen.«

Er atmet tief durch. »Die Geschichte hat zwei Teile, ich habe nur bis gestern Abend nicht verstanden, wie sie zusammenpassen.«

»Na los, raus damit. Es ist sicher nicht so schlimm, wie Sie denken.«

»Oh doch, das ist es. Gestern Abend war ich mit Wilkins und seinen Kumpels im Pub, wie so oft. Aber diesmal war noch jemand anderes dabei – dieser Watson nämlich.«

»Oh nein.« Hätte ich ihm doch nur von meiner Begegnung mit Watson erzählt. Ich hatte es bewusst nicht getan, weil ich fürchtete, der wackere Ray hätte dem Kerl womöglich eine Ohrfeige verpasst, wäre er ihm in den Gängen des King's über den Weg gelaufen. Nie hätte ich damit gerechnet, dass Wilkins Watson mit ins Pub nimmt, jedenfalls nicht nach Randalls Reaktion.

»Oh doch. Nach ein paar Pints wurde Watsons Zunge locker und dann fing er an zu prahlen, wie *sein* Team am Cavendish – also vor allem er und Crick – das perfekte DNA-Modell bauen würden, erst die B-Form, dann eine helikale A-Form. Ich habe ihn aufgezogen damit und mich ein bisschen lustig gemacht wegen der gravierenden Fehler in ihrem ersten Modell. Aber das hat ihn nur noch angestachelt – das und die Pints natürlich – und dann hat er erzählt, inwiefern und warum dieses Modell anders sein würde.«

Ich bin gespannt, worauf das Ganze hinausläuft, und lehne ich mich auf meinem Stuhl nach vorne. Warum scheut er sich so, mir von der Sache zu erzählen? Weil er Watson entgegen seiner üblichen Gutmütigkeit provoziert hat? Dabei schätze ich seine Pubausflüge mit Wilkins doch gerade wegen solcher Insiderinformationen.

»Watson erwähnte dann unseren Fachbereichsbericht für das Medical Research Council. Und dann spuckte er alle möglichen Daten aus, die er für sein Modell verwenden wollte – *unsere* Daten.«

Langsam wird mir mulmig. »Aber wie ist er denn an den Bericht gekommen? Der war doch privat, nur für Mitglieder des Ausschusses.«

Wir sprechen den Namen gleichzeitig aus. »Perutz.« Es liegt auf der Hand, dass der Leiter des Fachbereichs für Biophysik, für den Watson und Crick arbeiten, seinen wichtigsten Wissenschaftlern den Bericht zur Verfügung stellen würde, sobald Bragg das Verbot der DNA-Arbeit aufgehoben hätte. Auch wenn es nicht in Ordnung ist. Denn Watson und Crick gehören definitiv nicht dem Fachbereichsausschuss für Biophysik des Medical Research Council an.

Ein Bild von Perutz taucht vor meinem geistigen Auge auf, und ich besinne mich. »Aber Perutz scheint rechtschaffen zu sein. Es fällt mir schwer zu glauben, dass er eine solche Grenze überschreiten und Crick und Watson den Bericht aushändigen würde. Könnte nicht Wilkins den Bericht in die Hände bekommen und ihn an die beiden weitergegeben haben?«

»Daran habe ich auch schon gedacht, aber ich bin nicht mal sicher, ob Wilkins den Abschlussbericht überhaupt hatte. Außerdem stand er während des Gesprächs genau neben uns, und ich konnte nicht den Anflug eines Schuldgefühls in seinem Gesicht ausmachen, und da waren auch keine seltsamen Blicke zwischen Watson und Wilkins.«

Ich vertraue Rays Einschätzung; er ist ein ausgezeichneter Menschenkenner. Ich stehe auf und gehe im Raum umher. »Wie auch immer Watson an den Bericht gekommen ist – er verschafft ihm und Crick einen Vorsprung, den sie nicht verdient haben. Aber was können wir tun? Von Crick und Watson verlangen, dass sie auf die Daten verzichten? Sie würden doch sicher bestreiten, sie überhaupt zu besitzen. Oder sollen wir bei Randall Beschwerde einlegen?«

»Randall hasst es, wenn gemeckert wird.«

»Stimmt schon. Aber fällt die unerlaubte Weitergabe wissenschaftlicher Informationen noch unter Gemeckere?«

»Da haben Sie auch wieder recht.«

»Ich hoffe natürlich, dass Crick und Watson den Bericht des Medical Research Council nicht haben, aber selbst wenn – er enthält ja ausschließlich sehr abstrakte Daten. Ich glaube kaum, dass sie darin die Details finden werden, die sie brauchen.« Sage ich das für mein eigenes Gefühl oder um Ray zu beruhigen? Denn dann kommt mir etwas in den Sinn. »Der Bericht enthält allerdings auch ein paar vorläufige Messungen des äußeren Rückgrats der Helix, in das vermutlich die Basen passen würden. Sollten sie sich tatsächlich an ein weiteres Modell wagen, könnten sich diese Informationen als hilfreich erweisen.«

»Oh nein«, murmelt Ray eher zu sich selbst und sieht zu Boden. »Aber das ist leider noch nicht alles, Rosalind. Das war ja nur der erste Teil der Geschichte.«

»Nein.« Ich setze mich wieder. Was kann denn jetzt noch kommen?

»Sie erinnern sich doch, dass Randall Ihre Bitte abgelehnt hat, meine Dissertation auch nach Ihrem Weggang weiter zu betreuen?«

»Ja, natürlich«, antworte ich. Ich weiß natürlich, dass es für einen Wissenschaftler unüblich ist, die Dissertation seines Doktoranden auch nach einem Wechsel an eine andere Universität weiter zu betreuen; aber ich dachte, wo unsere Forschung und Rays Dissertation schon so weit fortgeschritten sind, würde Randall bei uns vielleicht eine Ausnahme machen. Trotzdem kam seine Zurückweisung am Ende nicht sehr überraschend.

»Na ja, jedenfalls brauche ich jetzt einen neuen Betreuer, und der Einzige, der dafür infrage kommt, ist Wilkins«, sagt er und verzieht das Gesicht angesichts des unvermeidbaren Übels. »Letzte Woche habe ich mich mit ihm getroffen und er hat mich um Einblick in den aktuellen Stand meiner Arbeit gebeten, um zu sehen, ob er das Arbeitspensum einer Betreuung bewältigen könnte.«

»Ein ganz normaler Vorgang.«

»Ja.« Er nickt, aber meine Bestätigung scheint seine Stimmung nicht aufzuhellen. »Wir haben also meine Notizbücher und unsere Bilder durchgesehen. Und er hat sich sehr, sehr viel Zeit für das Foto 51 genommen, so viel Zeit, dass ich es schließlich bereute, ihm das Bild überhaupt gezeigt zu haben.«

»Das mussten Sie, Ray. Er hätte sonst vielleicht nicht zugestimmt, Sie zu übernehmen.«

»Ich weiß.« Nach einer Pause atmet er tief durch und fährt dann fort. »Ich fürchte nur, Wilkins' Vertrautheit mit unseren Bildern könnte gestern Abend zu einer unerfreulichen Wendung geführt haben.«

»Was meinen Sie damit?«

»Nachdem Watson gestern Abend verkündet hatte, dass er Zugang zum Bericht des MRC hat, haben er und Wilkins sich noch ein Pint geholt und dann eine Weile miteinander getuschelt. Sie haben sich ein Stück von der Gruppe entfernt, deshalb konnte ich nicht hören, was sie sagten. Als sie sich kurz darauf verabschiedeten, hörte ich noch, wie Wilkins zu einem der anderen meinte, er würde noch mal kurz beim Labor haltmachen, weil er etwas vergessen habe. Dann sind die beiden zusammen raus, Watson und Wilkins.«

Da Ray verstummt, gehe ich davon aus, dass das nun die Enthüllung war, auf die er die ganze Zeit hingearbeitet hatte. Nur fehlt mir die verheerende Tragweite, die er angedeutet hatte.

»Und?«, frage ich.

»Das ist Teil zwei der Geschichte. Ich habe keine Beweise, aber ich vermute, dass Wilkins Watson einen Teil unserer Forschungsergebnisse gezeigt hat. Unsere Aufzeichnungen oder unsere Bilder, ich weiß es nicht.«
Jetzt begreife ich, und mein mulmiges Gefühl wächst sich zur Übelkeit aus. Hat Watson jetzt also nicht nur den Bericht des MRC, sondern auch noch die Früchte unserer Arbeit in den Händen? Aber dann fällt mir etwas sehr Erbauliches ein.
»Keine Sorge, Ray. Ich habe das Labor und mein Büro gestern Abend abgesperrt«, sage ich und berichte dann von meinem Zusammentreffen mit Watson. »Du hättest dir also gar keine Sorgen machen müssen, dass Wilkins Watson unsere Ergebnisse gezeigt haben könnte.«
Aber Rays Gesichtsausdruck ist unverändert. Er wirkt sogar eher noch niedergeschlagener.
»Rosalind, Sie sind nicht die Einzige, die einen Schlüssel hat.«

KAPITEL 40

23. Februar 1953
London

Die nächsten drei Wochen sind von pausenloser panischer Arbeit geprägt, die phantomartigen Kojoten des Cavendish stets dicht an unseren Fersen wie der Hund von Baskerville in der Geschichte von Arthur Conan Doyle. Aber was sollten Ray und ich sonst tun? Es gibt keinen anderen Weg als den nach vorne. Unserem Verdacht können wir nicht nachgehen ohne klare Beweise für ein Vergehen. Kein echter Wissenschaftler stellt ohne Beweise in der Hand eine Behauptung auf, und wir sind nun mal in erster Linie Wissenschaftler.

Mein letzter Tag ist nun auf Freitag, den 13. März, festgelegt – ich kann das Birkbeck keinen einzigen Tag mehr über Montag, den 16. März, hinaus vertrösten – und Ray und mir gelingt es, die beiden Artikel für *Acta Crystallographica* sowie den dritten für *Nature* fertigzustellen und sie zur Veröffentlichung im April einzureichen. Ich hatte um ein früheres Erscheinungsdatum gebeten, doch das gehe nicht aufgrund zuvor getroffener Verpflichtungen, hieß es. Jetzt hoffen wir nur, dass unsere Aufsätze, die mehrere Neuentdeckungen über die DNA-Struktur enthüllen, publiziert werden, bevor das Cavendish irgendeinen auf der Basis unserer Forschung zusammengeschusterten Artikel einreicht. Nachdem Paulings Aufsatz in *Nature* wie erwartet zerlegt wurde, beschränkt sich das Rennen um die DNA-Struktur nun auf uns und das Cavendish.

In der Zwischenzeit beginnen Ray und ich mit dem Modellbau. Anhand unserer Fülle an Daten über beide Formen und einer abschließenden Bewertung der wissenschaftlichen Szenerie aus der Vogelperspektive hatte ich schließlich erkannt, dass es sich tatsächlich sowohl bei der A- als auch der B-Form um zweikettige Helices handelt. Auf Basis dieser hart erkämpften Schlussfolgerung gehen wir die letzte Phase an: Wir konstruieren die Paarungen der DNA-Komponenten Adenin, Cytosin, Guanin und Thymin und testen aus, welche Paarungen in die von mir ermittelten Abstände passen. Durch die Anordnung des Phosphatgerüsts nach außen und der Basen in die Mitte hoffe ich, das Muster zu erkennen und das Geheimnis zu lüften, wie sich die Erbmerkmale reproduzieren und weitergegeben werden. Ich weiß, dass ich so gut wie am Ziel bin; fast kann ich die Lösung am Rande meines Blickfelds erkennen. Ich muss nur weitermachen mit meiner Arbeit und mir die nötige Zeit dafür nehmen, dann werden sich mir die Zusammenhänge der Paarungen ganz von selbst offenbaren. Das Wissen darum, dass das Geheimnis des Lebens zum Greifen nahe ist, gibt mir enormen Auftrieb.

Sehr zum Verdruss meiner Eltern, die mich schon lange unbedingt sehen wollen, ist ein Besuch bei Adrienne, die wegen einer Präsentation auf Stippvisite in London ist, die einzige Arbeitspause, die ich mir zugestehe. Ich verlasse das King's unerhört früh für eine Verabredung zum Tee in ihrem Hotel, dem St. Ermin's, und mache auf dem Weg einen kurzen Abstecher nach Hause, um in eines meiner kaum getragenen modischen Kleider zu schlüpfen. Wie verloren sie doch aussehen, denke ich, als ich vor der geöffneten Schranktür stehe und die vier farbenfrohen Kleidungsstücke ansehe. Wann habe ich eigentlich das letzte Mal etwas anderes als eine weiße Bluse, einen dunklen Rock und einen Laborkittel darüber getragen? Bei unserem Chanukka-Festessen im Dezember? Ich kann mich nicht erinnern, so lange ist das schon her.

Im schicken Kleid, die Haare seitlich mit Kämmchen zurückgesteckt, die Nase gepudert und die sonst blanken Lippen tiefrot angemalt, betrachte ich mich im Spiegel. Wie abgemagert ich bin. Seit wann sehe ich eigentlich so dünn und müde aus? Und die dunklen Ringe unter den Augen wirken wie mit Kohle nachgezogen. Ich muss unbedingt Ursula anrufen und nach ihren Schminktipps fragen.

Und trotzdem bin ich so froh, meine Mentorin zu treffen, wie ich es nur sein kann. Würde sie doch nur in London leben. Ob die schreckliche Situation am King's, in der ich stecke, wohl durch ihre klugen und bedächtigen Ratschläge hätte vermieden werden können? Zwar haben Anne, Vittorio und Ursula – und sogar Colin und seine Frau – meine Notlage durchaus wahrgenommen und mit mir mitgefühlt, aber die starke, richtungsweisende Hand meiner Mentorin wäre dennoch von unschätzbarem Wert gewesen, allein schon, weil sie mit den Akteuren und Institutionen ebenso vertraut ist wie mit meiner ausweglosen Lage.

Ich steige aus dem Taxi, gehe am Portier vorbei und betrete die Lobby des St. Ermin's Hotels. Es ist zwar nicht ganz so luxuriös wie das Savoy, in dem ich schon zahllose *high teas* mit der Franklin-Familie genossen habe, aber es ist ausgesprochen attraktiv und hat eine bewegte Geschichte. Ich entdecke Adrienne auf der anderen Seite der Lobby, wo sie an einem gemütlichen Zweiertisch in der Nähe des Marmorkamins sitzt.

Freudestrahlend fallen wir uns bei unserem längst überfälligen Wiedersehen in die Arme. Als wir uns gesetzt haben, scheue ich mich plötzlich, ihr von den neuesten Entwicklungen im Wettlauf um die DNA zu berichten. Was wird sie sich bloß denken? Hat sie selbst es im Laufe ihrer jahrzehntelangen Karriere nicht geschafft, eine so miese Behandlung, wie ich sie jetzt erlebe, zu vermeiden? Habe ich doch etwas falsch gemacht, irgendeinen Fehltritt begangen, der dann in diese unüberwindbare Feindseligkeit mit Wilkins und den Wissenschaftlern am Cavendish führte? Plötzlich fürchte ich, dass ich wodurch auch immer selbst zum Verlauf beigetragen habe, den dieses Rennen um die DNA genommen hat.

Lieber erkundige ich mich in meinem schwer vernachlässigten Französisch nach ihrem Job und ihrer Tochter. Und als unsere Unterhaltung über Adriennes Themen verebbt ist, lenke ich das Gespräch mit ungewohntem Geschick auf Paris und Politik und Kunst und die Oper und alle denkbaren anderen Themen mit Ausnahme des King's und der DNA.

»Meinst du, ich merke nicht, dass du über alles Mögliche sprechen willst, nur nicht über dich?«, fragt sie schließlich. »Also, fangen wir mit deiner Familie an.«

»Es geht ihnen gut. Ich meine, sie sind eben wie immer.«

»In Bezug auf dich meinst du?«

»Genau. Sie sind immer noch fassungslos über meine Hingabe an die Wissenschaft und besorgt wegen meines Arbeitspensums.«

Sie kichert. »Und die Arbeit selbst, wie läuft's?«

Ich seufze und sacke in mich zusammen. All meine Energie ist in die Fassade geflossen, die ich für Adrienne aufrechterhalten habe, und jetzt, wo sie mich eiskalt erwischt hat, erschlaffe ich wie ein Luftballon. »Wo soll ich anfangen?«

»Vielleicht da, wo du das letzte Mal aufgehört hast? Als du vor einem Jahr in Paris warst, im Dezember. Deine Briefe sind einfach zu kurz, als dass ich davon ein vollständiges Bild bekäme.«

Paris. Allein der Name löst in mir schon eine wirre Mischung aus Freude und Verzweiflung aus. Die kollegiale Atmosphäre am *labo*, der Respekt meiner Kolleginnen *und* Kollegen, die Akzeptanz – oder sogar Wertschätzung – meiner ungewöhnlichen, unverblümten Art und dann natürlich die Stadt selbst. Wie soll ich jemals wieder einen Ort finden, der so gut zu mir passt?

Verdammter Jacques Mering. Verdammt, dass ich so leichtgläubig war, mich in ihn zu verlieben, und dann, als er meiner überdrüssig wurde und ich mich in seiner Gegenwart zunehmend unwohl fühlte, alles aufgegeben habe.

Tränen steigen mir in die Augen, aber die aufkommende Wut, als ich jetzt von Wilkins, Watson und Crick und der Ungerechtigkeit dieses idiotischen Rennens berichte, drängt sie zurück. Als ich fertig bin, meint Adrienne: »Ich kann sehen, wie diese Jagd dich aufgezehrt hat, du bist da wirklich mit einer *situation terrible* konfrontiert – schlimmer als alles, was ich bisher gehört habe. Aber du bist eben auch auf der Suche nach der Antwort auf eines der zentralen wissenschaftlichen Rätsel. Für viele ist das der Heilige Gral.«

Es überrascht mich, dass sie eine christliche Legende erwähnt, auch wenn die Erzählungen von König Artus vermutlich über das Christentum hinaus von literarischer Bedeutung sind. »Es ist aber nicht *mein* Heiliger Gral, Adrienne. Ja, es gab Momente, da hat mich die Bedeutsamkeit dieser Forschung mitgerissen. Und ja, es gab Momente, in denen ich mir vorstellte, wie ich die Geheimnisse der DNA entschlüssele und mit Auszeichnungen überhäuft werde, vor allem jetzt, wo ich so nah dran bin. Ich bin nur noch Wochen, höchstens zwei oder drei Monate davon entfernt, das Rätsel der DNA zu lösen. Und dennoch …«

Adrienne unterbricht mich auf die elegantestmögliche Art und Weise, sehr französisch: »Und dennoch musst du gehen.«

»Ja«, sage ich. »Zwei Jahre lang habe ich geschuftet, abgesehen von einem wunderbaren, loyalen Assistenten größtenteils allein, und in dieser ganzen Zeit bin ich von ein paar Kollegen privat und öffentlich schlechtgemacht worden. Und jetzt wird meine Forschung von meinen selbst ernannten Feinden einfach einkassiert, weil sie den ganzen Prozess abkürzen wollen durch ein Modell, das nicht auf unabhängiger Forschung, sondern auf meinen hart erarbeiteten Daten basiert – auf meinen Röntgenkristallographiebildern und auf all den Messungen, die ich zusammengetragen und in den Bericht für den Medical Research Council eingebracht habe. Ich kann diesen Wahnsinn nicht länger mitmachen, auch wenn das bedeutet, dass ich die Sache nicht zu Ende bringe. Und dass ich mein DNA-Modell nicht fertigstellen kann.«

»Ich sehe, wie sehr dir das alles zu schaffen macht, meine liebe Rosalind. Ich sehe es an deinen Augen, an deinem Gewicht, deinem Geist.« Sie streckt die Hand aus und streicht mir sanft über den Handrücken. »Trotzdem gefällt es mir nicht, dass dein Einsatz umsonst gewesen sein soll. Du hast dich voll und ganz hingegeben für diese Arbeit. Musst du wirklich gehen, bevor das Rennen entschieden ist?«

»Ich habe ein anderes Stellenangebot, Viren erforschen im Birkbeck unter Bernal. Es wird nicht das *labo* sein und London ist auch nicht Paris, da mache ich mir nichts vor. Und mein nagelneues, glänzendes, topmodernes Labor am King's gebe ich auch noch auf, für ein völlig chaotisches Labor in einem Townhouse. Aber es sieht ganz so aus, als könne ich dort gute, ehrliche Arbeit machen, zusammen mit Wissenschaftlern, die mich nicht abscheulich finden, und außerdem bewundere ich Bernals Vision von einer Wissenschaft, die den Grundbedürfnissen der Menschheit, wie Gesundheit und Gerechtigkeit, dient, auch wenn diese Ansichten von seiner marxistisch-kommunistischen Haltung herrühren. Und nachdem ich meinen Arbeitsbeginn sowieso schon um drei Monate verschoben habe, kann ich es nicht noch länger hinauszögern, sonst riskiere ich, die Sache in den Sand zu setzen.«

»Ja, dann ist es wohl unvermeidlich, *ma chère*«, sagt Adrienne leise und umarmt mich.

»Vielleicht ist das meine letzte und beste Chance, doch noch etwas von dem zu bekommen, was ich in Paris hatte«, flüstere ich in ihrer Umarmung.

KAPITEL 41

13. März 1953
London

»Wie kommen Sie dazu, dermaßen zu triumphieren? Es ist ja nicht so, dass *unser* Labor die goldene Gans gewonnen hat!« Randalls Stimme dröhnt durch den ganzen Korridor, und ich kann sehen, wie unsere Gruppe fast unisono zusammenzuckt angesichts seines unerwartet harschen Ausbruchs. Randall tut normalerweise sein Bestes, einen ausgeglichenen und umgänglichen Eindruck zu machen. Marianne, Freda und Alec gelingt es, ihr Unbehagen gleich wieder zu kaschieren, aber Ray fällt es schwer, seine Gefühle zu verbergen. Schließlich sind wir zu Recht besorgt. Was ist bloß los?

Die Gruppe ist anlässlich meines Abschiedsessens vor Randalls Büro zusammengekommen. Statt des üblichen Besuchs in der Cafeteria hat Randall einen fulminanten Lunch im Simpson's auf *The Strand* arrangiert, einem der ältesten Restaurants Londons, wo allen Rationierungsvorschriften zum Trotz immer noch ein anständiger Braten serviert wird. Eine unerwartet nette Geste für meinen letzten Tag am King's.

Als in Randalls Büro Schritte zu hören sind, tun wir schnell, als wären wir in ein Gespräch über das für die Jahreszeit ungewöhnlich warme Wetter vertieft. Zu meiner Überraschung und den Gesichtern der anderen nach zur Überraschung aller kommt Wilkins aus Randalls Büro. *Ihm* galt die Standpauke also. Ich hätte einen zerknirschten Gesichtsausdruck erwartet, doch Wilkins lächelt.

»Ah, wie schön, Sie alle zu sehen. Das spart mir eine Menge Zeit, um die Nachricht unters Volk zu bringen. Eine Fliege, eine Klappe, Sie wissen schon«, sagt Wilkins mit einem etwas zu strahlenden Lächeln.

Irgendwie schafft es Ray, über die Befremdlichkeit der Situation hinwegzusehen, und bringt ein Lächeln zustande. Vielleicht waren ja all die Abende im Pub – das Mitspielen und Zuhören – eine gute Übung für diesen Augenblick. »Ebenfalls schön, *Sie* zu sehen, Maurice. Worum geht es denn?«

»Ich war gestern Nachmittag im Cavendish. Kendrew hatte mich angerufen und gemeint, ich müsse unbedingt den nächsten Zug nehmen und mir ansehen, was Crick und Watson angestellt hätten.«

Kendrew hatte nur Wilkins herbeigeordert, um Cricks und Watsons Arbeit zu inspizieren? Das letzte Mal, als Kendrew uns dringend zum Cavendish beordert hatte, war ich ausdrücklich mit gemeint gewesen.

Mir dreht sich der Magen um, wenn ich an dieses letzte Mal denke, und ich habe das Gefühl, der ganze Raum schwankt. Wird er gleich aussprechen, was ich so fürchte? Was mich so sehr in Rage bringen und enttäuschen wird? Was sonst sollte Randall zu einer solchen Wut veranlassen? Andererseits kann ich mir nicht vorstellen, dass es wirklich wahr sein kann.

Die Haare fallen ihm in die Stirn, als Wilkins aufgeregt verkündet: »Sie haben es gelöst! Watson und Crick haben die letzten Bausteine der DNA-Struktur entdeckt! Dass die Phosphate die äußeren Stränge der Leiter bilden und die Basen wie Sprossen im Inneren liegen, wussten wir ja schon, aber jetzt haben Crick und Watson herausgefunden, dass die Sprossen, durch die die Geländer miteinander verbunden sind, jeweils durch die Basenpaare Adenin und Thymin sowie Guanin und Cytosin gebildet werden. Und das ist nicht alles – wenn sich die Stränge teilen, sucht sich jede Base ihre Komplementärbase, und so bilden sich neue Sprossen, identisch zu den alten.« Er dreht sich zu mir um und sieht mich mit unverhohlener Bosheit an. »Und dazu mussten sie einfach nur ein Modell bauen, worauf ich die ganze Zeit bestanden habe.«

Mir stockt der Atem, ich muss erst einmal verarbeiten, was Wilkins gerade über die DNA-Struktur gesagt hat, wobei mir auch sein Versäumnis auffällt, mir die Entdeckung über die Position der Phosphate an der Außenseite zuzuschreiben. Cricks und Watsons Entwurf ergibt Sinn, und für den Bruchteil einer Sekunde – noch bevor ich die Ungerechtigkeit der Situation erfasse und darüber nachdenke, wie unwichtig es sein sollte, wer diese Entdeckung nun zuerst gemacht hat – überrollt mich die schlichte Schönheit der inneren Struktur der DNA. Wie brillant und anmutig die Natur doch ist. Genau diese Lösung war mir am Rande meiner Betrachtungen immer wieder in den Sinn gekommen. Nachdem ich den Aufbau und die Maße der Helix längst entdeckt und auch schon eine Theorie über die Kombinationsmöglichkeiten der Basen aufgestellt hatte, war es nur noch ein kleiner Schritt zu den spezifischen Paarungen von Adenin, Thymin, Guanin und Cytosin. Hätte ich nur ein wenig mehr Zeit gehabt, wäre ich sicher auf dasselbe Ergebnis gekommen und hätte die komplette Lösung für mich beanspruchen können. Aber Zeit gehört eben auch zu den vielen Dingen, die Wilkins mir gestohlen hat.

Und ganz abgesehen davon: Wie können diese Emporkömmlinge es wagen, das Ergebnis als ihr Werk zu reklamieren? *Ich* bin diejenige, die nach zwei Jahren Forschung definitiv bewiesen hat, dass die DNA aus zwei helikalen Formen mit jeweils zwei Strängen und den Phosphatgruppen an der Außenseite besteht, *ich* habe sämtliche Messungen durchgeführt, die den Modellbau überhaupt erst ermöglicht haben. Ich stehe doch selbst kurz vor der Lösung des Rätsels um die innere Anordnung der DNA-Basen, ich baue doch längst mein eigenes Modell. Jetzt, wo ich darüber nachdenke, was für ein gemeines Täuschungsmanöver hinter Cricks und Watsons Modell steckt – was sie alles unternommen haben müssen, um ohne eigene Forschung an diesen Punkt zu gelangen –, kommen mir Wilkins und Ray und all die anderen plötzlich sehr weit weg vor. Ich höre zwar ihre Stimmen und sehe ihre Gesichter, aber es fühlt sich an, als befände ich mich unter Wasser und würde sanft in den Wellen treiben.

»Großer Gott, wie haben sie das bloß hinbekommen?«, fragt Ray mit gespielter Unwissenheit. Wir sind uns so ähnlich, fast wie aus demselben Holz geschnitzt. »Es ist doch keine sechs Wochen her, dass Bragg das Verbot, an der DNA zu forschen, aufgehoben hat.«

»Dann sind sie wohl schnell zu Ergebnissen gekommen«, erwidert Wilkins, dessen selbstgefälliges Grinsen gar nicht mehr aus seinem Gesicht weicht.

»Aber wie sollten sie innerhalb von sechs Wochen genügend Forschungsergebnisse über die DNA-Struktur zusammengetragen haben? Mit Ideen allein lässt sich kein Modell bauen.« Ray versucht ihn zu ködern, seine gespielte Irritation ist überzeugend. Niemand außer mir sieht, auf welchen Pfad er Wilkins führen will.

Dann tauche ich auf. Mit einem Schlag wird mir klar, wie schwerwiegend und schrecklich Wilkins' Verkündung ist. Ich kann Rays Spiel nicht mitspielen, und ich werde mich auch nicht am Riemen reißen. Das hat Wilkins nicht verdient. Der Mann wäre ja nicht einmal in der Lage, ein Modell richtig zu deuten oder ein ordentliches Röntgenbild zu erstellen – was er beides vermutlich nicht einmal versucht hat.

»Ich habe durchaus eine Vorstellung, wie sie an genügend Forschungsmaterial für ihr Modell gekommen sind«, sage ich sehr langsam und betont, damit nicht *ein* Wort untergeht. Dann blicke ich Wilkins eindringlich an. »Watson schnüffelt doch schon seit Wochen im King's herum.«

Wilkins wird feuerrot, offenbar habe ich voll ins Schwarze getroffen. »Nun, äh ... «

In diesem Moment stürmt Randall aus seinem Büro. »Ah, ich sehe, Maurice hat Ihnen seine *tollen* Neuigkeiten bereits mitgeteilt. Warum er so begeistert davon ist, ist mir zwar rätselhaft. Ich für meinen Teil bin stocksauer.«

Fast geschlossen senken wir den Blick. Niemand will ins Kreuzfeuer von Randalls seltenen Wutausbrüchen geraten. Wobei ich mich freue, Wilkins in Randalls Schusslinie zu sehen.

»Schöner Schlamassel, in dem wir da stecken. Nach zwei Jahren ist Rosalind so nah dran. Schon im kommenden Monat stehen Veröffentlichungen an, in denen sie ihre revolutionären Erkenntnisse darlegen wird. Und weil Bragg sein Versprechen gebrochen hat und Rosalind gehen muss ... « Randall blickt zu Wilkins, und ich könnte schwören, dass da ein Vorwurf in seinen Augen ist.

»Aber Sir«, schaltet sich Wilkins jetzt ein. »Ich hatte Ihnen doch von meiner Abmachung mit dem Cavendish erzählt.«

Nicht mit Crick oder Watson, sondern mit dem Cavendish. Jetzt, wo Randall hier ist, ist Wilkins sehr darauf bedacht, ihre Namen nicht zu erwähnen. Sicher will er Randall nicht ins Gedächtnis rufen, wie häufig sich Watson in letzter Zeit im King's hat blicken lassen und welch freundschaftliches Verhältnis er selbst zu Crick, Watson und Pauling junior entwickelt hat. Die logische Schlussfolgerung daraus wäre schließlich vernichtend.

»Das Cavendish wird ein Schreiben mit einem Bericht über ihr Modell und ihre Hypothese an *Nature* schicken, und wir, also das King's, werden in derselben Ausgabe ebenfalls ein Schreiben veröffentlichen. Auf die Weise wird auch der Anteil des King's öffentlich gemacht«, sagt Wilkins.

»Ich bin hier der Fachbereichsleiter, Maurice, nicht Sie. Ich bin hier der, der Abmachungen trifft. Das Cavendish hat unser Gentleman's Agreement gebrochen und sich als nicht vertrauenswürdig erwiesen. Sie hätten überhaupt keine Vereinbarung, über irgendwelche Veröffentlichungen treffen dürfen. Dazu hatten Sie de facto kein Recht.« Randalls Gesicht ist nahezu violett, und sein Markenzeichen, die Krawatte, hängt schief. Er dreht sich zu mir. »Rosalind, ich weiß, es ist Ihr letzter Tag, aber ich muss Sie dennoch um einen Gefallen bitten. Könnten Sie einen Nachtrag zu einem Ihrer Aufsätze über Ihre Erkenntnisse schreiben? Ich werde dafür sorgen, dass er in der gleichen Ausgabe von *Nature* veröffentlicht wird wie der Aufsatz von Crick und Watson.«

Ich könnte platzen, aber zumindest für den Moment muss ich meine Wut verdrängen. »Natürlich, Sir. Ich würde liebend gerne dafür sorgen, dass unsere zweijährige Forschungsarbeit hier am King's zumindest einen *Teil* der Anerkennung bekommt, die sie verdient. Ich hoffe, Ihnen ist bewusst, dass uns die komplette Anerkennung zuteilgeworden wäre, hätte man uns nur ein wenig mehr Zeit gelassen.«

KAPITEL 42

14. März 1953
London

»Sollten wir nicht feiern, Miss Rosalind? Dein Abschied vom King's College ist ja wohl mindestens einen Champagner und ein ordentliches Festmahl wert. Und auf deine neue Rolle am Birkbeck sollten wir auch anstoßen.« Ursula schmollt mich über ihrer mit Moët & Chandon gefüllte Champagnerflöte an, die sogar noch stärker glitzert als ihr eng anliegendes kobaltblaues Kleid, das mit farblich passenden Kristallsteinchen besetzt ist. Sie sieht einfach perfekt aus vor den leuchtend karminroten Sitzbänken, für die das Rules, eine eineinhalb Jahrhunderte alte Londoner Institution, berühmt ist.

»Tut mir leid, Miss Ursula. Ich wäre wirklich nirgends lieber als genau jetzt mit dir hier an diesem Ort. Es ist nur so, dass gestern, als ich mich gerade verabschieden wollte, etwas Unerwartetes geschehen ist am King's, und deshalb habe ich jetzt etwas gemischte Gefühle.« Ich streiche mein deutlich weniger modisches violett gemustertes Kleid glatt, das ich vor über fünf Jahren in Paris gekauft habe. Mein Magen ist aus dem Gleichgewicht, und das schon seit Wochen, deshalb zögere ich es möglichst lange hinaus, an meinem Champagner zu nippen. Genauso, wie ich das unvermeidliche Gespräch hinauszögere, indem ich das aktuelle Tagesgeschehen anspreche – der kürzliche Tod Stalins und die in diesem Sommer bevorstehende Krönung von Queen Elizabeth.

»Kannst du nicht einfach erzählen, was geschehen ist? Immer

bist du so wortkarg, wenn es um deine Arbeit geht.« Sie nippt an ihrer Flöte und fügt dann hinzu: »Sofern es nicht um irgendwelche wissenschaftlichen Details geht, diese Dinge werde ich einfach *nie* begreifen.«

Ich muss lachen. Ursula tut gerne so, als hätte sie keine Ahnung von meiner Arbeit, dabei ist sie extrem klug und hat das St. Paul's genauso mühelos hinter sich gebracht wie ich. Sie hat nur einfach keinen Hang zur akademischen Welt und gab schließlich dem Druck der Familie nach zu heiraten. Oder vielleicht fand sie auch einfach nur Gefallen an ihrem bezaubernden Ehemann Frank.

»Wenn du darauf bestehst«, meine ich und berichte von dem Zwischenfall am King's, wobei ich wohl dankbar sein sollte, dass wenigstens Mama und Papa durch die Ankunft dreier neuer Enkelkinder meiner drei Brüder abgelenkt sind und sich daher nicht in meinen Jobwechsel und meine aktuelle Situation eingemischt haben. »Und so bekommen Crick und Watson jetzt den Löwenanteil der Anerkennung ab – auf der Grundlage *meiner* Forschung, versteht sich, Wilkins sei Dank –, während ich und meine Kollegen vom King's in aller Hektik irgendetwas zu Papier bringen müssen, um wenigstens ein paar Krümel Lob zu ergattern.«

»Willst du damit etwa sagen, dass du deine Vorgesetzten nicht darüber informiert hast? Das ist doch kriminell, was sie da getan haben.«

»Ich habe ja keine Beweise dafür, dass Wilkins meine Daten an Crick und Watson weitergegeben hat oder dass die drei gemeinsame Sache machen, Miss Ursula. Ohne Beweise kann ich keine Anschuldigung erheben, das wäre gegen meine Prinzipien als Wissenschaftlerin. Niemand würde mir glauben, erst recht nicht, weil ich eine Frau bin; sie würden denken, dass ich nur neidisch bin. Sie halten mich doch sowieso schon für eine hysterische Schreckschraube.«

»Diesem widerlichen Crick bin ich ja begegnet. Wenn Wilkins und Watson aus demselben Holz geschnitzt sind, würde es mich nicht wundern, wenn sie sich deiner Forschung bemächtigt hätten. Wie unglaublich ungentlemanlike und widerwärtig.«

»Tja, aber ungentlemanlike zu sein, ist nun mal leider kein Verbrechen.« Ein verächtliches Lachen kommt mir über die Lippen. »Stell dir vor, Ray hat die lächerliche Behauptung aufgestellt, dass Wilkins' Feindseligkeit von unerwiderten Gefühlen für mich in meiner Anfangszeit am King's herrührt. Wenn das tatsächlich stimmt, dann hat er diese Gefühle so gründlich hinter der Fassade seiner Herablassung versteckt gehalten, dass ich gar keine Chance gehabt hätte, etwas davon mitzubekommen.«

»Was ist daran so unwahrscheinlich? Du bist eine schöne, brillante Frau, und wenn er tatsächlich so unsicher ist, wie du ihn beschrieben hast, hat er vielleicht befürchtet, du würdest ihn zurückweisen – und dann kommt auch noch sein eigenes Scheitern bei der Lösung dieses wissenschaftlichen Rätsels dazu.« Sie greift nach meiner Hand. »Wie auch immer, liebste Cousine, so oder so musstest du weg von diesem schrecklichen Ort. Ich habe ja immer nur ein kleines Scheibchen der Abweisung mitbekommen, die du dort immer wieder erfahren hast, das ist einfach unerträglich und inakzeptabel. Du *musstest* gehen. Ich sehe dir doch an, welchen schrecklichen Tribut dieses Umfeld von dir gefordert hat.«

Ich unternehme einen Versuch, ihre ernsten Worte auf die leichte Schulter zu nehmen. »Ich sollte mich wohl doch mehr mit Schminkutensilien anfreunden.«

»Du brauchst gar nicht erst versuchen, mich mit einem Scherz abzulenken. Ich meine es todernst, Miss Rosalind. Kein Job ist den Preis wert, den das King's von dir gefordert hat.«

So nahe wir beide uns auch stehen – wie sehr ich der Wissenschaft verpflichtet bin, hat Ursula noch nie verstanden. »Weißt du, Miss Ursula«, erkläre ich ihr, »ich würde diese Jahre nicht missen wollen, auch wenn mir dadurch viel Leid erspart geblieben wäre. Wissenschaft ist Leben, liebe Cousine. Das ist die Brille, durch die ich die Welt um mich herum wahrnehme und erfahre und ihr Sinn gebe, das ist mein Weg, etwas zurückzugeben. Ich habe am King's sehr bedeutende wissenschaftliche Rätsel gelöst, und dadurch bin ich dem Verständnis des Lebens selbst näher und näher gekommen. Für nichts auf der Welt würde ich das rückgängig machen wollen. Das ist *mein* Glaube.«

»Du willst sie also einfach davonkommen lassen mit ihrem Diebstahl? Dass sie die Daten und die Forschung und die Fotografien, an denen du jahrelang gearbeitet hast, einfach gestohlen haben?«, fragt Ursula mit empörtem Gesichtsausdruck; ich weiß, dass sie, so zierlich sie auch ist, sich für mich einsetzen und diese Männer an den Pranger stellen würde, wenn sie nur könnte.

Einen langen Moment lang schweige ich. Was soll ich nur tun? Immer und immer wieder treibt mich diese Frage um seit gestern – und in gewissem Maße schon seit ein paar Wochen – und bisher hat sich mein weiterer Weg noch nicht vor meinen Augen abgezeichnet.

»Ich denke, es gibt zwei Möglichkeiten. Entweder vergrabe ich mich in meinem Ärger über die Ungerechtigkeit, dass meine hart erarbeitete Forschung möglicherweise gestohlen und verwendet wurde, oder ich blicke nach vorne auf meine nächsten Schritte und widme mich weiterhin der befriedigenden, bedeutenden wissenschaftlichen Arbeit, die ich so liebe.«

»Du hast definitiv ein edleres Gemüt als ich.« Sie seufzt. »Muss ich überhaupt fragen, welchen Weg du wählst?«

»Meine Zukunft – und mein Vermächtnis, wie ich hoffe – liegt vor mir. Ich muss das Desaster vom King's hinter mir lassen.«

TEIL 3

KAPITEL 43

8. Dezember 1953
London

Ich vernehme das dumpfe Geräusch näher kommender Schritte auf der steilen Treppe, die zu meinem Büro und meinem Labor hinaufführt. Bis auf meine Räume steht das fünfte Stockwerk des baufälligen Townhouses, in dem das Birkbeck untergebracht ist, vollkommen leer, und angesichts des beschwerlichen Aufstiegs zum einstigen Dienstmädchenquartier bekomme ich nur selten unangekündigten Besuch. Wer mag wohl jetzt bei mir hereinschneien an diesem eisigen Dezembertag, der hier oben, im obersten Stockwerk des Gebäudes aus dem achtzehnten Jahrhundert, dessen rote Backsteinfassade noch immer die Narben der Bombenschäden aus dem Krieg trägt, sogar noch kälter und zugiger ist?

»Klopf, klopf«, ruft eine Stimme anstelle eines tatsächlichen Anklopfens an meiner angelehnten Tür. »Na, wie geht es meiner Turner-and-Newall-Stipendiatin?« Der Titel – und auch die Finanzierung – haben mich vom King's hierherbegleitet.

Die Stimme kenne ich. Sie gehört meinem Chef, dem berühmten John Desmond Bernal, dessen Ruf ihm so weit vorauseilt, dass ihn seine Kollegen, sofern sie nicht seine Initialen JD benutzen, ihn nur als den »Weisen« bezeichnen. Er ist nicht nur ein Meister der Kristallographie – Perutz hat bei ihm gelernt, das sagt wohl alles –, sondern scheint auch auf allen anderen Gebieten unglaublich bewandert, von der Architektur bis hin zur Politik. Wenngleich ich mich ursprünglich vor allem von seiner Brillanz und seinem tiefen Verständnis der Röntgenkristallographie angezogen fühlte, brachte mich in gewisser Weise auch das Fehlen gewisser Eigenschaften Randalls zu Bernal, die mir immer mehr gegen den Strich gegangen waren – vor allem sein permanentes Heischen nach Geld, Bestätigung oder Anerkennung. So wie für mich steht auch für Bernal Wissen an oberster Stelle, ja es stellt sogar eine Art Glauben dar – insofern, als unser beider Glaube an die Zukunft, unsere wie die unserer Nachkommen, durch unser bestmögliches wissenschaftliches Engagement und den damit verbundenen Einfluss auf das Schicksal der Menschheit zum Ausdruck kommt. Für mich ist diese Art von Glaube viel greifbarer und nachvollziehbarer als Papas Vorstellungen vom Leben nach dem Tod. Vielleicht fühle ich mich ja gerade wegen dieses klaren, reinen Bestrebens im Birkbeck so viel wohler als im King's. Das und der nicht konfessionelle Charakter dieses Ortes – endlich keine religiösen Kleriker mehr, die durch die Gänge streifen.

Wie sehr sich meine Kriterien doch geändert haben seit den unschuldigen Jugendtagen im *labo*.

Ich springe vom Schreibtisch auf, um ihn zu begrüßen. »Was verschafft mir das unerwartete Vergnügen, Sir?«

»Ich habe Ihnen doch schon mehrfach gesagt, dass ich nichts halte von dem hierarchischen Getue von wegen ›Sir‹ und so weiter, Rosalind«, sagt er in gespielt tadelndem Tonfall, und eigentlich dürfte mich seine Haltung nicht weiter verwundern. Genau wie schon mein ehemaliger Vorgesetzter Monsieur Marcel Mathieu macht auch Bernal keinen Hehl aus seiner Faszination und seiner Sympathie für die Sowjetunion und ihre politische Weltanschauung. Und genau wie dieser weiß auch Bernal, dass er diese Themen mir gegenüber besser nicht anspricht, nachdem ich meine Verachtung für den Kalten Krieg und das ganze Wettrüsten klar zum Ausdruck gebracht habe. Von seinen marxistischen Bestrebungen – wie etwa seinen Treffen mit Nikita

Chruschtschow und Mao Tse-tung – weiß ich daher nur aus mitgehörten Gesprächen bei gemeinsamen Mittagessen mit anderen, die er manchmal organisiert, wenn er in London ist. Ob es wohl auch seine kommunistische und marxistische Gesinnung ist, die Anne so missfällt an ihm? Oder geht es da eher um persönliche Einstellungen? Ich muss sie unbedingt fragen, wenn ich sie und David dieses Wochenende in Oxford besuche, eine Art Abschiedsbesuch, bevor die beiden nach Amerika zurückkehren.

»Nennen Sie mich doch einfach JD, und ich nenne sie Rosalind«, sagt er.

»In Ordnung«, erwidere ich und halte mich gerade noch zurück, in meine alte Gewohnheit zu verfallen und ein »Sir« anzuhängen. Ob ich mich wohl damit anfreunden werde, diesen hoch angesehenen zweiundfünfzigjährigen Wissenschaftler mit dem jugendlich anmutenden JD anzusprechen?

»Ich bedaure es wirklich sehr, dass Sie auf unsere alte Ausrüstung im Keller zurückgreifen und sich und die Proben wegen der Lecks dort unten mit einem Regenschirm schützen müssen. Was für ein himmelschreiender Unterschied gegenüber den brandneuen Räumlichkeiten am King's.«

»Sie müssen sich nicht entschuldigen ...« Ich zögere – es ist wohl besser, ihn einfach gar nicht mit Namen anzusprechen. »Ich bin so viel glücklicher hier als am King's, auch mit der Aufgabe, die Sie mir anvertraut haben.«

Und das stimmt auch. Das Einzige, was ich aus der Zeit am King's vermisse, ist Ray. Sein Optimismus, sein Verständnis, seine Freundschaft – all das machte das King's erträglich für eine gewisse Zeit. Könnte ich ihn hier an meiner Seite haben, es wäre einfach »traumhaft«, wie Ursula sich neuerdings auszudrücken pflegt. Der Zustand des Labors und der Büroräume ist mir egal, aber einen vertrauensvollen Kollegen und Freund hätte ich gerne um mich. Ich bin doch ziemlich isoliert hier am obersten Ende des Townhouses.

Aber natürlich kann Ray das King's nicht verlassen, bevor er seine Doktorarbeit abgeschlossen hat, was wiederum sein ganzes Geschick erfordert. Es hat ihn nicht gerade beliebter gemacht, dass er sich während meiner Zeit am King's hinter mich stellte – weswegen ich heute noch mein Bedauern ausdrücke –, aber dennoch ist es ihm gelungen, den Graben zu Wilkins zu überbrücken, der sich allem Anschein nach nun doch einverstanden erklärt hat, Rays Doktorarbeit zu betreuen. Da haben sich all die Abende im Pub wohl doch bezahlt gemacht. Wilkins' Betreuung findet zwar nur auf dem Papier statt, denn Ray und ich arbeiten insgeheim weiterhin zusammen, sowohl an seiner Doktorarbeit als auch an ein paar letzten Aufsätzen über unsere Forschung – Wilkins hat weder die Kompetenz noch das Fachwissen für Rays Betreuung, auch wenn er das Gegenteil behaupten mag. Uns blieb also gar nichts anderes übrig als ein solches Täuschungsmanöver, nachdem Randall in seinem Abschiedsschreiben an mich eine klare Grenze um Ray und alles, was mit der DNA zu tun hat, gezogen hatte. Randall hat deutlich bewiesen, dass er nicht der Mann ist, für den ich ihn gehalten habe – er ging sogar so weit, mich von den Feierlichkeiten am King's anlässlich unser drei in *Nature* erschienenen Aufsätze über die DNA auszuschließen. Dabei weiß kaum jemand so gut wie er, welch zentrale Rolle ich bei den Entdeckungen gespielt habe.

»Das freut mich zu hören; trotzdem hoffe ich, dass das neue Jahr auch eine neue Ausstattung mit sich bringen wird. Die Hersteller sind schon beauftragt und die unvermeidliche Bettelei bei den staatlichen Stellen, die die Anschaffungen finanzieren, habe ich auch hinter mich gebracht, aber Sie wissen ja, wie unbeliebt ich bin. Meine Anfragen landen immer ganz unten auf der Liste«, sagt er mit einem entschuldigenden Lächeln, und mir wird klar, dass auch ich mit der allgemeinen Ablehnung Bernals wegen dessen kommunistischer Haltung werde umgehen müssen, ganz unabhängig von seiner Genialität und seinem

Ruf als scharfsinniger Wissenschaftler. »Wie auch immer; Sie haben einen so flinken Geist und sind eine so fantastische Versuchsleiterin, ich will Ihnen nicht mehr Zeit als nötig stehlen.« Er tritt einen Schritt näher an mich heran.

Er ist mir zwar unangenehm nahe jetzt, aber Sorgen mache ich mir deshalb keine, auch wenn mir sein fataler Ruf als Frauenheld durchaus bekannt ist – vermutlich ein weiterer Grund für Annes Abneigung. Selbst meine Pariser Kollegen hatten über sein legendäres Talent als Frauenheld gesprochen, was ich angesichts seiner entsetzlichen Zähne, seiner Hängebacken und des ungepflegten dichten Haarschopfs allerdings schwer vorstellbar finde. Dennoch scheint er sich ungeachtet dessen einen ganzen Harem zu halten: Neben einer Ehefrau und ein paar Mätressen samt Kindern mit ihnen allen gibt es wohl auch noch eine beachtliche Zahl kürzerer Affären, zumindest sehen mehrere Leute aus unserer Abteilung häufig die ein oder andere Frau aus der Wohnung kommen, die er im Nachbarhaus unterhält und in der sich Gerüchten zufolge ein von seinem Freund und kommunistischen Genossen Pablo Picasso gemaltes Wandbild befinden soll. Ich habe mein Desinteresse jedenfalls gleich am ersten Tag bekundet, als er etwas trinken gehen wollte mit mir – nur wir beide – und ich mit der Begründung ablehnte, dass ich meine Freunde grundsätzlich nur in Grüppchen träfe. Eine glatte Notlüge.

Seither erlebe ich Bernal als ausgesprochen hilfsbereit und unaufdringlich. Er hat mir meine Aufgabe zugewiesen und lässt mich seither machen; ich weiß das Vertrauen, das er mir und all den anderen Wissenschaftlern hier entgegenbringt, wirklich zu schätzen, selbst die Sicherheitsbestimmungen liegen, mit Ausnahme der obligatorischen Untersuchungen durch den Universitätsarzt, weitgehend in unserem eigenen Ermessen. Und als klar wurde, dass die von mir bestellte kristallographische Spezialausstattung erst nach Monaten zur Verfügung stehen würde, meinte er trotz Randalls gegenteiliger Anweisung, ich solle doch meine Arbeit an der DNA abschließen, und als dies geschehen war, ermöglichte er mir Reisen zu Konferenzen nach Deutschland und Frankreich und sogar eine lange Reise nach Israel, wo ich mich zwar ein wenig erholen konnte, meine Skepsis gegenüber der Heile-Welt-Vorstellung der Zionisten von Israel als einem für das jüdische Volk gemachten Land jedoch nicht ablegen konnte.

»Natürlich würde ich liebend gerne mit der neuen Ausstattung arbeiten; trotzdem war die Zeit bisher keinesfalls vergeudet. Ich habe die Zeit in Israel als ausgesprochen aufschlussreich für meine Arbeit empfunden.« Ich weiß, er schätzt es, ins Vertrauen gezogen zu werden. »Die Zeit dort hat mich zu einer Idee inspiriert, wie ich diese neue Säure angehen könnte, die ich entschlüsseln soll«, sage ich und sehe ihn direkt an.

Bernal lächelt. »Ich kann es kaum erwarten, Ihre Ergebnisse zu sehen. Danke für Ihre Geduld auf unserem Weg ins neue Jahr.«

Ich erwidere sein Lächeln und denke an mein neues Arbeitsgebiet – Ribonukleinsäure, die bedeutende Gegenspielerin der DNA, die in jeder Zelle vorkommt und auch im Tabakmosaikvirus, anhand dessen ich sie untersuchen soll. Das Tabakmosaikvirus ist das erste entdeckte Virus überhaupt, daher dient es als Prototyp für fast alle Untersuchungen über die Struktur von Viren und die sich daraus ergebende Struktur der Ribonukleinsäure oder RNA. Die Erforschung der RNA-Architektur und ihrer Bedeutung für die Reproduktion von Viren ist nicht nur ein spannendes neues Thema für mich, sie steht auch in direktem Zusammenhang mit meiner Arbeit an der DNA. Meiner Ansicht nach können die weitreichenden Auswirkungen dieser Forschung – insbesondere was so verheerende und weitverbreitete Viren wie Polio betrifft – gar nicht hoch genug eingeschätzt werden.

Es ist eine aufregende Vorstellung, mich diesem neuen Bereich zu widmen; jetzt weiß ich, dass es goldrichtig war, die toxische Vergangenheit hinter mir zu lassen. Dass Cricks und Watsons Modell innerhalb der wissenschaftlichen Community nicht gleich auf die erhoffte Anerkennung und Akzeptanz gestoßen ist, spielt mir dabei sicher in die Karten, auch wenn sich das Blatt jetzt zu wenden scheint. Reisen, neue Horizonte, ein respektvollerer Vorgesetzter: All das hat das zurückliegende Jahr im Birkbeck ein wenig wie den Himmel auf Erden erscheinen lassen. Wenn ich an so etwas glauben würde.

KAPITEL 44

14. Dezember 1954
London

Mit dem Schirm in der Hand verlasse ich mein Büro, um die sechs Stockwerke in den Keller hinabzusteigen, wo ich ein paar Experimente vorbereiten möchte. Das Prasseln auf dem Dach ist mein Zeichen, mich für den konstanten Sprühregen zu wappnen, der nicht nur draußen auf der Straße niedergeht, sondern auch unten im Labor. Normalerweise würde ich den Gang ins Labor wegen des Regens verschieben, aber ich bin gerade mitten dabei, ein neues Bild aufzunehmen, und will sichergehen, dass ich auch den richtigen Winkel für meine nordamerikanische Philips-Kamera berechnet habe.

Etwa auf halbem Weg zwischen Dachgeschoss und Keller treffe ich im Treppenhaus auf einen aufgeweckten Kerl mit riesiger Brille und dunklem lockigen Haar, der auf dem Weg nach oben ist. »Hallo Sie, kann ich Ihnen helfen?«, frage ich in der Annahme, dass er sich verlaufen hat, denn ich habe weder Termine heute noch sonst einen Grund, dort oben Besuch zu erwarten.

»Oh ja, das können Sie tatsächlich. Ich bin auf der Suche nach Dr. Rosalind Franklin.« Er hat einen melodischen Akzent, irgendwo zwischen britisch und australisch, mit einem sehr eigenen, singenden Tonfall.

»Das bin ich.«

»Sehr schön, sehr schön.« Er streckt zur Begrüßung die Hand aus, in der anderen balanciert er einen Karton. »Freut mich sehr, Sie kennenzulernen. Ich bin Aaron Klug, wir werden uns ein Stockwerk teilen.«

Habe ich richtig gehört? Er wird mein Nachbar da oben, im ehemaligen Dienstmädchengeschoss? Ich hätte in einem solchen Fall eigentlich eine offizielle Mitteilung aus der Verwaltung des Birkbeck erwartet, andererseits sind wir ja keine Behörde. Und nachdem Bernal schon seit ein paar Wochen in Kontinentaleuropa unterwegs ist, wurden gewisse Details offenbar der Laune des Schicksals überlassen.

»Herzlich willkommen«, sage ich lächelnd, als hätte ich ihn schon erwartet. Was bleibt mir auch anderes übrig, als ihn gastfreundlich zu empfangen? Was soll's, es wird sicher nett sein, das zugige, leere Geschoss mit jemandem zu teilen. Solange es kein zweiter Wilkins ist.

Mir fällt ein zweiter Karton auf der Stufe hinter ihm auf. Er muss ihn dort abgestellt haben, um mir Platz zu machen, als er mich kommen hörte. *Spricht für seine Aufmerksamkeit*, denke ich. »Lassen Sie mich Ihnen helfen«, sage ich und bücke mich nach der ramponierten Kiste. »Ich zeige Ihnen Ihre neuen Räumlichkeiten.«

»Sehr nett, vielen Dank.«

Als ich mich auf den Weg zurück nach oben mache, muss ich ihn einfach fragen. »Sind Sie aus Südafrika?«

»Ja, bin ich.« Er klingt überrascht. »Mein Akzent wird nur selten richtig eingeordnet, ich bin allerdings auch kein gebürtiger Südafrikaner. Meine Eltern sind aus Litauen nach Südafrika gezogen, als ich zwei war, was rückblickend ziemlich klug war.«

Ich drehe mich zu ihm um. »Warum das?«

»Es hat uns vor dem Konzentrationslager bewahrt.«

Beinahe lasse ich den Karton fallen. Fast niemand in England spricht so offen über sein Jüdischsein, schon gar nicht mit Menschen, die er kaum kennt; da waren die Franzosen deutlich lockerer. Selbst meine Familie, die fest in der jüdischen

»Vetternschaft« der Londoner Oberschicht verankert und gesellschaftlich sehr etabliert ist, kann sich bei dem Thema bemerkenswert verschlossen geben. Durch Aarons Offenheit lasse ich mich selbst zu unerwarteter Aufgeschlossenheit hinreißen. »Meine Familie blieb verschont, weil wir in England lebten.« Wir tauschen einen vielsagenden Blick, und ich fühle eine unausgesprochene Verbundenheit mit dem jungen Mann. Am Treppenabsatz angekommen, bringe ich ihn in den Bereich, in dem ein weiteres Büro und Labor vorgesehen sind. Seit meinem Einzug stand dieser Teil des Stockwerks leer, und jetzt fällt mir auf, dass sich in einer Ecke noch ein paar Bücher von mir stapeln. »Oh, tut mir leid. Ich bin gerade erst aus Amerika zurückgekommen, hätte ich gewusst, dass Sie kommen, hätte ich hier auf alle Fälle noch aufgeräumt.«

»Ach bitte, machen Sie sich doch wegen etwas so Belanglosem keine Gedanken, Dr. Franklin«, sagt er.

»Nennen Sie mich doch Rosalind.«

»Aber nur, wenn Sie mich Aaron nennen.«

»Wo waren Sie denn in Amerika?«, fragt er, als wir die Kisten abstellen.

»Ich hatte Gelegenheit, durch die weitläufigen Staaten ganz im Norden zu reisen, die man dort Neuengland nennt.«

Wir müssen beide lachen bei der Vorstellung, wie sich das neue, weitläufige Amerika mit seinem alten, beengten Mutterland vergleicht.

»Danach bin ich einmal quer durchs Land gefahren, habe unterwegs in Chicago, St. Louis und Madison, Wisconsin, haltgemacht, war dann eine Zeit lang in Kalifornien und von dort habe ich mich auf den Weg nach Arizona gemacht. Was für ein Schock, diese extreme Sonne, besonders in der Wüste und am Grand Canyon.«

»Das hört sich großartig an. Meine Frau und ich wollen unbedingt auch einmal nach Amerika reisen. Wir vermissen das südafrikanische Klima und ich habe gehört, dass es zumindest in Teilen Amerikas ähnlich sein soll.«

Großartig kann die Schönheit Amerikas nicht einmal ansatzweise beschreiben. Wobei mein vielleicht überraschendstes Erlebnis nicht einmal mit einem Ort, sondern mit einer Person zu tun hatte. Auf der ersten Etappe meiner Reise, die im Rahmen der Gordon Conference über Kohle in New Hampshire stattfand, war ich eingeladen worden, das Marine Biological Laboratory in Woods Hole, Massachusetts, zu besuchen, ein biologisches Forschungszentrum ganz an der Spitze von Cape Cod, einer schmalen Halbinsel südlich von Boston, die in den Atlantik hineinragt. Thomas Hunt Morgan von der Columbia University hatte dort bedeutende Arbeit zur Genetik geleistet, insbesondere zur Rolle der Chromosomen bei der Vererbung, was mich das Angebot annehmen ließ.

Ein freundlicher Wissenschaftler aus Woods Hole führte mich gerade über das weitläufige, direkt am Meer gelegene Gelände, als ich plötzlich buchstäblich mit James Watson zusammenstieß, ausgerechnet. »Was machen *Sie* denn hier?«, platzte ich erschrocken heraus.

Ich hatte Watson seit der spannungsgeladenen Begegnung in meinem Labor am King's College nicht mehr gesehen und erwartete daher eine ähnliche Reaktion von ihm. Sogar für ein weiteres Kräftemessen wappnete ich mich.

»Dr. Franklin!«, rief er aus, als wären wir alte, einander wohlgesinnte Bekannte, wobei mir auffiel, dass er tunlichst darauf bedacht war, das verwerfliche Rosy zu vermeiden und mich bei meinem offiziellen Namen zu nennen. »Wie schön, Sie in Amerika zu sehen!«

»Ebenso«, erwiderte ich argwöhnisch, mir des Blicks meines Guides auf mich sehr wohl bewusst. »Ich dachte, Sie hätten Cambridge verlassen und sind ans Caltech gegangen, aber jetzt treffe ich Sie in Massachusetts an. Oder bin ich falsch informiert?«

Nicht dass ich Watson im Auge behalten hätte seit meinem Weggang vom King's – im Gegenteil, ich hatte mir Mühe gegeben, das ganze Debakel hinter mir zu lassen, von den wissenschaftlichen Aspekten abgesehen –, aber als die Doppelhelixtheorie sich immer mehr durchzusetzen begann, wurden er und Crick häufiger in Publikationen erwähnt und gewannen zunehmend an Popularität. Das Letzte, was ich gelesen hatte, war, dass er jetzt in Kalifornien sei.

»Wie üblich ist Ihre Information goldrichtig, wie ihr Engländer zu sagen pflegt«, sagte er lächelnd. »Ich bin hier in Woods Hole nur auf Besuch, um mir die Einrichtung anzusehen und mich über die Forschung zu erkundigen. Und Sie sind aus demselben Grund hier?«

Warum war er nur so freundlich und aufmerksam, hatte ich mich gefragt. Mit dem herablassenden Wissenschaftler, dem ich in England begegnet war, hätte ich umzugehen gewusst. Aber wie sollte ich auf diese befremdliche Liebenswürdigkeit reagieren?

»Bin ich tatsächlich, ja.« Ich hatte mich entschieden, auf seine Freundlichkeit einzugehen, unabhängig davon, wie ich tatsächlich zu ihm und seinem Verhalten in Bezug auf meine DNA-Forschung stand. Schließlich wollte ich auch bei meinen Gastgebern von Woods Hole einen guten Eindruck hinterlassen.

»Ein beeindruckendes Gelände.«

»Allerdings«, erwiderte ich, unschlüssig, was ich noch sagen sollte. In dem Moment schaltete mein Guide sich ein und fragte Watson, ob er sich nicht der Führung anschließen wolle.

»Nein!«, hätte ich am liebsten geschrien, aber das war ja nun schlecht möglich. Und so fand ich mich schließlich Seite an Seite mit einem Mann, den ich verabscheute, auf einem Rundgang durch das Woods-Hole-Campus wieder.

»Sie arbeiten mit dem Tabakmosaikvirus, ist mir zu Ohren gekommen«, sagte er, als wir gerade an dem zum Meer hin gelegenen Teil der Anlage vorbeikamen.

»Spionieren Sie mir etwa nach?«, warf ich ihm argwöhnisch vor.
»Nein, nein, Dr. Franklin«, sagte er und hob abwehrend die Hände. »Kurz bevor ich England verlassen habe, traf ich zufällig auf Bernal. Er hat es mir erzählt. Und wie läuft die Forschung?«

»Gut«, sagte ich und versuchte, mein Herzrasen in den Griff zu bekommen. Ich hatte wirklich nicht die Absicht, ihm irgendwelche Details an die Hand zu geben; dafür wusste ich zu gut, wie er mit den Forschungsergebnissen anderer umging.

»Ich weiß ja nichts Genaues über die Rahmenbedingungen Ihrer Studie, aber ich stelle Ihnen sehr gerne die Ergebnisse zur Verfügung, die ich selbst bei der Untersuchung des Tabakmosaikvirus zusammengetragen habe.« Er hielt inne, und ich war froh, dass er nicht noch erwähnte, dass seine Beschäftigung mit dem Tabakmosaikvirus genau in die Zeit am Cavendish fiel, in der Bragg ihm und Crick die Arbeit an der DNA untersagt hatte. Gut möglich, dass ich sonst nicht mehr in der Lage gewesen wäre, das Gespräch fortzusetzen. »Ich hatte damals festgestellt, dass die Protein-Untereinheiten des Tabakmosaikvirus eine Helixform aufweisen. Aber Sie werden ja sicher Ihre eigenen Schlussfolgerungen ziehen wollen.« Dann sah er mich mit einem entschuldigenden Blick an.

Hatte er ein schlechtes Gewissen? Einen kurzen Moment lang war ich etwas milder gestimmt ihm gegenüber, aber dann fiel mir wieder ein, was er getan hatte. Und dass er seit der Veröffentlichung seines und Cricks' Aufsatzes mehr als genug Gelegenheit gehabt hatte, mir die gebührende Anerkennung zuteilwerden zu lassen, und dass er nichts dergleichen getan hatte. Er hatte mir lediglich »erlaubt«, einen Aufsatz einzureichen, der dann neben seinem und Cricks berühmtem Artikel erschienen war und so gut wie keine Beachtung gefunden hatte.

»Danke«, erwiderte ich. Mehr konnte ich schlecht sagen in der Gegenwart unseres Guides.

Der Weg wurde schmaler und auf dem nächsten Abschnitt mussten wir hintereinandergehen. Unser Guide ging voran, dann kam ich und hinter mir Watson. Ich fühlte ihn eher näher kommen, als dass ich ihn über die Schulter sehen konnte. Dann hörte ich seine Stimme, wobei er sehr leise sprach: »Ich habe das Gefühl, wir haben Sie falsch eingeschätzt, als wir an der DNA gearbeitet haben.«

Sollte das eine Entschuldigung sein? Die paar armseligen Worte, noch dazu frei von jedem aufrichtigen Gefühl der Reue? Aber dann fiel mir ein, wie ich zu Ursula gesagt hatte, ich müsse jetzt nach vorne sehen und all das Hässliche und die Enttäuschung am King's und der Arbeit mit der DNA und diesen Männern hinter mir lassen. Also beschloss ich, sein Friedensangebot anzunehmen; verzeihen würde ich ihm deshalb aber nicht. Und vergessen würde ich die Sache auch nicht.

Aaron gegenüber würde ich die ganze Sache mit Wilkins, Watson und Crick bestimmt nicht erwähnen. Zumindest noch nicht. Stattdessen knüpfe ich an unser Gespräch über Amerika an. »Oh, ich hoffe sehr, dass Sie einmal Gelegenheit dazu haben werden. Vor allem Boston ist ganz wunderbar, ein bisschen wie London, aber mit dieser typisch amerikanischen Frische. Das ganze Land ist nicht nur riesig und weitläufig und landschaftlich und kulinarisch ungeheuer vielfältig, es ist auch Heimat vieler hochrangiger Wissenschaftler und Laboratorien. Ich habe zum Beispiel Erwin Chargaff, George Gamow, Vladimir Vand und Isidor Fankuchen kennengelernt – ach, ich könnte noch so vieles erzählen.«

Seine Augen weiten sich. »So renommierte Fachleute haben Sie getroffen! Aber gut, wir haben hier ja durchaus auch ein paar ziemlich berühmte Experten um uns. Was ist eigentlich Ihr Spezialgebiet, Rosalind? Irgendjemand hatte einmal erwähnt, dass Sie auf physikalische Chemie spezialisiert sind, aber mehr weiß ich eigentlich nicht.«

»Möchten Sie sehen, woran ich gerade arbeite?«, frage ich. Es ist Jahre her, dass ich mit jemandem über meine aktuelle Arbeit sprechen konnte; die Leute am Birkbeck sind zwar freundlicher als die am King's, aber sie sind mir gegenüber nicht unbedingt aufgeschlossen, was vermutlich daran liegt, dass ich, anders als die meisten hier, keine Anhängerin der kommunistischen Partei bin. Außerdem hatte ich mich an die tägliche Besprechung mit Ray gewöhnt und davor an den Austausch mit den Kollegen im *labo* und mit Jacques. Der Gedanke an Jacques weckt sofort die Sehnsucht nach seinem Intellekt und seinem Humor, dabei hatte ich doch gerade geglaubt, ihn mir endlich erfolgreich aus dem Kopf geschlagen zu haben.

»Ob ich möchte? Bitte, wo geht's lang?«

Ich führe ihn in mein Büro, wo zufällig gerade mehrere Bilder auf einem Leuchtkasten ausliegen. Sie haben noch nicht die Qualität, die ich mir vorstelle, aber ich komme der Sache allmählich näher. »Sind Sie mit dem Tabakmosaikvirus vertraut?«

»Kann ich eher nicht behaupten.«

Ich reiche ihm ein Foto, auf dem zwei Tabakblätter im Vergleich abgebildet sind. »Wie Sie hier sehen können, rollt sich das Blatt durch das Virus ein und bildet ein mosaikartiges, gesprenkeltes Muster aus verschiedenen Grüntönen aus. Viren sind leblose Moleküle aus RNA, DNA und Proteinen, die erst dann zu leben beginnen, wenn sie in eine Zelle eindringen, diese übernehmen und dort ihren Vervielfältigungsprozess beginnen – aber das wissen Sie ja sicher. Das Tabakmosaikvirus oder TMV, wie wir es nennen, injiziert sich selbst in eine lebende Zelle, ähnlich wie durch eine Spritze. Es kann uns auf einzigartige Weise dabei helfen herauszufinden, wo in der Zelle sich die RNA befindet – also eher in der Mitte oder irgendwo versteckt in der Peripherie? Don Caspar, ein Biophysiker und Kristallograph aus Yale, hat erst kürzlich herausgefunden, dass das Zentrum des TMV hohl ist, was – sofern wir seine Entdeckung verifizieren können – schon einmal eine Teilantwort liefern würde und für uns ein Hinweis wäre, uns auf der Suche nach der RNA künftig auf die Peripherie des Virus zu konzentrieren. Haben wir die RNA erst definitiv lokalisiert, können wir uns an die schwierige Aufgabe machen, ihre Struktur und im Anschluss daran dann natürlich auch ihre Funktion zu erforschen.«

Während wir ein paar der kristallographischen Bilder auf dem Lichtkasten durchsehen, löchert mich Aaron mit eindringlichen Fragen. Mit einem Mal betrachte ich das Material mit ganz anderen Augen – aber er hat eine so natürliche, wissbegierige Art, dass ich unmöglich beleidigt sein kann. Er denkt wirklich schnell und analytisch.

Als er gerade ein bestimmtes Bild unter die Lupe nimmt, fällt mir auf, wie sich seine buschigen Augenbrauen aufgeregt über den breiten Rahmen seiner Brille erheben, hinter dem sie normalerweise verborgen sind. Er dreht sich zu mir um und meint: »Ich weiß, wir haben uns eben erst kennengelernt, und ich bin ja auch Physikochemiker und Kristallograph, genau wie Sie, und habe demnach keinerlei Erfahrung mit Viren, aber ...« Er hält inne.

»Ja?«, sage ich auffordernd.

»Könnten Sie vielleicht einen Partner bei Ihrer Arbeit gebrauchen?«

KAPITEL 45

4. *August 1955*
London

Wir stehen im Kreis in meinem Büro, Aaron und ich sowie unsere neuen Assistenten John Finch und Kenneth Holmes, und führen eine heftige Debatte. Dass ich es bin, die für diese kleine Familie die Verantwortung trägt, tut nichts zur Sache; keiner nimmt ein Blatt vor den Mund, und wir alle pflegen einen ehrlichen und respektvollen Umgang miteinander, was ich sehr genieße.
Auf dem Boden verstreut liegen einige Röntgenaufnahmen, für jeden anderen in scheinbar planloser Anordnung. Über ein Jahr lang haben wir daran gearbeitet, das Virus auf möglichst scharfen Bildern festzuhalten; die Aufnahmen am Boden sind die Früchte dieser Arbeit. Erst dann, darin waren wir uns einig, können wir ein Modell seines inneren Aufbaus erstellen und zum eigentlichen Kern unserer Untersuchungen vordringen, nämlich zur Beschaffenheit der RNA. Wie wohltuend die Arbeit mit einem Team von Wissenschaftlern doch ist, die – anders als Wilkins – diese grundsätzliche Herangehensweise nicht infrage stellen.
Heute also wollen wir mit dem Modell dieses speziell aufgebauten Virus beginnen, das aus kreisförmig um einen Kern angeordneten Protein-Untereinheiten besteht, wobei die RNA in das Protein eingeflochten ist. Das zumindest glauben wir. In unserer Mitte steht ein Behälter mit verschiedenen Gegenständen und Materialien – alles Stellvertreter für die auf den Röntgenbildern dargestellten biologischen Substanzen. Nur hat

jeder von uns eine andere Vorstellung davon, wie wir anfangen sollen.

»Warum fangen wir nicht einfach mit den Kreisen aus den Protein-Untereinheiten an?«, fragt Ken.

»Das wäre eine Möglichkeit. Aber als ich den Vorschlag mit Crick besprach – auf einer sehr abstrakten Ebene natürlich, unsere Erkenntnisse sind ja noch streng geheim –, regte er an, zuerst den inneren Kern zu bauen, um den herum die Architektur des Virus dann aufgehängt werden kann«, sage ich in die Stille hinein, die auf Kens Vorschlag eingetreten war.

Es hatte nämlich eine weitere unerwartete Begegnung gegeben – wenn auch eigentlich wenig überraschend, wenn man bedenkt, in was für begrenzten wissenschaftlichen Kreisen ich mich bewege: Auf einer Konferenz war ich Crick über den Weg gelaufen, und er war genauso freundlich und aufmerksam gewesen wie damals Watson in Amerika. Wir haben beide mit keinem Wort die Geschehnisse um die DNA, das King's, das Cavendish und vor allem uns beide erwähnt, aber als dann ein anderer Kollege eine Frage zu Watson stellte, hat es mich doch gefreut, eine gewisse Kühle in Cricks Stimme wahrzunehmen; Watson war für mich immer der Unsympathischere der beiden gewesen, ihm hatte ich auch den Löwenanteil an all den Verfehlungen zugeschrieben, ob das nun der Wahrheit entspricht oder nicht. Vermutlich war Crick genau wie sein Kompagnon aus Schuldgefühlen heraus so freundlich, zumal die Wissenschaft und sogar die Öffentlichkeit die Bedeutung ihres DNA-Modells allmählich anerkannten. Ich habe jedenfalls keinerlei Skrupel, Cricks Angebot, mich wann immer möglich zu unterstützen und zu beraten, anzunehmen; das ist wohl das Mindeste, was er für mich tun kann. Er und Watson haben mich benutzt, und genau das werde ich jetzt auch tun, auch wenn ich Watson immer mehr misstraute als Crick. Nur dass es mir um Wissenschaft geht, nicht um persönlichen Ruhm und Ehre wie ihnen.

Aaron schweigt einen langen Moment, dann meint er: »Was Crick sagt, interessiert mich nicht. Mich interessiert, was *Sie* sagen.«

»Okay.« Ich trete einen Schritt zurück und betrachte die Bilder auf dem Boden, versuche, mir die dreidimensionale Form vor meinem geistigen Auge vorzustellen. »Ich kann den Kern nicht wirklich sehen, das macht es mir etwas schwer. Caspars Theorie zufolge ist er ja leer, einfach hohl, so viel wissen wir, und ich neige dazu, ihm zuzustimmen. Aber selbst Röntgenaufnahmen haben ihre Grenzen; sie können eben nicht zeigen, dass etwas *nicht* da ist.«

»Manchmal nehmen Sie die Dinge einfach zu wörtlich, Rosalind. Statt sich stur an Ihre Daten und Bilder zu klammern, sollten Sie sich einmal einen Moment lang davon lösen und sich vorstellen, was sein *könnte*, versuchen Sie, die Struktur zu *fühlen*.« Aarons Augen leuchten, und er wirkt genauso stur, wie er mir vorwirft zu sein.

»Ich soll stur sein?« Das ist keine Frage, sondern eine Provokation. Im ersten Reflex gehe ich direkt auf Selbstverteidigungskurs, wie ich es so häufig tun musste in den vergangenen Jahren.

»Ja. Nur weil Sie von allen Physikochemikern und experimentellen Kristallographen, denen ich je begegnet bin, die beste und systematischste sind, heißt das noch lange nicht, dass Sie in Sachen Theorie nicht auch ganz schön stur sein können.« Aaron liebt es, den Unterschied zwischen uns beiden hervorzuheben – er erzählt jedem, der es hören will, dass wir die Diskrepanz schlechthin zwischen Theorie und Praxis verkörpern.

Ich sehe ihm ins Gesicht und breche in Lachen aus. Denn er hat recht. Ich bin wirklich verdammt stur und nehme alles viel zu wörtlich, und ja, es stimmt, ich sollte Abstand nehmen zu den Daten und mir einfach vorstellen, was sein könnte. Es ist eine solche Erleichterung, wieder ich selbst sein zu können in der Gesellschaft eines anderen Menschen und verstanden zu werden, so, wie ich es in Paris erlebt habe. Aaron ist mir wohlgesinnt und sein Respekt ist aufrichtig, das weiß ich; und ich hatte schon befürchtet, nie wieder auf solches Verständnis zu stoßen. Und hier, im ehemaligen Dienstmädchenquartier im fünften Stock des Birkbeck, hier habe ich es nun wieder; so wie früher mit Vittorio und in gewisser Weise auch mit Ray, nur ohne die vertrackte Ebene der Romantik, wie ich sie mit Jacques erlebt hatte.

»Okay, lasst uns Kens Vorschlag aufgreifen und uns an die Arbeit machen.« Ich fange an, den Behälter zu durchstöbern. »Können wir irgendetwas davon für die Protein-Untereinheiten verwenden?«

Abwechselnd halten wir verschiedene Gegenstände hoch – darunter Tischtennisbälle und Radiergummis in verschiedenen Größen und Formen –, aber nichts davon scheint zu passen. Also kehren wir zu den Bildern zurück, in der Hoffnung, sie mögen uns auf ein paar Ideen bringen, welche Art von Objekt wir zur Darstellung des Proteins verwenden könnten.

Ken zeigt auf eines der Fotos auf dem Boden. »Seht euch mal das scharfe Bild dort an. Bringt euch das nicht auf eine Idee?« Ein verhaltenes Grinsen zeichnet sich auf seinem Gesicht ab. »Ich bin ziemlich stolz darauf. Es ist entstanden, kurz nachdem ich ein Vakuummeter an der Röntgenröhre angebracht habe, um die Probleme bei der Reinigung der Beaudouin-Röntgenkamera zu beheben.«

»Du hast was?«, schnappe ich zurück. »Was haben denn Vakuummessungen mit der Reinigung der Kamera oder der Aufnahme scharfer Bilder zu tun?«

Ken, der eben noch gestrahlt hat, weil sein Vorschlag aufgegriffen wurde, starrt auf den Boden, und mir wird klar, dass ich zu weit gegangen bin.

»Du schikanierst ihn, Rosalind«, sagt Aaron, als wüsste ich das nicht selbst.

Seine Kritik nehme ich ernst, im Gegensatz zu der Zurechtweisung von zuvor. Nachdem ich selbst schon zur Genüge unter herablassenden Vorgesetzten leiden musste, möchte ich meinen Assistenten auf keinen Fall das Gleiche antun. Und weil ich mein Verhalten manchmal selbst nicht gut einschätzen kann, hat sich Aaron bereit erklärt, mein Gewissen zu sein auf diesem Gebiet und mich bei Bedarf in die Schranken zu weisen.

»Tut mir leid, Ken. Sie wissen, ich lasse mich manchmal hinreißen. Und bin mir manchmal nicht besonders ...« Ich breche ab, unschlüssig, wie ich den Satz beenden soll.

»Ihrer selbst bewusst?«, ergänzt er meinen Satz.

»Volltreffer. Alles wieder okay zwischen uns?«, frage ich besorgt.

»Alles okay, Rosalind.«

»Zurück an die Arbeit, alle miteinander«, mahnt Aaron, nachdem das persönliche Drama beendet ist.

»Wer ist jetzt hier der Schikanierer?«, frage ich scherzhaft und alle lachen.

»Ich hab's!«, ruft Ken plötzlich. »Wie wäre es mit dem Lenkergriff eines Fahrrads? Der hat ziemlich genau die Form einer Protein-Untereinheit.«

»Sie könnten recht haben«, meine ich bedächtig. »Wie kommen Sie nur auf so etwas?«

»Na ja, ich fahre fast jeden Tag mit dem Fahrrad zur Arbeit, da sind mir dessen Formen natürlich bestens vertraut.«

»Genial«, sagt Aaron und dreht sich zu Ken und John um. »Wie wär's, wenn Sie beide zu Woolworth in der Oxford Street rüberlaufen und nachsehen, ob sie dort welche haben?«

»Wird gemacht«, sagt John, und als er und Ken schon beinahe auf der Treppe sind, fragt er noch: »Wie viele brauchen wir?«

Aaron sieht zu mir herüber. Er weiß genau, dass ich nicht erst in meinen Unterlagen nachsehen muss, um die genaue Anzahl zu kennen – so ergänzen sich der Theoretiker mit dem großen Überblick und die detailversessene Experimentiererin auf perfekte Art und Weise.

»Zweihundertachtundachtzig«, sage ich, ohne zu zögern.

Ken und John brechen in Gedanken an das Gespräch mit dem Woolworth-Verkäufer in hysterisches Gelächter aus, ihr Gegacker hallt noch immer durch mein Büro, als sie sich schon auf den Weg gemacht haben. Im selben Moment legt der interne Birkbeck-Postbote ein paar Briefe auf meinen Schreibtisch, und Aaron meint: »Dann gehe ich inzwischen mal in den Keller und überprüfe ein paar Experimente.«

»Vergessen Sie nicht den Schirm. Der Wetterbericht hat Regen vorausgesagt«, rufe ich ihm zu, als er mein Zimmer verlässt.

»Und zwar draußen wie drinnen«, fügt er an.

Als er gegangen ist, fällt mir ganz oben auf meinem Poststapel ein Umschlag von Norman Pirie auf, ein britischer Virologe und Leiter des Fachbereichs für Biochemie an der Rothamsted Experimental Station, und mir dreht sich der Magen um. Pirie, der auch Mitglied des Agricultural Research Council ist und meinen in *Nature* veröffentlichten Ergebnissen, dass die TMV-Stäbchen alle gleich lang sind, nicht zustimmt, ist zu einer Art Feind geworden; er hat sich sogar geweigert, uns Virusproben zu Forschungszwecken ins Labor zu schicken. Warum er mir wohl schreibt? Er hat seiner Haltung doch längst deutlich Ausdruck verliehen, wir züchten aufgrund seiner Repressalien sogar inzwischen unsere eigenen Viren.

Ich öffne den Brief. In knappen, unfreundlichen Worten macht Pirie deutlich, dass er bei seinem »engen Freund« Sir William Slater, dem Leiter des Agricultural Research Council, Einspruch gegen die Mittelzuteilung an unsere Gruppe eingelegt hat. Der Zuschuss ist die einzige Finanzierung, die wir bekommen – ohne ihn müssen wir unsere Arbeit einstellen. Wie soll ich meine kleine Familie dann noch zusammenhalten?

KAPITEL 46

14. Oktober 1955 und 2. März 1956
London

Die Mittagssonne scheint mir ins Gesicht, ich lehne mich auf der Bank zurück, schließe die Augen und genieße die Wärme auf den Wangen. Auf der Grünfläche in der Nähe des Eingangs zum Birkbeck sitzen Aaron, Ken und John zu meinen beiden Seiten und plaudern über irgendeinen Tratsch. Ich höre nur mit halbem Ohr zu und erfreue mich lieber an diesem wundervollen Tag und der Gesellschaft meiner vertrauten Wissenschaftlertruppe. *Was für ein Glück ich doch habe, nach dem King's gerade hier gelandet zu sein*, denke ich.

Dann verstummen die Männer einer nach dem anderen. Die Stille ist so untypisch, dass ich die Augen öffne, um zu sehen, was los ist. Und blicke direkt in das Gesicht eines dunkelhaarigen Mannes mit Schnurrbart, der in aller Ruhe auf mich wartet.

»Sind Sie Dr. Franklin?«, fragt er zögerlich.

»Ja, bin ich. Und Sie sind?«

»Mein Name ist Don Caspar. Ich bin Biophysiker aus Yale und arbeite hier als Postdoc und ...«

Abrupt richte ich mich auf und unterbreche ihn. »Sind Sie *der* Don Caspar, der die Theorie entwickelt hat, dass das Zentrum des Tabakmosaikvirus hohl ist?«

Ein breites Grinsen taucht unter seinem dichten Schnurrbart auf und seine Augen weiten sich überrascht. »Genau der.«

Ich stehe auf, Aaron, Ken und John tun es mir gleich. »Wie wunderbar, Sie kennenzulernen«, sage ich und strecke ihm die

Hand entgegen.« Wir kennen Ihre Arbeit und haben sicher alle eine Menge Fragen an Sie. Was führt Sie nach Birkbeck?«

»Nun, Sie, Dr. Franklin.«

»Ich?«

»Ja. Ich hörte von Ihren Untersuchungen des Tabakmosaikvirus und dachte mir, dass ich Sie vielleicht – sofern Sie interessiert sind – bei Ihrer Forschung unterstützen könnte während meiner Zeit in England; ich bin als Postdoktorand für Molekularbiologie in Cambridge.«

Weil ich nicht weiß, was ich sagen soll, antworte ich nicht, und auch aus meinem Team sagt niemand ein Wort. Dass ein Wissenschaftler, dessen Arbeit ich schon lange bewundere, völlig aus dem Nichts vor mir auftaucht und seine Dienste anbietet, klingt einfach zu schön, um wahr zu sein. Und ist auch viel großzügiger, als ich es mir je hätte ausmalen können. Oder hat die Sache einen Haken? Woher weiß dieser Amerikaner eigentlich, was genau wir hier tun?

Don hält inne, mustert die drei schweigenden Männer und meint dann: »Aber wenn sie schon genügend helfende Hände haben ...«

Ich bin immer noch wachsam, will ihn aber auch nicht verlieren. »Nein, nein, ein paar helfende Hände mehr können wir immer gut gebrauchen, vor allem, wenn sie so erfahren und sachkundig wie die Ihren sind«, beeile ich mich zu sagen. »Bitte entschuldigen Sie meine Zurückhaltung, ich bin nur einfach so überrascht. Wir haben eben erst unsere Arbeit über das Tabakmosaikvirus veröffentlicht, deshalb ist mir nicht ganz klar, woher Sie von unserer Forschung erfahren haben.«

»Das ist schnell erzählt. Bevor ich nach England ging, war ich eine Zeit lang am Caltech, wo mir Jim Watson sehr ausführlich von Ihrer Forschungsarbeit berichtete und Sie über den Klee lobte. Er meinte, ich solle Sie unbedingt fragen, ob ich nicht in Ihrem Labor an der Untersuchung von Tabakmosaikviren mitarbeiten dürfte, weil ich bestimmt nie wieder die Gelegenheit bekäme, mit einem experimentellen Wissenschaftler Ihres Formats und Ihrer Brillanz zusammenzuarbeiten.«

Bei der Erwähnung von Watson zucke ich leicht zurück, auch wenn es aus der Ferne betrachtet so aussieht, als hätte er mir ein Kompliment gemacht. Bei unserer letzten Begegnung und auch in den Briefen, die er seither schrieb, gab sich Watson ausgesprochen umsichtig und war voll des Lobes. Zu meiner Überraschung hatte er sogar geschrieben, er habe von meiner finanziellen Notlage gehört und sich bei einem mit Slater befreundeten Wissenschaftler für mich eingesetzt – es bleibt abzuwarten, was tatsächlich dabei herauskommt. Ich hoffe nur, Don hat meine Reaktion nicht mitbekommen. »Ah, jetzt wird mir alles klar«, sage ich.

»Also, wenn Sie mich haben wollen?«

*

Nur weil Don Caspar seine eigenen finanziellen Mittel – und seinen eigenen Erfahrungsschatz in Sachen Tabakmosaikvirus – mitbrachte, waren wir überhaupt in der Lage, ihn in diesen finanziell unsicheren Zeiten aufzunehmen. Jetzt, wo wir tatsächlich fünf Monate lang von Dons Intellekt und seiner Begeisterung für die Wissenschaft profitiert haben, kann ich manchmal gar nicht mehr glauben, dass ich seinem Interesse an einer Zusammenarbeit so skeptisch gegenübergestanden habe, nur weil es Watson war, der die Idee dazu hatte. Was für ein enormer Verlust wäre das gewesen, hätten wir Don Caspar nicht an Bord geholt. Für die Arbeit und für mich persönlich.

Jetzt sitzen wir fünf – Aaron, Ken, John, Don und ich – an einem langen rechteckigen Tisch in der Studentencafeteria zusammen. Es gibt eine Menge zu besprechen, aber weil unser

Neuzugang so viele freundschaftliche Schulterklopfer und Schwätzchen erntet, werden wir immer wieder unterbrochen.

»Wie kommt es eigentlich, dass Sie so viele Leute am Birkbeck kennen?«, frage ich Don, einen drahtigen, umgänglichen Mann, dessen Lächeln sein ganzes Gesicht verändert. »Sie sind doch noch nicht mal ein Jahr hier.«

»Er ist nun mal sehr freundlich im Gegensatz zu dir, Rosalind«, sagt Aaron mit einem breiten Grinsen.

Ich tue so, als würde ich ihm einen Klaps auf den Arm geben. »Ich bin nicht *un*freundlich. Ich bin nur eben öfter mal in Gedanken versunken.«

»Die Kollegen wissen das aber nicht. Sie denken, dass Sie sie dafür verurteilen, dass sie mit der Kommunistischen Partei sympathisieren«, schaltet Ken sich ein.

»Wirklich?«, frage ich beunruhigt. Meine Ansichten über die Sowjetunion sind kein Geheimnis – nach wie vor verabscheue ich das gefährliche Wettrüsten und die Entwicklung immer tödlicherer Waffen –, aber bei der Vorstellung, dass meine Kollegen denken, ich würde sie verurteilen, schaudert mich. Ich habe selbst schon genügend unter unbegründeten Verurteilungen gelitten, als dass ich in ein solches Licht gerückt werden wollte.

Die anderen am Tisch kichern, ich weiß, wie gern sie mich auf den Arm nehmen. Aber ich merke auch, dass etwas dran ist an der Sache. »Das ist nicht wirklich ein Scherz, oder?«

»Schauen Sie, das Birkbeck ist voll von Kommunisten. Kein Wunder, mit Bernal als unserem furchtlosen Oberhaupt. Und Sie, Rosalind, na ja, Sie haben einen ziemlich schnöseligen Akzent, waren auf dem St. Paul's und wohnen auch noch in Kensington ...«, erklärt Aaron, immer noch grinsend.

John unterbricht ihn. »Nicht zu vergessen der Abend, an dem ein Rolls-Royce vor dem Townhouse vorfuhr und Sie im Abendkleid davongebraust sind! Sie hätten mal sehen sollen, wie den Leuten die Kinnlade runtergeklappt ist.«

»Aber was tut das denn zur Sache?«, frage ich.

»Na ja, die Leute denken eben, Sie sind aus der Oberschicht, vielleicht sogar adelig. Das ist so ziemlich das Gegenteil von ihrer Überzeugung und einer der Gründe, warum sie auf Distanz gehen«, sagt Aaron.

Diese Erklärung überrascht mich allerdings. Dass meine Abneigung gegen die Sowjetunion meine politisch interessierten Kollegen befremdet, ist mir nicht neu, aber dass nun auch meine gesellschaftliche Stellung sie gegen mich aufbringen soll, finde ich doch erstaunlich.

»Tja, wahrscheinlich sollte ich froh sein, dass sie meine Herkunft so abstoßend finden. Dann habe ich sie wohl wenigstens nicht durch mein Verhalten vergrault«, meine ich.

Die vier Männer tauschen Blicke aus, und ich merke, dass sie nicht recht wissen, was sie sagen sollen. Bis Don meint: »Na ja, das kommt noch dazu«, und sie erneut in schallendes Gelächter ausbrechen.

Sogar ich muss über den kleinen Scherz auf meine Kosten lachen, auch, weil Don sich normalerweise zurückhält. Er behauptet immer, er sei noch zu neu für solche Sticheleien, dabei ist er jetzt schon fast fünf Monate bei uns und kann durchaus gesellig sein. Mit allen außer mir. Mir gegenüber ist er zurückhaltend und gescheit und ein richtiger Gentleman, aber nicht auf eine herablassende Art. Und manchmal ertappe ich mich dabei, wie ich heimlich einen verstohlenen Blick auf diesen brillanten Mann werfe, wenn ich denke, dass gerade niemand schaut.

Wir haben fantastisch zusammengearbeitet in den vergangenen fünf Monaten, der schnurrbärtige Amerikaner und ich, mit dem mich eine fast schon obsessive Entschlossenheit verbindet, die Struktur des Virus zu entschlüsseln und seine RNA zu kartographieren. Dazu arbeiten wir mit der isomorphen Ersetzung – eine brandneue Technik, die bisher nur durch ihren Entwickler Max Perutz zum Einsatz kam –, bei der wir Schweratome in das Virusprotein einfügen. Dieser Ansatz liefert einzigartige Röntgenmuster zweier verschiedener Typen, und die Graphen der Messungen dieser Bilder geben Aufschluss sowohl über den Abstand zwischen der RNA und dem Zentrum des Virus als auch über die Lage der RNA selbst. Dies hilft uns zu verstehen, wie das Protein die RNA isoliert, bis diese in die Zelle gelangt und den Prozess der Vervielfältigung des Virus anstößt. Diese präzisen Informationen sind deshalb von so entscheidender Bedeutung, weil sie Aufschluss darüber geben, wie das Virus wirkt und wie es aufgehalten werden kann.

Die Arbeit mit Don ist berauschend, oft stelle ich mir dabei vor, was unsere Entdeckungen in der Welt alles bewirken könnten. Ob es uns wohl gelingen wird zu verstehen, wie sich Viren vermehren, und wir sie dann mit diesem Wissen aufhalten können? Aber solche Gedanken habe ich nicht nur bei meiner Arbeit mit Don. Unsere ganze Forschung am Birkbeck und mein neues Team lassen die Arbeit am King's oft so vergleichsweise klein und unbedeutend erscheinen; der ganz reale, greifbare Nutzen, den unsere Forschung hier in naher Zukunft haben könnte, begeistert mich. Das hilft mir auch, die Wut und Enttäuschung über all das Schlimme, das Wilkins, Watson und Crick mir angetan haben, zu überwinden, vor allem jetzt, wo Crick und Watson für »ihre« Entdeckung geradezu berühmt geworden sind.

Plötzlich werden meine Gedanken von Sorge überschattet. Ich darf diese kleine Familie und all die Geheimnisse, die wir noch gemeinsam aufdecken könnten, nicht verlieren. Nur, wie soll ich uns ohne die nötigen finanziellen Mittel zusammenhalten?

Seit Monaten, seit Pirie seinen Feldzug gegen mich gestartet hat, mit dem Ziel, meine Finanzierung durch den Agricultural Research Council auf Eis zu legen, halte ich diese nagende

Befürchtung schon unter Verschluss. Ich hatte es sogar als das Wichtigste überhaupt betrachtet, den Rest des Teams nicht damit zu belasten. Ob es jetzt an der Zeit ist, einen anderen Kurs einzuschlagen und sie einzuweihen? Gibt es nicht vielleicht doch irgendetwas, das sie tun können in der Sache? Außer ihrem Seelenfrieden haben sie eigentlich nichts zu verlieren, aber gewinnen können wir vielleicht alle. Stürze ich mich also ins Getümmel.

Ich richte mich auf, rücke meine Schultern gerade und sehe erst zu Don, der mir gegenübersitzt, und dann der Reihe nach zu den anderen. »Es gibt da etwas, worüber ich mit euch reden muss. Ich versuche schon seit Monaten, die Sache wieder hinzubiegen, um Sie gar nicht erst damit belasten zu müssen.« Das Grinsen verschwindet aus ihren Gesichtern. »Erinnern Sie sich noch an den Artikel, den ich für *Nature* geschrieben habe?«

»Welchen meinen Sie? Sie haben mindestens eine Handvoll geschrieben, seit wir zusammenarbeiten«, sagt Don.

»Den, in dem ich beweise, dass die Stäbchen des TMV alle gleich lang sind. Den Artikel, der Pirie so verhasst war.«

»Natürlich«, sagt Aaron. »Danach haben wir uns zur Virenzuchtfabrik entwickelt.«

»Piries Groll äußert sich leider inzwischen nicht nur dadurch, dass er uns Virusproben vorenthält. Er setzt alles daran, dass unser Zuschuss des Agricultural Research Council gestrichen wird. Das Geld läuft nächstes Jahr aus, und Pirie tut sein Möglichstes, um Slater gegen uns aufzubringen. Beziehungsweise gegen mich, um genau zu sein, nicht gegen Sie.« Ich nehme einen tiefen Atemzug. »Bernal hat sich schon für uns eingesetzt, aber Slater ist nicht gerade ein Fan von ihm. Und auch Jim Watson hat über einen Freund von Pirie und Slater ein Wort für uns eingelegt, zusammen mit einer ganzen Reihe anderer Wissenschaftler. Ich bin mir trotzdem nicht sicher, ob das ausreichen wird, auch wenn wir mehr publizieren als jeder andere Fachbereich und mehr Einladungen bekommen, Vorträge auf Konferenzen zu halten, als wir überhaupt annehmen können. Ich meine, Sir Lawrence Bragg hat unsere Modelle für die Internationale Halle der Wissenschaft auf der Brüsseler Weltausstellung angefragt. Mehr kann der Agricultural Research Council von einem Zuschuss ja wohl nicht erwarten?«

»Oh Mann«, sagt Ken und lehnt sich in seinem Stuhl zurück. Auch John lehnt sich zurück und starrt auf den Boden. Jedem ist klar, dass die beiden auch über irgendein Doktorandenprogramm weitermachen könnten, und Don ist sowieso nur ein Jahr hier. Am meisten gefährdet sind Aaron und ich.

»Es ist natürlich auch nicht gerade hilfreich, dass ich eine Frau bin. Und dass meine vierzehnjährige Tätigkeit in der wissenschaftlichen Forschung mich für den Rang eines Principal Scientific Investigators qualifiziert, mir der Agricultural Research Council den Titel aber nicht geben will.« Das Offensichtliche spreche ich nicht aus. Ich habe so lange außerhalb des in der Wissenschaft üblichen Systems gearbeitet und eben keine feste Rolle an einer Universität oder einer anderen Einrichtung innegehabt, dass mir jetzt niemand den Titel und das Gehalt zugestehen will, die meiner Erfahrung entsprechen würden – jetzt, wo ich es endlich in Anspruch nehmen möchte.

»Diese engstirnigen Mistkerle«, murmelt Don in sich hinein, und ich bin zum einen schockiert über seine Ausdrucksweise und zum anderen entzückt über seinen Beschützerinstinkt. Wider besseres Wissen hatte ich insgeheim immer gehofft, er würde seinen gewinnenden Charme einmal auf mich fokussieren. Aber nein, ich darf nicht zulassen, dass irgendjemand oder irgendetwas das sorgfältig aufgebaute Gleichgewicht meiner Gruppe stört. Welchen Schaden eine romantische Verstrickung anrichten kann, habe ich im *labo* schließlich schmerzhaft erfahren.

»Es muss doch noch irgendeine andere Möglichkeit geben«, sagt Aaron, die buschigen Augenbrauen zusammengezogen. Er hat sogar noch mehr zu verlieren als ich. Von seinem Gehalt, das noch geringer ist als meines, müssen er, seine Frau und ihr kleiner Sohn leben, und das im fünften Stock eines baufälligen viktorianischen Hauses in einem ausgesprochen unattraktiven Viertel. Er könnte zwar mit Leichtigkeit eine andere Stelle finden, aber da die ganze Familie von ihm abhängt, könnte eine Unterbrechung der Gehaltszahlungen erhebliche Probleme verursachen.»Wir stehen an der Schwelle zu einem echten Durchbruch – wir alle zusammen. Eine Finanzierungslücke könnte zu einer Unterbrechung unserer Forschung führen und uns als Gruppe gefährden.«

Genau meine Befürchtungen, denke ich. Ich werfe Aaron einen zerknirschten Blick zu.

Mit einem Mal richtet sich Don in seinem Stuhl auf und wirkt gar nicht mehr besorgt, sondern ziemlich aufgeregt.»Und was ist mit Amerika? Ich wette, Sie könnten Gelder von den U.S. National Institutes of Health bekommen; die sind bekannt dafür, auch bedeutende Projekte im Ausland zu finanzieren. Und was könnte bedeutender sein als Ihre Arbeit, die die Antworten auf grundlegende Fragen über die Prozesse des Lebens liefert? Mit welchem Argument sollten sie eine hervorragende britische Wissenschaftlerin zurückweisen, die gerade im Begriff ist, die Geheimnisse der RNA und die verborgene Funktionsweise von Viren zu entschlüsseln?«

KAPITEL 47

30. und 31. August 1956
London

»Wie schön, dass du es noch zur Symphonie geschafft hast, Liebes; bisschen aufgedunsen siehst du allerdings aus. Von der Reise, nehme ich an? Wenn du doch nur weniger arbeiten und reisen würdest«, sagt Mama, während ich mich in den scharlachroten Samtsessel neben sie setze, den Rock meines karmesinroten Abendkleides ausbreite und mir denke, wie gut es doch ist, dass sich die beiden Rottöne nicht beißen. Ich wünschte nur, sie hätte meine Fülligkeit nicht erwähnt; das ist ein heikles Thema. Ich habe schon seit Monaten damit zu kämpfen, schon vor der Amerikareise ging es los, vor allem um die Taille herum, da hilft keine noch so strenge Diät. Aber wahrscheinlich sollte ich dankbar sein, dass Mama wenigstens nicht bemerkt hat, dass ich mein Haar ungewöhnlich frisiert habe, um die kleine kahle Stelle zu verdecken, die ich am Scheitel entdeckt habe.

Sie streichelt meine Hand, als wäre ich ein kleiner Pudel. »Wir sind jedenfalls sehr froh, dass du hier sein kannst. Jenifer bedeutet es ungemein viel.«

Meine Schwester ist Fundraisingvorsitzende des Goldsbrough-Orchesters, das 1948 von Lawrence Leonard und dem bekannten Dirigenten und Cembalisten Arnold Goldsbrough gegründet wurde; selbst wenn ich mich für die Sorte Philanthropie erwärmen könnte, für die meine Eltern sich begeistern, wäre dies sicher nicht meine erste Wahl unter all den ehrwürdigen Institutionen gewesen. Der Schwerpunkt des Orchesters liegt auf alter Musik, insbesondere aus der Barockzeit, und ehrlich gesagt hatte ich immer schon ein kompliziertes Verhältnis zur Musik – eigentlich kann ich meinem Radio genauso viel abgewinnen wie der Livedarbietung einer Symphonie. Der heutige Abend eröffnet die Orchestersaison mit einem Konzert in der Wigmore Hall, an das sich ein feierliches Benefizdinner anschließt. Für die jüngere Tochter von Ellis Franklin geradezu die perfekte standesgemäße philanthropische Rolle und Veranstaltung, und meine Eltern sind entsprechend stolz auf sie. *Wenn sie jetzt noch einen geeigneten Jungen zum Heiraten findet*, habe ich sie häufig sagen hören, bis ich realisierte, dass dieses letzte Lamentieren Jenifer galt, nicht mir – die Vorstellung, dass ich noch heiraten könnte, haben sie längst aufgegeben. Denn Adriennes Ansicht teilen sie ganz sicher nicht.

»Wann bist du denn gelandet? Wir hatten schon befürchtet, du schaffst es nicht mehr vor dem letzten Klingeln bei all deinen verschobenen Rückflügen«, fragt Papa von Mamas anderer Seite herüber. Vor der hübschen edwardianischen Kulisse der Wigmore Hall mit ihren hellen Marmor- und Alabasterwänden sieht er ganz düster aus mit seinen schweren Lidern und dem schwarzen Anzug. Dann erspähe ich Colin, Charlotte und Roland am Ende der Sitzreihe und winke ihnen zu.

»So gegen drei heute Morgen.«

»Bist du nicht völlig erschöpft, Rosalind? Du siehst irgendwie kränklich aus.« Mama wirkt nervös.

Ich bin tatsächlich total erledigt, aber das kann ich ihr nicht sagen. »Nein, ich bin nur tatsächlich direkt vom Büro hergekommen.« Ich hatte meine Rückkehr aus Amerika extra so geplant, dass ich möglichst lange dort sein und trotzdem noch einen Bürotag in dieser Woche einlegen und an dieser Veranstaltung teilnehmen konnte. Diese zweite Reise nach Amerika, finanziert von der Rockefeller Foundation, war sogar noch besser als die erste. Erst die Vorträge und die Laborbesuche in Neuengland, wo ich auch mit den Sayres eine schöne Zeit verbrachte, dann der Mittlere Westen und schließlich Kalifornien, das alles fühlte sich wie eine Heimkehr und eine Offenbarung zugleich an, vor allem wegen der wissenschaftlichen Kontakte, die ich teils neu gewinnen und an die ich teils anknüpfen konnte. Aber die Reise diente auch einem anderen, äußerst dringlichen Anliegen – sie verschaffte mir die Gelegenheit, ein paar Schritte weiterzukommen mit den U. S. National Institutes of Health und unserer Finanzierung. Die Vorstellung, meine Wissenschaftlertruppe vielleicht doch zusammenhalten zu können, macht mir Mut, ich plane, das Antragsverfahren jetzt direkt in Angriff zu nehmen.

»Willst du mir erzählen, dass du nach drei Flügen, einer davon quer über den Atlantik, und einer Ankunft mitten in der Nacht direkt ans Birkbeck gefahren bist? Und nach einem vollen Arbeitstag dann sofort hierher?«, fragt Papa mit ungläubigem Gesichtsausdruck.

Ich starre auf das prächtige Gemälde in der Kuppel über der Bühne – die zentrale Figur verkörpert die Seele der Musik, den Blick fest auf die gleißenden Strahlen über ihr gerichtet, die den Zauber der Harmonie vor einem strahlend blauen Himmel darstellen – und erwidere im Flüsterton, um die anderen Besucher nicht zu stören: »Ich halte mich nun mal an meine Verpflichtungen, Papa. Egal, wie ich mich fühle, und egal, was sonst so los ist in der Welt um mich herum. Hast du mich nicht genau das gelehrt?«

*

Der Jetlag schlägt erst am nächsten Morgen zu. Als ich in Dr. Linkens Wartezimmer sitze und auf die routinemäßige Untersuchung warte, die alle mit Strahlung arbeitenden Wissenschaftler in England absolvieren müssen, auch die des Birkbeck, schlafe ich ein. Als mich die Schwester aufruft, wache ich aus einem tiefen, unangenehmen Traum auf, in dem mein Rückflug wieder und wieder gestrichen wurde und ich niemals an meinem Ziel ankommen würde.

Völlig verschlafen haste ich ins Untersuchungszimmer und lege meine Kleidung ab. Während ich mich auf die Liege lege und mich abtasten lasse, tauschen wir die üblichen Floskeln aus, auch, um die unangenehme Intimität zu überspielen. Ein alter Ärztetrick.

»Ich bin eben aus Amerika zurückgekommen«, antworte ich auf seine Frage zu meinen jüngsten Reisen.

Er hält inne, fragt »Wo genau waren Sie?« und setzt seine unangenehme Untersuchung fort.

Ich zähle die Orte auf, die ich besucht hatte, und meine dann: »Die Rockies sind natürlich spektakulär, aber mein Herz verloren habe ich in Südkalifornien.«

Mit einem Lächeln denke ich an das unerwartete Abenteuer mit Renato Dulbecco, einem Kollegen am Caltech, und einem Guide zurück, zu dem wir um sechs Uhr morgens aufgebrochen waren. Gegen elf waren wir am Fuß des Mount Whitney angekommen, dem mit knapp viertausendfünfhundert Metern höchsten Berg der Vereinigten Staaten. Ausgerüstet mit Schlafsäcken und Verpflegung für vierundzwanzig Stunden wanderten wir den Berg hinauf, vorbei an Bäumen, Blattwerk, Seen und sogar Schnee, der immer spektakulärer wurde, je höher wir kamen. Nachdem wir mit einer atemberaubenden Aussicht auf der Spitze des Berges den nächsten Tag begonnen hatten, machten wir uns an den Abstieg, zogen uns unten angekommen um und waren am Nachmittag wieder im Labor. Es war einfach herrlich und der Ausflug lenkte mich sogar von meinen zunehmend stärkeren Unterleibsschmerzen ab.

»Oh, wirklich? Und was hat Ihnen besonders gefallen?«

»Das Klima, die Landschaft, die Wissenschaft. Wäre meine

Familie nicht so fest verwurzelt in England, würde ich vielleicht sogar über einen Umzug nachdenken.«

»Irgendwelche Probleme während der Reise?«, fragt er.

»Überhaupt nicht. Die Menschen dort sind wirklich reizend und sehr hilfsbereit.«

»Ich meinte, ob Sie irgendwelche körperlichen Probleme hatten. Medizinischer Art.«

Ich gluckse. »Tut mir leid, ich dachte, es geht immer noch um die Reise. Vor zehn Tagen ungefähr, nach dem Trip in die Rockies, hatte ich einen stechenden Schmerz im Unterleib; der amerikanische Arzt, bei dem ich war, gab mir Schmerzmittel und meinte, ich solle mich nach meiner Rückkehr untersuchen lassen. Zum Glück hatte ich ja schon den Termin bei Ihnen, also dachte ich, wir können gleich alles in einem Aufwasch erledigen.«

»Verstehe«, sagt er leicht abwesend, während er mit der ziemlich schmerzhaften Untersuchung weitermacht. »Sonst noch etwas?«

»Ich hatte auf der Reise Schwierigkeiten, meine Röcke und Hosen zuzubekommen, aber dass man in Amerika zunimmt, ist wohl kein Wunder. Es ist nun mal das Land der Fülle, und das habe ich wahrlich genossen. Sie sollten mal sehen, wie üppig die Mahlzeiten dort sind. Von Rationierung keine Spur.«

»Sie können sich wieder anziehen. Wir sehen uns in meinem Büro.«

Gähnend richte ich mich auf, schlüpfe in die weiße Bluse, kurzärmlig wegen des warmen Wetters, und in den dunkelgrauen Rock. Ich habe immer noch fest vor, direkt nach dem Termin ins Labor zurückzukehren, allerdings werde ich wohl einige Tassen Kaffee brauchen, um nicht einzuschlafen an meinem Schreibtisch, während ich mir den Papierkram der U. S. National Institutes of Health vorknöpfe.

Ich schlendere in Dr. Linkens Büro und lasse mich in den mit beigegrauem Stoff bezogenen Eichensessel vor seinem Schreibtisch nieder.

Er zündet sich eine Zigarette an und bietet mir ebenfalls eine an, die ich ablehne. »Ich muss Ihnen eine unangenehme Frage stellen, Miss Franklin.«

»Ich bin Wissenschaftlerin, Dr. Linken. Sie *können* mich gar nichts fragen, was mir unangenehm wäre.«

Er atmet aus, und eine Rauchwolke bleibt zwischen uns hängen. »Also gut. Besteht die Möglichkeit, dass Sie schwanger sind?«

Schwanger? Fast muss ich lachen, denn natürlich gibt es da nicht die geringste Möglichkeit. Aber gleichzeitig durchfährt mich eine unerwartete Sehnsucht und ich gerate ins Grübeln. Hätte ich das denn gerne? Denke ich nach all den Jahren, in denen ich mir und allen anderen immer wieder eingeredet habe, dass ich diese Möglichkeit niemals in Betracht ziehen würde, jetzt, mit sechsunddreißig Jahren, wirklich über eine eventuelle Mutterschaft nach? Ohne einen Kandidaten für eine Ehe in Sicht? *Wie dumm von mir*, sage ich mir.

»Nein, Dr. Linken. Ausgeschlossen, ich bin nicht schwanger.«

»Nun, Miss Franklin, es fällt mir nicht leicht, das zu sagen.« Er nimmt einen weiteren kräftigen Zug. »Ich denke, Sie sollten einen Spezialisten aufsuchen.«

»Warum das denn?«, frage ich und werfe einen Blick auf die Akte auf seinem Schreibtisch. »Dringend« hat er in Rot darübergeschrieben.

»Sie haben ein Geschwür im Unterleib.«

KAPITEL 48

4. September 1956
London

Wo bin ich? Es ist so hell, dass ich die Augen geschlossen halten muss, und dennoch spüre ich das gleißende Licht hinter den Lidern. Bin ich zurück im sonnigen Kalifornien? Ich höre aber gar keine Möwen kreischen und spüre auch nicht den warmen Sand unter den Füßen, also wohl eher nicht. Aber wo sonst ist das Licht so grell? Oder bin ich wieder in Südspanien, mit den so überraschend netten, liebenswürdigen Cricks, Odile und Francis, und wir streifen wieder durch Toledo und Cordoba im Anschluss an die Konferenz in Madrid?

Eine vertraute Stimme holt mich aus dem Zustand des Dösens, in den ich gefallen war. Ist das Mamas Stimme? Was macht sie bloß in Spanien oder Kalifornien? Und dann auch noch mit Tante Mamie und Papa, deren Stimmen ich jetzt auch erkenne? Die Anstrengung des Rätselns dröhnt mir im Kopf und ich lasse mich von den Wellen der Erschöpfung übermannen.

Schmerz durchflutet meinen Arm und dann den Unterleib und plötzlich bin ich hellwach. Tapfer öffne ich die Augen, trotz des grellen Lichts. Ein mir unbekanntes Gesicht blickt auf mich herab. Eine blonde junge Frau im weißen Kleid und mit einer steifen weißen Haube auf dem Kopf. Sie sieht mich eine Weile an und macht sich an einem Beutel zu schaffen, der an einer Metallstange neben mir hängt. Was ist nur los hier?

Eine kalte Flüssigkeit pulsiert durch meinen Arm und mit ihr schwinden mir die Sinne. Die Lider werden mir unerträglich schwer, und wie aus sehr weiter Ferne höre ich eine Frau noch fragen »Wie fühlen Sie sich, Miss Franklin?«, dann wird alles schwarz.

Als ich aus der Dunkelheit erwache, ist das grelle Licht verschwunden und durch einen einheitlichen grauen Schimmer ersetzt. Ich wage es, die Augen zu öffnen, und mir wird bewusst – erstmals seit wer weiß wie lange –, dass ich im Krankenhaus bin. Jetzt fügt sich alles zusammen und mir fällt wieder ein, dass ich gerade operiert wurde, wegen des Geschwürs, das Dr. Linken in meinem Unterleib entdeckt hatte. Und mit dem Geschwür ist auch jeder eventuelle flüchtige Blick auf eine Schwangerschaft entfernt worden, den ich vielleicht irgendwo in ungewisser Ferne erhascht hatte.

Wieder höre ich Stimmen, vielleicht vom Korridor vor meinem Zimmer. Männliche, weibliche, sanfte und laute Stimmen, alles geht durcheinander und ich verstehe kein Wort. Dann sticht eine mir unbekannte Stimme aus dem Gewirr heraus. Vielleicht der Chirurg?

»Zwei Geschwüre. Eines am rechten Eierstock, krocketballgroß. Das andere am linken Eierstock, tennisballgroß.«

Ist das der Chirurg, und spricht er über mich? Über das, was er *in mir* gefunden hat?

Jemand fragt etwas, das ich nicht richtig verstehe, aber ich höre die Antwort des Chirurgen.

»Wir wissen nicht, was sie verursacht hat, aber es gab ja schon eine Reihe von Fällen, in denen Tumoren bei Wissenschaftlern und Angestellten festgestellt wurden, die mit Strahlung arbeiten; wir können einen solchen Zusammenhang nicht ausschließen, auch wenn es gegenwärtig nur in Einzelfällen Belege dafür gibt. Deshalb wurden ja auch die verpflichtenden jährlichen Untersuchungen eingeführt.«

Was er als Nächstes sagt, kann ich wegen Mamas Schluchzen

nicht verstehen. Das allein würde mich nicht weiter beunruhigen – sie weint regelmäßig –, aber dann höre ich meine stoische Tante Mamie einstimmen. Tränen des Selbstmitleids und der Angst steigen mir in die Augen, bis ich Papas scharfe Stimme höre: »Stopp! Wir müssen hören, was er sagt.«

Natürlich gelten seine Worte nicht mir; meine Familie weiß ja nicht, dass ich sie durch die geschlossene Tür meines Zimmers hören kann. Vermutlich wissen sie nicht einmal, dass ich wach bin, sonst wäre jemand bei mir. Trotzdem wirken seine Worte wie ein Befehl, und die Tränen hören sofort auf zu fließen. Und ich lausche weiter.

»Es ist schrecklich, so etwas bei einer so jungen, hübschen Frau zu sehen, aber genau deshalb führen wir die regelmäßigen Untersuchungen bei Wissenschaftlern durch. Mr. und Mrs. Franklin, es tut mir leid, Ihnen das sagen zu müssen, aber Ihre Tochter hat Krebs.«

KAPITEL 49

24. Oktober 1956
Die Fens, England

»Du kommst mir vor wie mein Schutzengel, der knapp vor der Katastrophe vom Himmel fällt«, meine ich glucksend zu Anne, als wir das malerische Cottage betreten, das uns die Cricks für das Wochenende überlassen haben, vorausgesetzt, hatte Francis gemeint, mein »erstklassiger Geist hält eine zweitklassige Unterkunft aus«. Aber dann kann ich das doch nicht so stehen lassen. »Auch wenn ich natürlich nicht an Engel glaube.«
»Natürlich nicht«, sagt sie lachend. »Aber du überschätzt meine Opferbereitschaft, Rosalind. Ich verbringe wirklich liebend gerne ein paar Tage mit dir in dieser ländlichen Idylle. Ich habe dich doch auch vermisst, und nächste Woche geht es ja schon wieder zurück nach Amerika. Und wenn dir so ein langes erholsames Wochenende dann auch noch hilft, wieder zu Kräften zu kommen – umso besser.«
Sie klingt ausgelassen und sorglos, aber ich merke, dass sie sich die Worte mit Bedacht zurechtgelegt hat; ich soll mich weniger wie die Invalidin fühlen, die ich nun mal bin – inzwischen habe ich schon zwei Operationen hinter mich gebracht –, und wieder mehr wie die Rosalind von früher. Wie die Wissenschaftlerin, die rund um die Uhr arbeitet, um die exaktestmöglichen Resultate zu erzielen. Die Bergsteigerin, die andere anspornt beim Aufstieg auf legendäre Gipfel in ganz Europa. Die Gastgeberin, die stets dafür sorgt, dass ihren Gästen deren liebste Köstlichkeiten vorgesetzt werden, auch wenn sie dafür

extra Gentleman's Relish, italienischen Kaffee oder irgendwelche speziellen Kekse kaufen muss. Die Rosalind, die ich wieder sein werde.

Auch wenn ich Anne und ihre Darstellung unserer kurzen Auszeit als Freundinnenausflug statt als Genesungsurlaub genau durchschaue, weiß ich ihren Einsatz doch zu schätzen und habe auch fest vor mitzuspielen. Es ist so wohltuend, einfach ganz normal sein zu können, nach den endlosen Wochen, in denen ich nach den Operationen von meiner Mutter und meinen Tanten umsorgt und überversorgt wurde. Als Anne mich in meinem Elternhaus abholen kam, hatte ich das Gefühl, dort kaum noch atmen zu können. Ihr Angebot, mich zu einer Auszeit mitzunehmen, war wie ein Rettungsanker, den sie mir zuwarf.

»Oh, ich meinte nicht deine Hilfe, für irgendeine Art von Erholung zu sorgen, die ich vielleicht nötig habe …« Ich wedele mit der Hand durch die Luft, als wollte ich eine lästige Fliege verscheuchen, während ich mich behutsam auf dem prachtvollen braunen Ledersofa vor dem Kamin niederlasse. »Gar nicht. Ich wollte mich dafür bedanken, dass du mich aus den Klauen meiner Familie gerettet hast.«

Anne schmunzelt und auch ich muss kichern, obwohl dabei die Narbe und mein Unterleib schmerzen. Zum ersten Mal seit fast zwei Monaten fühle ich mich leicht und hoffnungsvoll, auch wenn mein Körper noch nicht wieder ganz hergestellt ist. Das ständige Getue und Händeringen meiner Mutter während dieser endlos langen Tage in meinem Elternhaus war eher bedrückend statt förderlich für meine Genesung. Dass ich wieder gesund werde, *weiß* ich, und zwar trotz, nicht wegen meiner Mutter, und wenn sie noch so gute Absichten hat.

»Deine Eltern meinen es doch nur gut mit dir«, verteidigt Anne die beiden aus reiner Gewohnheit und aus Respekt.

»Zu gut, würde ich mal sagen. Man kann ein Kissen nur eine gewisse Anzahl von Malen am Tag aufschütteln.«

»Ja, das stimmt wahrscheinlich. Du bist aber auch eine schwierige Patientin; wahrscheinlich weiß sie einfach nicht, wie sie sich um dich kümmern soll, ohne dass du dich angegriffen fühlst.«

»Eine schwierige Patientin?« Ich lache ungläubig.

»Willst du das etwa abstreiten? Du bist ein schwieriger Mensch, warum solltest du also eine einfache Patientin sein?«, antwortet sie, die Hände in die Hüften gestemmt. Was ich an Anne mit am meisten schätze, ist nicht nur ihr scharfer Verstand, sondern vor allem ihre gnadenlose Ehrlichkeit. Ich brauche es, dass man mir unverblümt die Wahrheit sagt, jetzt besonders. Dann fühle ich mich wie ich selbst.

Ich kichere. »Da hast du vermutlich recht«, räume ich ein.

»Allerdings, und das weißt du auch.« Sie lässt die Arme sinken und ein Lächeln erscheint auf ihrem kantigen Gesicht. »Dann hoffe ich mal, dass du friedlich bleibst, wenn ich dir gleich eine Fleischbrühe aufsetze.«

Ich seufze bei der wohligen Vorstellung, mit einer Tasse Fleischbrühe am Feuer zu sitzen, in einem Cottage mitten in den Fens – dieser wunderschönen, flachen Sumpflandschaft an der Ostküste mit ihrer herrlichen Artenvielfalt – und mit meiner lieben Freundin an der Seite. Eine fast perfekte Szenerie. Abgesehen vom Krebs natürlich. Von der Diagnose, die allen in Kopf herumgeht und von der doch niemand spricht, wegen irgendeines überholten Aberglaubens. Nicht einmal die geradlinige, wahrheitsliebende Anne.

Aber warum sollte ich mich als Wissenschaftlerin vor einem offenen Gespräch über ein invasives Zellwachstum scheuen, eine biologische Anomalie? Erst recht mit Anne, die mich bestimmt nicht anders behandeln wird, wenn sie weiß, wie ernst es um mich stand.

»Der Krebs ist weg, weißt du«, sage ich.

Sie erstarrt. Warum haben eigentlich alle eine solche Heidenangst vor dem Wort? Krebs ist ja nicht ansteckend, nur weil ich es laut ausspreche.

Und dann setze ich zu einem nüchternen Vortrag über meinen Zustand an. »Bei der ersten Operation hatte der Chirurg Tumoren in beiden Eileitern gefunden, den rechten entfernte er komplett, den linken zum Teil. Nach mehreren Tests und anhaltenden Symptomen gab es dann eine zweite Operation, bei der auch der restliche linke Eileiter herausgenommen und eine Hysterektomie durchgeführt wurde. Hinterher meinte er, die Tumore seien vollständig eingekapselt gewesen, und deshalb habe er zusammen mit den Organen auch den Krebs entfernt.« Ich atme tief durch und bin plötzlich sehr erschöpft. Ich glaube, mit Ausnahme des Chirurgen habe ich noch nie mit jemandem so ausführlich über die medizinische Lage gesprochen, und ich bin überrascht, wie viel es mir abverlangt, obwohl ich es für so wichtig halte. »Du siehst also, Anne, es geht mir gut. Ich muss mich nur noch von den Operationen erholen.«

Anne antwortet nicht gleich. Langsam lässt sie sich neben mir auf das verwitterte Ledersofa sinken. Ich versuche mein Zusammenzucken zu überspielen, als sich meine Sitzhaltung verlagert. Jetzt Schwäche zu zeigen, könnte die großspurige Verlautbarung über meinen Zustand gefährlich untergraben.

»Bist du sicher?«

»Absolut. Ich schätze, ich bin noch vor Jahresende vollständig genesen und kann wieder arbeiten.«

Anne entspannt sich sichtlich. Erst jetzt wird mir bewusst, wie steif sie die ganze Zeit war. Was hat ihr meine Familie bloß erzählt?

Sie greift nach meiner Hand und drückt sie fest. »Oh, Rosalind, ich bin so erleichtert. Als ich nach fast zwei Wochen in England immer noch nichts von dir gehört hatte – trotz meiner Anrufe und Briefe –, hatte ich mich an deine Familie ge-

wandt. Deine Mutter konnte kaum sprechen am Telefon vor lauter Schluchzen. Ich hatte schon das Schlimmste befürchtet.«
Ich erwidere den Druck und lasse ihre Hand dann los. »Damit ist jetzt Schluss. Wie du siehst, bin ich auf dem Weg der Besserung, und es wird nicht lang dauern, bis wir wieder zusammen durch New York flanieren nach meiner nächsten Konferenz. Die Wissenschaft hat sich gut um mich gekümmert. Wie immer.«

KAPITEL 50

7. Januar und 25. April 1957
London

Die Arbeit ruft. Meine Eltern drängen mich, noch zu warten, sie flehen mich an, auch noch einen vierten Monat bei ihnen zu bleiben und mich erst noch zu erholen. Vergeblich. Alle anderen versuchen es erst gar nicht. Die Frist bis zur Entscheidung des Agricultural Research Council endet in Kürze und ich muss mich dringend um eine alternative Finanzierung durch die U. S. National Institutes of Health kümmern. Ich werde meine kleine Familie nicht im Stich lassen.

Am Birkbeck weiß natürlich niemand um die Art meiner Krankheit. Über Krebs spricht man nicht, nicht einmal unter Wissenschaftlern, die ja normalerweise kein Blatt vor den Mund nehmen, und nicht einmal, wenn der Krebs schon behandelt wurde. Als ich mich an meinem ersten Arbeitstag keuchend die fünf Stockwerke zu meinem Büro hinaufschleppe, wehre ich die Hilfsangebote von Aaron, Ken, John und Don ab. Ich will kein Gewese, und ich will auch nicht, dass sie mich anders sehen als bisher. Außerdem hat der Arzt ja gesagt, dass er glaubt, den ganzen Krebs erwischt zu haben.

Aaron und ich sehen uns über meinen Schreibtisch hinweg an und ich frage mich, ob ich mich verändert habe. Abgenommen habe ich auf jeden Fall. Ich sehe schon ziemlich abgemagert aus im Spiegel, aber die zusätzliche Strickjacke gegen die Winterkälte, die mir beißender vorkommt als je zuvor, sollte meine Silhouette doch halbwegs verbergen. Das hoffe ich jedenfalls.

»Wie gut, dass du wieder da bist, Rosalind. Wir haben uns Sorgen gemacht«, sagt er.

Ich tue so, als hätte ich seine liebevollen Worte nicht gehört; ich kann nicht riskieren, dass mich seine Anteilnahme aus der Bahn wirft. »Sollen wir unsere Projekte durchgehen?«, frage ich. »Den Stand der Dinge prüfen?«

»Wie bitte? Traust du mir vielleicht nicht zu, dass ich hier alles im Griff hatte, während du weg warst?« Nachdem klar ist, dass ich wohl eher nicht über meine Krankheit sprechen werde, fällt er zurück in die alte Neckerei.

»Natürlich nicht«, erwidere ich. »Du hast doch bestimmt eine dicke Minestrone gekocht aus unseren ganzen Gemüseviren.«

Er lacht, hält die für mich zusammengeschriebenen Forschungsergebnisse aber schon bereit. Wir gehen die verschiedenen Experimente und Ergebnisse durch, die das Team mit den Kartoffel-, Tomaten-, Erbsen- und Steckrübenviren erzielt hat, und vergleichen sie miteinander – unsere »Minestrone«. Die Ergebnisse übertreffen meine Erwartungen – sie beweisen, dass die kleinen RNA-Viren wie Polio und die kugelförmigen Pflanzenviren Ähnlichkeiten aufweisen. Sollten wir unseren Forschungsbereich vielleicht auf tödliche Viren ausweiten? Welche Auswirkungen könnte unsere RNA-Virusforschung dann auf das Leid der Menschen haben?

»Meine Güte, die Daten sind so ergiebig, darüber könnten wir zehn Aufsätze auf einmal publizieren. Dabei haben wir allein in diesem Jahr schon sieben Stück zustande gebracht«, stelle ich fest. Und dann, unter dem einzigen Hinweis auf meine Krankheit und meine Abwesenheit, den ich mir erlauben kann, füge ich hinzu: »Du hast das alles großartig gemanagt, während ich weg war, Aaron.«

»Ich hatte ja auch ein bewundernswertes Vorbild, an dem ich mich orientieren konnte«, erwidert er. Wir wenden beide unseren Blick ab und ich habe den Verdacht, dass er ein paar Tränen wegblinzelt. So wie ich.

*

Wann ist es eigentlich plötzlich Frühling geworden?, denke ich. Die letzten dreieinhalb Monate sind mit dem Vorbereiten der Proben, der Aufnahme der Kristallographiebilder, dem Vergleich der Bilder unterschiedlicher Pflanzenviren und dem Verfassen von Aufsätzen regelrecht an mir vorbeigerauscht, von der ganzen Verwaltungsarbeit und der Beschaffung der Mittel ganz zu schweigen. Ich habe hart daran gearbeitet, meine anhaltende Erschöpfung und die regelmäßigen Arzttermine zu verbergen, und werte es als Erfolg meines Täuschungsmanövers, dass ich Ken kürzlich John gegenüber sagen hörte, ich hätte wohl mit »Frauensachen« zu tun. Ich will auf keinen Fall, dass sie denken, ich könne unsere Arbeit nicht mehr machen.

Als wir von einem besonders vergnüglichen Mittagessen in einem indischen Restaurant aus dem Viertel zurückkommen, fallen mir zwei vielversprechende Briefe auf meinem Schreibtisch ins Auge, auf einen der beiden warte ich seit Wochen. Welchen soll ich zuerst öffnen? Den dünnen Umschlag des Agricultural Research Council? Oder das unerwartete Schreiben des Medical Research Council?

Mein silberner Brieföffner schwebt über den beiden Umschlägen. Dann treffe ich eine Entscheidung und greife nach dem Brief des Agricultural Research Council, bevor ich noch länger zögere oder mich umentscheide. Schon die erste Zeile erstaunt und begeistert mich gleichermaßen: »Wir haben uns entschieden, Ihren Zuschuss zu verlängern.«

Fast will ich schon aufspringen und nach Aaron rufen, aber dann lese ich den nächsten Satz. Das Geld soll offenbar nur für ein Jahr gewährt werden – nicht für drei, wie es zunächst angekündigt war –, also muss ich mich doch nach einer alternativen Förderung umsehen. Immer noch erleichtert lasse ich die Information sacken und überfliege den nächsten Absatz. Der Agricultural Research Council hat meine Anfrage nach dem Rang eines Principal Scientific Investigators abgelehnt. Für einen Wissenschaftler in meiner gehobenen Position halten sie eine Stelle an einer Universität oder einer Forschungseinrichtung für angemessener.

Eine Mischung aus Erleichterung und Wut durchfährt mich. Mein Team hat ausreichend Mittel für mindestens ein weiteres Jahr zur Verfügung, aber die Geringschätzung mir gegenüber trifft mich hart. Meine Wissenschaftler und ich veröffentlichen mehr Aufsätze – und zwar bedeutende Aufsätze – als jede andere vom Agricultural Research Council bezuschusste Einrichtung. Ich weiß genau, woher die widerstrebende Haltung hinsichtlich der Unterstützung meiner Gruppe rührt – nämlich von Pirie, der es nicht verträgt, dass eine Frau ihn in der Virenforschung abgehängt hat. Aber die unsensible Bemerkung über eine Stelle an einer Universität oder einer Forschungseinrichtung kann ich einfach nicht glauben – was meinen sie denn, wie leicht es für eine Frau ist, eine solche Stelle überhaupt zu bekommen? Und überhaupt – warum müssen den alle immer dieselben ausgetretenen Pfade beschreiten, egal ob Mann oder Frau?

Ja, ich sollte dankbar sein für den Zuschuss, trotzdem bin ich kurz davor, aus lauter Frust den Papierkorb wegzutreten, als mein Blick auf den zweiten Brief fällt. Was könnte der Medical Research Council von mir wollen? Ich kenne ihn als Geldgeber von Randalls Abteilung am King's, aber mit Bernals Gruppe am Birkbeck hat er meines Wissens nichts zu tun.

Ungläubig starre ich auf das Schreiben des Council-Sekretariats. Darin heißt es, der Council sei durch Sir Lawrence Bragg auf meine Brillanz und die Bedeutung meiner Forschung aufmerksam gemacht worden und habe daraufhin entschieden, die Gehälter meiner Assistenten zu finanzieren, sollte der Zuschuss des Agricultural Research Council nicht länger gewährt werden, und das, obwohl ich nie einen entsprechenden Antrag gestellt habe. Kann es sein, dass Bragg unter den gleichen Schuldgefühlen leidet wie Crick und Watson, weil er das Gentleman's Agreement mit Randall gebrochen hat – was mich und meine Forschung in ziemliche Bedrängnis brachte –, und er dadurch sein Gewissen erleichtern wollte? Was spielt das schon für eine Rolle, sage ich mir, Hauptsache, wir haben das Geld.

Ich springe auf und rufe nach Aaron. »Aaron, Ken, John, Don! Wir haben die Finanzierung!«, rufe ich, als er nicht kommt.

Niemand stürmt in mein Büro trotz der bahnbrechenden Nachricht, und mir fällt ein, dass Ken und John losgezogen sind, um Zubehör zu besorgen, Don nach Cambridge gefahren ist und Aaron im Keller die laufenden Versuche kontrolliert. Wie erleichtert sie alle sein werden, denke ich. Und sprachlos, dass wir ohne jeden Antrag Geld erhalten sollen.

Plötzlich fährt mir ein stechender Schmerz in den Unterleib. Ich umklammere meine Körpermitte und sinke vor Schmerzen zu Boden. Eine Blutlache bildet sich unter mir, aber alles, was ich denken kann, ist, dass mein Team mich auf keinen Fall so sehen darf. Ich zwinge mich hoch, verdecke das Blut mit einem langen Mantel und krieche förmlich die fünf Stockwerke hinunter bis zu einem Taxi – und dann weiter direkt ins University College Hospital.

KAPITEL 51

12. August 1957
Genf und Zermatt, Schweiz

Ob Don genauso beeindruckt ist von der makellosen Schönheit Genfs wie ich? Die vom Krieg gänzlich verschonte Stadt strahlt regelrecht. Nahtlos reihen sich elegante Altbauten an modernere Gebäude, und im Hintergrund der Stadt erhebt sich der Mont Blanc mit seiner weißen Kuppe. Im Stadtzentrum liegt der tiefe, mit Segelbooten übersäte weitläufige Genfer See, durch den die Rhône fließt, die sich auch durch die Straßen der Stadt schlängelt. Kein Wunder, dass dieser strahlende Ort für die Gipfelkonferenz ausgewählt wurde, bei der die Staats- und Regierungschefs Großbritanniens, Amerikas, der Sowjetunion und Frankreichs über den Frieden berieten. Die Stadt pulsiert förmlich vor Ordnung und Hoffnung.

Seite an Seite lehnen Don und ich am Geländer, das diesen Teil des azurblauen Genfer Sees abgrenzt. Irgendwie finde ich den geselligen, ausgeglichenen Amerikaner hier sogar noch anziehender als in London, und ich freue mich, dass ausgerechnet er mich auf die Virenkonferenz begleiten wollte. Ich hoffe, dass er die Chance nicht nur wegen des Hauptredners Dr. Jonas Salk, des Entdeckers des Polio-Impfstoffs, ergriffen hat.

»Don, ich bin Ihnen so dankbar für Ihren Rat, bei den U. S. National Institutes of Health einen Antrag auf Finanzierung zu stellen, das wollte ich Ihnen längst schon sagen. Ohne Sie hätte ich das nie als realistische Option in Betracht gezogen. Und jetzt sehen Sie sich an, wo wir stehen.«

Ich hatte schon lange die Hoffnung aufgegeben, überhaupt noch eine Reaktion der U.S. National Institutes of Health auf meinen Antrag zu erhalten, als letzten Monat ein dickes Antwortschreiben mit der Post kam, in dem uns 10.000 Dollar pro Jahr angeboten wurden. Mit dem Geld aus Amerika und den Mitteln des Agricultural Research Council und des Medical Research Council zusammen verfügt mein Team nun über eine stattliche Finanzierung. Es beruhigt mich, dass die Stellen von Aaron, Ken und John in absehbarer Zukunft gesichert sind und unsere Arbeit fortgesetzt werden kann. Ganz besonders jetzt. Ganz besonders angesichts dessen, was ich weiß.

»Machen Sie Witze?«, meint er mit seinem bezaubernden amerikanischen Akzent. »Das ist doch das Mindeste, was ich für Sie und die Jungs tun kann. Sie haben mich so herzlich in Ihrem Labor aufgenommen, ich habe dort die wertvollsten Erfahrungen meiner ganzen Karriere gemacht. Sehen Sie sich doch nur mal unsere gemeinsamen Veröffentlichungen an!«

»Unsere Fähigkeiten und unser Wissen ergänzen sich ziemlich gut, nicht wahr?«

Don nickt und lächelt mich an. »Die Aussicht hier ist fantastisch. Danke für den Vorschlag, die erste Vorlesung sausen zu lassen und stattdessen die Stadt zu besichtigen. Dass Sie mutig sein können, wusste ich ja, aber frech? Das war mir neu.«

»Sie haben keine Ahnung, wozu ich fähig bin, Don Caspar«, sage ich und werfe mein Haar zurück. Seltsam, wie bedeutungslos gesellschaftliche Konventionen doch werden im Angesicht des Todes. Mir fällt jedenfalls keine einzige Situation ein, in der ich so offensichtlich geflirtet hätte.

Don macht sich keine Vorstellung davon, wie viel Wahrheit in meinen Worten steckt. Wie weit ich tatsächlich gehen würde für die Wissenschaft und fürs Leben, kann niemand wirklich begreifen. Nach der Blutung im April hatte ich zwei Wochen im University College Hospital gelegen, dann hatte mein Chirurg mir mitgeteilt, dass sich auf der linken Seite des Beckens ein neues Krebsgeschwür gebildet hatte und mir nun nichts anderes mehr bliebe, als Trost in der Religion zu suchen. Zum ersten Mal seit der Krebsdiagnose war ich wirklich verzweifelt, nachdem sich meine Wut über seinen herablassenden Tonfall und seine Überheblichkeit gelegt hatte. Weniger wegen der Unheilbarkeit meiner Krankheit; mir machte vor allem zu schaffen, dass mich die Wissenschaft im Stich gelassen hatte, als ich sie am meisten brauchte. Die Wissenschaft – meine treue Begleiterin, die Brille, durch die ich die Welt sehe, mein Glaube – konnte nichts mehr für mich tun.

Aber auch wenn sie mich im Stich ließ, konnte ich doch nicht von ihr lassen. Ich hatte selbst geforscht und für den Einsatz der relativ neuen Kobaltstrahlentherapie plädiert, bei der über Bestrahlungsgeräte Gammastrahlen direkt in den Tumor gelenkt werden, um das Gewebe zu zerstören. Meine Ärzte sprachen sich dagegen aus, sie meinten, die Nebenwirkungen der Therapie – eine eventuell eintretende akute Strahlenkrankheit – würden schwerer wiegen als der mögliche geringe Nutzen, nämlich eine unwesentliche Verlängerung meines Lebens. Die Ärzte sprachen mir und meinen Eltern gegenüber so lange und immer wieder von *Unheilbarkeit*, bis Mama irgendwann anfing, lautstark eine zweite Meinung einzufordern. So aufgewühlt hatte ich sie noch nie gesehen, und selbst Papa war derart aufgebracht, dass er gar nicht erst versuchte, ihrem Wettern Einhalt zu gebieten. Aber weder die Ärzte noch meine Eltern konnten mich von der Kobaltstrahlentherapie abbringen, und so hatte ich die letzte Behandlung kurz vor meiner Abreise in die Schweiz hinter mich gebracht; nicht weniger als drei Ärzte hatten mir von der Reise abgeraten und auch meine Eltern hatten mich angefleht, nicht zu fahren. Ich aber hatte lieber auf Annes Rat gehört, diese Tage auszukosten und nur noch zu tun, worauf ich Lust hätte, zumal die Schweizer Krankenhäuser, sollte sich mein Zustand rapide verschlechtern – an dieser Stelle hatte sie ein wenig geweint –, mindestens so gut seien wie die englischen. Als ich ihr zuhörte und ihre Tränen sah, hatte ich keinen Zweifel mehr, welchen Weg ich einschlagen würde. Ich musste den Kontinent ein letztes Mal sehen.

Ich mache mir keine Illusionen über meine Zukunft. Zum ersten Mal setze ich die Wissenschaft zu meinen ganz eigenen Zwecken ein – um mir ein wenig mehr Zeit zu kaufen – für, ja genau, meine geliebte Wissenschaft.

*

»Oh, Rosalind, ich wünschte, Sie hätten mitkommen können auf die Wanderung«, ruft Don mir zu, als er und sein amerikanischer Freund Richard vom Wanderweg abbiegen und zu mir hinüberstapfen. Ich sitze mit einem Buch auf einer Decke inmitten einer Wiese und genieße die Aussicht auf das pyramidenförmige Matterhorn, den berühmten Alpengipfel bei Zermatt, wohin wir weitergereist sind nach der Konferenz, um hier ein verlängertes Wochenende zu verbringen. »Sie sollen ja eine herausragende Bergsteigerin sein, habe ich gehört. Haben Sie nicht eine sechzehnstündige Wanderung über den Grat des Péclet-Polset in der Haute-Savoie unternommen, zu der Sie noch vor der Morgendämmerung aufgebrochen sind?«, fragt er und fährt sich mit der Hand durch das schweißnasse Haar.

»Doch, habe ich«, antworte ich und widerstehe dem Drang, näher auf die berühmt-berüchtigte Tour einzugehen. Ich will nicht noch mehr Aufmerksamkeit darauf lenken, dass ich bei der heutigen Wanderung passen musste.

Der Krebs hat mir vieles genommen, die Energie und Ausdauer zum Klettern gehören zum Schlimmsten. Angesichts der beflügelnden Aussichten auf Gipfel und Täler, die sich immer wieder neu hinter den Felsen und Hügeln auftaten, konnte ich immer so wunderbar abschalten und ganz im Moment sein, wenn nichts anderes zählte, als den richtigen Tritt und den sichersten Griff zu finden. Nur dort konnte ich meinem umtriebigen, rastlosen Geist erlauben, loszulassen und für eine flüchtige Sekunde zur Ruhe zu kommen. Diese Momente sind – oder vielmehr waren – meine einzige Form des Gebets, nicht unähnlich meiner wissenschaftlichen Forschung.

»Wir hätten noch Zeit für eine kurze Wanderung, Rosalind, wenn Sie möchten. Ich habe hier etwas ganz in der Nähe herausgesucht«, meint Richard.

»Vielleicht ein andermal. Ich habe ein Picknick vorbereitet, wollen Sie sich nicht zu mir setzen?«

Die beiden nehmen auf der Decke Platz und schnüren ihre Stiefel auf. Wir genießen die Sonne und teilen Käse, Brot, Wurst, Obst und süßen Wein. Die Männer wetteifern darum, wer von den aufregendsten und gefährlichsten Situationen des Aufstiegs zu berichten hat, und wir alle müssen lachen. Das ist wohl der schönste Nachmittag, den ich in letzter Zeit erlebt habe. Und er ist alle Schmerzen wert, die es mich gekostet hat, hierherzukommen.

»Sollen wir beide die kurze Wanderung noch angehen, bevor wir losmüssen, Don?«, fragt Richard und erhebt sich.

»Geh du ruhig vor. Ich bleibe mit Rosalind noch etwas hier.« Don lächelt mich an.

»Sie sollten wirklich nicht wegen mir auf eine Matterhornwanderung verzichten, Don. Gehen Sie ruhig mit Ihrem Freund mit«, sage ich. Ich will sein Mitleid nicht.

»Ich bleibe wirklich lieber hier bei Ihnen, Rosalind.« Er klingt aufrichtig.

Jetzt, wo Richard weg ist und mit ihm das Gefühl, dass wir uns besser über andere Dinge als Wissenschaft unterhalten sollten, plaudern Don und ich eine Weile über die Konferenz, über Jonas Salks inspirierende Worte und die vielen spannenden

Wendungen, die unsere Virenforschung noch nehmen könnte. Ich könnte mich den ganzen Tag mit Don unterhalten. Als die Weinflasche geleert ist, wendet er sich mir zu und meint: »Es gibt da etwas, über das ich schon eine ganze Weile nachdenke, Rosalind.«

»Und zwar?«, frage ich, davon ausgehend, dass er einen neuen Forschungszweig im Kopf hat, den wir einmal austesten könnten, oder irgendeine wilde neue Theorie, der wir mit unserem kristallographischen Ansatz nachgehen könnten.

Dann beugt er sich vor und küsst mich. Ich lasse seine weichen Lippen sanft auf meinen aufkommen und genieße die zärtliche Berührung seiner Hand auf meinem Rücken und meinem Arm. Ich gebe mich ganz den Empfindungen hin, die meinen geschundenen Körper durchlaufen, und lasse das Gefühl der Lebendigkeit zu. Die Hoffnung und den Traum von einem Leben mit Don. Auch wenn ich weiß, wie illusorisch und flüchtig es ist.

»Das will ich schon seit dem Tag, als ich dich das erste Mal im Birkbeck gesehen habe.«

»Wirklich?«, frage ich überrascht. Er hat nicht ein Mal mit mir geflirtet, hat mir nicht einen verstohlenen Blick zugeworfen, soweit ich weiß, jedenfalls. Dabei habe natürlich auch ich an ihn gedacht, und zwar auf andere Art als an die restlichen Teammitglieder, auch wenn er dreißig ist und ich siebenunddreißig und das Alter wahrlich nicht das Einzige ist, das uns trennt.

»Ja, absolut. Was ich für dich empfinde, habe ich noch für keine andere Frau empfunden. Watson hatte das Bild einer brillanten britischen Wissenschaftlerin aus der Oberschicht von dir gezeichnet, knallhart und obendrein ein echtes Genie. Als ich dann am Birkbeck-Townhouse ankam, saßt du draußen, mit Aaron, Ken und John, die Sonne schien auf dein Haar und du hattest ein strahlendes Lächeln auf den Lippen. Du warst schön, freundlich und auch noch genauso intelligent, wie Watson dich beschrieben hatte. Aber wie hätte ich an deinen unermüdlichen Begleitern vorbeikommen können? Aaron, Ken und John sind ja wie Wachhunde unentwegt an deiner Seite.«

»Wenn du meine Geschichte mit Watson kennen würdest, hättest du sicher nichts gegeben auf alles, was er dir über mich erzählt hat.«

»Was ich selbst entdeckt habe, war ohnehin weitaus wunderbarer, als überhaupt jemand hätte beschreiben können«, sagt er und rückt noch ein Stück näher an mich heran.

Ich möchte ihn noch einmal küssen. Mehr als alles andere auf der Welt. Aber ich kann nicht; so unermesslich traurig es ist, die Fantasie dieses Augenblicks muss enden.

»Don, du weißt doch, dass es mir nicht gut geht, nicht?«

»Ja, natürlich. Wir haben uns alle furchtbare Sorgen um dich gemacht. Aber jetzt bist du doch zurück am Birkbeck, etwas müde vielleicht, aber noch genauso brillant. Und bezaubernd.« Er sagt das mit solcher Zärtlichkeit und streicht mir dabei so liebevoll über den Arm, dass mir fast die Tränen kommen.

»Don, es gibt etwas, das du begreifen musst, auch wenn es für mich selbst unendlich schwer ist, es mir einzugestehen, geschweige denn, es auszusprechen.« Ohne zu wissen, ob ich überhaupt weitersprechen kann, ohne zu wissen, wie ich das Unbegreifliche aussprechen kann, atme ich tief durch. Aber dann kommen die Worte mit einem Mal wie von selbst. »Ich kann mit dir nicht etwas anfangen, weil ich überhaupt nichts mehr anfangen kann«, sage ich mit zitternder Stimme.

»Was meinst du damit?« Die Furche zwischen seinen Brauen vertieft sich und mir wird klar, dass ich die Dinge beim Namen nennen muss.

»Ich meine es genau so, wie ich es sage.«

»Du willst doch nicht sagen, dass du sti…« Er schafft es nicht, das Wort auszusprechen.

»Doch«, sage ich und merke an seinem verzweifelten Gesichtsausdruck, wie unmittelbar sich das anhört. Ich beeile mich, ihn zu beruhigen, und dabei verflüchtigt sich meine eigene Traurigkeit ein wenig und meine Stimme wird wieder fester. »Natürlich nicht jetzt in dieser Minute. Aber innerhalb der nächsten Monate, ein Jahr höchstens.«

Er schüttelt den Kopf und fängt an zu weinen. Es trifft ihn härter, als ich gedacht hätte. »Das kann nicht sein, Rosalind. Du siehst doch völlig gesund aus.«

Eine unerwartete Gelassenheit macht sich mit einem Mal in mir breit. »Manchmal ist der äußere Eindruck eben trügerisch, aber lange werde ich diesen Schein nicht mehr aufrechterhalten können.«

»Nein, das darf nicht sein. Mit all deinem Wissen und deinen Einblicken und den ganzen Wissenschaftlern in deinem Umfeld, da muss es doch möglich sein, irgendeine noch unerprobte alternative Behandlung für dich zu finden.« Tränen laufen ihm übers Gesicht.

»Das habe ich alles schon hinter mir.« Ich greife nach seiner Hand. »Immerhin habe ich dadurch ein bisschen Zeit gewinnen können, für ein wenig mehr Wissenschaft und für das heutige Geschenk.«

KAPITEL 52

16. April 1958
London

Warum weinen sie denn alle, meine Wissenschaftler? Ich öffne die Augen, um sie anzusehen, Aaron und Ken und John und Don, dessen Hand ich halte, wie sie auf Stühlen um mein Bett sitzen, die Wangen tränennass. Ist das Ray, der da hinter Aaron steht? Meine Güte, jetzt fehlt nur noch Vittorio, dann ist die Runde komplett. Und dann fällt es mir wieder ein – das ist gar kein Ehemaligentreffen; jetzt weiß ich wieder, wo ich bin und warum sie alle weinen.

»Kein Grund zu weinen, Jungs«, sage ich, aber meine Kehle ist so trocken, dass nur ein Krächzen aus meinem Mund kommt. Ich hoffe, sie verstehen mich.

»Du warst immer so verdammt töricht und so verdammt mutig«, sagt Aaron, halb weinend, halb stammelnd. Bekäme ich nur einen Schluck Wasser, um meine Kehle zu befeuchten, würde ich lachen über meinen lieben unverblümten Freund.

Ich lächle sie an, diese guten, mutigen, brillanten Männer, die auch dann an meiner Seite waren, wenn ich mal wieder besonders fordernd und schwierig war. Die auch dann noch zu mir hielten, als der Rest der wissenschaftlichen Community mich ächtete, und die mir zu Entdeckungen und Erkenntnissen verhalfen, die ich allein nie erreicht hätte. Manch einer trug mich sogar die letzte steile Treppe hinauf in mein Büro im Birkbeck-Dachgeschoss, als ich es nicht mehr schaffte, mich selbst hinaufzuhieven. All das will ich ihnen so gerne sagen, aber dann schiebt die

Krankenschwester des Royal Marsden Hospital den Vorhang beiseite, der mich und die anderen umgibt – ihr Zeichen, dass es Zeit ist, zu gehen. Don lässt meine Hand erst los, als Aaron seine Finger einzeln aus meinen löst. Er küsst mich auf die Stirn und folgt Aaron hemmungslos schluchzend aus dem Raum.

Liegt es an den Schmerzmitteln oder kommt da tatsächlich meine Familie direkt nach den Männern in den Raum? Mein Zeitgefühl hat sich verändert, manches kommt mir unendlich gedehnt vor, anderes stark komprimiert. Während ich noch über die Relativität der Zeit nachdenke, wird der Sichtschutz erneut zugezogen und plötzlich ist der Raum um mein Bett dicht gedrängt mit Menschen, mit Mama, Papa, Colin und Charlotte, David, Roland, Tante Mamie und Tante Alice sowie Jenifer und Ursula; sogar Anne ist im Geiste dabei, als Ursula einen Brief von ihr vorliest. Der Anblick von Jenifer und Ursula lässt mich an den Abschluss meiner Europareise im vergangenen Sommer denken, meiner letzten Reise überhaupt. Nach einem sehr emotionalen Abschied von Don fuhren Jenifer, Ursula und ich noch eine Weile in Jenifers Morris Minor durch Italien, und fast spüre ich noch den Wind von den offenen Wagenfenstern durch mein Haar fahren. Eine kurze Sekunde lang könnte ich überall in der Zeit, überall auf der Welt sein.

Papas Stimme reißt mich aus meiner Träumerei. »Rosalind, Liebes. Kannst du mich hören?«

Ich nicke, zumindest glaube ich das. Jedenfalls fährt er fort. »Mama und ich wollen, dass du weißt, wie sehr wir dich lieben. Wie stolz wir auf das Leben sind, das du für dich gewählt hast. Wir hatten deine Arbeit nie verstanden, wir wussten nicht, welche Bedeutung das alles hat und was du alles erreicht hast, bis uns Dr. Bernal durch dein Labor führte und es uns sagte. Und dann sahen wir dein Modell bei der *Conversazione* der Royal Society und hörten das Loblied, das Sir Lawrence Bragg auf dich sang.«

Oh gut. Es freut mich sehr, dass sie zufrieden mit mir sind. »Danke«, sage ich, aber es kommt nur ein leises Flüstern heraus. Eine Prozession von Händen, Wangen, Tränen und Küssen geht über mich hinweg, Ursula verweilt am längsten. Ich habe das Gefühl, von meiner Familie und durch sie hindurch getragen zu werden, bis ich auf ihrer anderen Seite angelangt bin, als wären sie die Basen auf den spiralförmigen Stufen der DNA und ich die Trägerin ihres genetischen Erbes in die Zukunft. Und dann sind sie weg, und ich bin allein.

Oder doch nicht?

Der Anstieg wird steiler und steiler. Ich bin dem Gipfel nicht mehr fern – werde ich die Kraft für das letzte Stück aufbringen können? Ich glaube nicht, dass ich je allein eine so lange Wanderung in einer solchen Höhe unternommen habe. Nicht dass ich ganz allein wäre. Ich bin durchaus an anderen Bergsteigergruppen und Wanderern vorbeigekommen und tröste mich damit, dass mich sicher jemand finden wird, sollte ich eine Seillänge oder einen Untergrund falsch einschätzen. Also erlaube ich mir, mich ganz auf die unmittelbare Ausschau nach dem nächsten richtigen Schritt zu konzentrieren. Erst dann kann ich loslassen und aufsteigen.

Fast bin ich da – aber dann bin ich plötzlich zurück in meinem Krankenzimmer, und da ist noch jemand. Es ist meine liebe Adrienne, die extra aus Paris gekommen sein muss. Wir sprechen nicht, das ist auch gar nicht nötig. Ich spüre, wie mir ihre Finger durchs Haar streichen, und höre, wie sie mir ins Ohr flüstert, *ma chère*, als eine weitere Gestalt auftaucht und sich auf dem Stuhl neben ihr niederlässt. Jacques Mering.

»Rosalind«, sagt er. Ich habe es immer geliebt, wie er meinen Namen sagt. »Rosalind«, sagt er noch einmal, und irgendwann kann ich sein Bedauern darüber, unsere Liebe vertan zu haben, und seinen Schmerz, mich zu verlieren, hören und sehen und fühlen.

Aber noch bin ich da.

Es fehlen nur noch wenige Schritte bis zum Gipfel. Was ich für Wegmarkierungen hielt, sind in Wirklichkeit die verstreuten Punkte eines Röntgenkristallbildes, die unverwechselbare Doppelhelix der DNA. Ja, es ist ein und dasselbe Muster, das sich hier vor mir materialisiert wie die perfekten Trittspuren in der steilen Felswand, und jede einzelne von ihnen weist kontinuierlich den Weg zu Sicherheit und Offenbarung. Ich habe dieses Muster schon einmal erklommen – als ich es entdeckt und mit der Welt geteilt habe –, und jetzt, in diesem Moment, begreife ich, dass ich weiterleben werde, auch ohne meine Gene weitergegeben zu haben – denn das Wissen um meine Entdeckung wird sich weiter und weiter fortpflanzen im Wandel der Zeit.

ANMERKUNG DER AUTORIN

Rosalind Franklins Geschichte ist die Geschichte der unbekannten Wissenschaftlerin, die – zumindest in gewissen Kreisen – zur Ikone wird. (Ihr Name prangt auf medizinischen Einrichtungen, Universitäten, Laboratorien, einem Mars-Rover und sogar auf einem Google Doodle.) Wie in diesem Roman dargelegt ist sie aber noch viel mehr als das: Ihr Narrativ ist auch das der brillanten Wissenschaftlerin, die sich Enormes abverlangt und der es schließlich gelingt, der DNA ihre Geheimnisse zu entlocken, es ist das Zeugnis eines Kampfes gegen stereotype Klischees über Frauen und Wissenschaftlerinnen, ohne den Rosalind ihre Arbeit nicht hätte machen können und der ihr einen hohen Preis auferlegte; es ist die Chronik über die Veruntreuung ihrer mühsam erarbeiteten Erkenntnisse, die ohne ihr Wissen und ohne ihre Erlaubnis verwendet worden waren, und es ist eine Entdeckungsreise durch Rosalinds enormes, bahnbrechendes Vermächtnis. Rosalinds Weg aus der Anonymität hin zu ihrem späteren, relativ beträchtlichen Ruhm, dem ihr früher Tod eine besonders erschütternde Note verleiht, ist einerseits eine Konsequenz aus ihrem Lebenswerk, erzählt aber andererseits eine ganz eigene Geschichte, insbesondere weil diese Entwicklung so ungewöhnlich abläuft. Und wenn man darüber nachdenkt, wie das Werk so vieler sowohl historischer als auch heutiger Frauen eigentlich bekannt gemacht und gefeiert werden *müsste*, weil beides eben nicht der Fall ist, ist nicht zuletzt entscheidend, sich mit der Frage zu beschäftigen, auf welche Weise Rosalinds Vermächtnis, das jahrzehntelang im Verborgenen gelegen hatte (wie das vieler Frauen, über die ich geschrieben habe), schließlich doch noch Flügel bekam.

Wie also wird eine geniale, aber doch weitgehend unbekannte Wissenschaftlerin zur Legende in ihrem Fachbereich? Nun, in Rosalinds Fall geschah dies nicht zu ihren Lebzeiten, wie die Leserinnen und Leser dieses Buches wissen, daher gehe ich im Roman selbst auch nicht weiter darauf ein. Es geschah auch nicht während der Jahre, die auf ihren Tod 1958 folgten, und auch nicht bevor, während oder direkt nachdem James Watson, Francis Crick und Maurice Wilkins im Jahr 1962 den Nobelpreis erhielten – für Aufsätze und Stellungnahmen, die auf Rosalinds Forschung basierten. Ihr Ruhm nahm seinen Anfang vielmehr an einem denkbar unwahrscheinlichen Ort – nämlich in James Watsons 1968 publiziertem Memoir *Die Doppelhelix*, in dem er *seinen* Beitrag zur der bahnbrechenden Entdeckung der Doppelhelixstruktur der DNA darlegt, die die Welt veränderte.

Wie konnte nun ausgerechnet ein Buch von Rosalinds zeitweiligem Erzfeind die Flamme ihres Ruhmes entfachen? Zumal Rosalind in diesem Memoir weitgehend in einem sehr negativen Licht erscheint – Watson kreidet ihr nicht nur den vermeintlichen Mangel an Weiblichkeit an, er greift sie auch für ihre Weigerung an, sich Wilkins unterzuordnen, obwohl sie diesem offiziell gleichgestellt war, verurteilt ihren wissenschaftlichen Ansatz als faktenversessen und rigide (was in der Wissenschaft üblicherweise gerühmt wird) und verunglimpft sie durch die Verwendung der verniedlichenden Form ihres Namens »Rosy«, ein Spitzname, den sie immer hasste und den nie jemand benutzte. Hinzu kommt, dass die Harvard University Press die Veröffentlichung des Buches nach vehementen Einwänden von Crick und Wilkins ablehnte. Nun, tatsächlich begann Rosalinds Aufstieg zur Ikone, gerade *weil* Watson sie in einem so abscheulichen, ganz und gar nicht »rosigen« Licht zeichnete.

Rosalinds geschätzte Freundin Anne Sayre, die ein paar flüchtige Auftritte in *Das verborgene Genie* hat, zeigte sich empört von Watsons Darstellung ihrer Freundin in *Die Doppelhelix*, als Atheneum das Buch schließlich verlegte – genau wie Rosalinds Familie und viele Wissenschaftler und Wissenschaftlerinnen, mit denen sie zusammengearbeitet hatte. Die Rosalind in Watsons Bestseller hatte rein gar nichts mit der Rosalind zu tun, die sie alle kannten – stattdessen verkörperte sie das absolute Klischee der feindseligen, unattraktiven, besessenen und engstirnigen Wissenschaftlerin. Anne war fest entschlossen, sowohl dieser ungerechten Darstellung als auch Watsons Bagatellisierung von Rosalinds wissenschaftlichem Beitrag auf den Grund zu gehen, umso mehr, als die Person, die am allerbesten geeignet gewesen wäre, sich selbst zu verteidigen und für ihre Arbeit einzustehen – nämlich Rosalind selbst –, dazu nicht mehr in der Lage war.

Und so begann Anne im Rahmen eines mehrjährigen Projektes mit der unabhängigen Recherche der Entdeckung der Struktur der DNA und der Rolle, die Rosalind dabei gespielt hatte – ein gewaltiges Vorhaben, in dessen Verlauf Anne Watsons Machenschaften letztlich durchschaute und 1975 ihr eigenes Buch schrieb: *Rosalind Franklin and DNA*.

Zusammen mit den Dokumenten und Briefen, auf deren Grundlage Anne ihre Recherche durchführte, gibt ihr Buch den Blick auf eine ganz andere Rosalind frei als die, die Watson erschaffen hatte. In Annes Erzählung treffen die Leser:innen auf ein Genie, das hart und gewissenhaft arbeitet, um einige der großen Rätsel des Lebens zu entschlüsseln, und das mit Kollegen und Kolleginnen, die gerne mit ihr zusammenarbeiten und sie bewundern – mit Ausnahme von Wilkins, Watson und, in geringerem Maße, Crick. Und je tiefer die Leser:innen in Annes faktenbasierten Bericht eintauchen, desto drängender stellt sich ihnen die Frage, ob Watson nicht seine ganz eigenen Gründe hatte, Rosalind zur Karikatur zu machen und ihre Ergebnisse herunterzuspielen – vielleicht, um von seinem eigenen Gebrauch ihrer Bilder und Daten abzulenken? Denn wenn die kleingeistige, unsympathische »Rosy« gar nicht recht wusste, was sie eigentlich tat, warum um alles in der Welt sollte Watson dann ihre Ergebnisse benutzen? Oder liefert er gerade dafür einen Grund, indem er suggeriert, dass, nachdem Rosalind eine derart unangenehme Person war, doch eher er berechtigt war, die Früchte ihrer Arbeit zu nutzen? Jedenfalls wurde Watsons Darstellung zunehmend infrage gestellt, als Annes Buch in den 1970er-Jahren und darüber hinaus an Bedeutung gewann, und gleichzeitig erhielt Rosalinds Vermächtnis mehr und mehr Anerkennung.

Annes Darstellung war es schließlich auch, die mich zu *meiner* Rosalind Franklin inspirierte. Ich hoffe, auf meine eigene Art und Weise fortzusetzen, was Anne mit *Rosalind Franklin and DNA* begonnen hat, wenn auch in einem fiktiven Format, das es mir erlaubt, mit einer Kombination aus meiner Vorstellungskraft, Rechercheergebnissen und logischen Schlussfolgerungen die Lücken zwischen den bekannten Fakten zu füllen. Wenn *Das verborgenes Genie* dazu beiträgt, das Pflänzchen zu nähren, das Anne gezogen hat, dann habe ich eines meiner Ziele erreicht, die ich mir für diesen Roman gesetzt hatte – und das eigentlich für alle meine Romane gilt. Ich wünschte, Rosalind wäre noch unter uns und könnte Watson ihre Wahrheit selbst entgegensetzen und selbst für ihr Vermächtnis einstehen; so hoffe ich, dass stattdessen meine fiktive Rosalind den Leserinnen und Lesern den Menschen Rosalind Franklin nahebringt – die Wissenschaftlerin, die Tochter, die Schwester, die Freundin, die Kollegin, die Geliebte und die Ikone. Mit all ihrem verborgenen Genie.

DANKSAGUNG

Die Liste der Menschen, denen ich im Rahmen meiner Arbeit an diesem Roman zu Dank verpflichtet bin, ist nahezu so lang und ineinander verwoben wie die Stränge, die die Doppelhelixstruktur der DNA bilden. Jeder einzelne von ihnen bildet ein wesentliches Glied in einem Prozess, in dessen Verlauf die Geschichte dieser brillanten, willensstarken Wissenschaftlerin und ihres bedeutenden Vermächtnisses allmählich ans Licht kam – nachdem sie jahrzehntelang ein Dasein in den dunklen Nischen der Geschichte gefristet hatte. Und jedem einzelnen von ihnen bin ich unendlich dankbar.

Wie immer steht meine großartige Agentin Laura Dail ganz oben auf der Liste; ohne ihre kluge, entscheidende Beratung wäre ich verloren, ohne sie wäre dieses Buch nicht entstanden. Das wunderbare Team von Sourcebooks ist ein großer Glücksfall für mich; dank ihnen wurde aus meinem bescheidenen Manuskript das bestmögliche Buch, und Rosalind Franklins Geschichte konnte eine Fülle von Leserinnen und Lesern erreichen. Insbesondere danke ich meiner einfühlsamen und brillanten Lektorin Shana Drehs, der inspirierenden Leiterin von Sourcebooks Dominique Raccah sowie den im Folgenden genannten wunderbaren, talentierten Menschen: Molly Waxman, Cristina Arreola, Todd Stocke, Valerie Pierce, Lizzie Lewandowski, Margaret Coffee, Tiffany Schultz, Ashlyn Keil, Bridget McCarthy, Heather Hall, Ashley Holstrom, Kelly Lawler, Sarah Cardillo, Dawn Adams und Heather VenHuizen. Und natürlich ist *Das verborgene Genie* auch auf begeisterte Buchhändlerinnen und Bibliothekare und

Leserinnen angewiesen, die das Buch mit Freude lesen und weiterempfehlen, und all ihnen und Ihnen bin ich sehr, sehr dankbar.

Außerdem möchte ich noch ein paar ganz besondere Danksagungen platzieren, die sich auf die ganz besondere historische Figur der Rosalind Franklin beziehen. Ich danke Rosalinds lieber Freundin Anne Sayre, die Jahre ihres Lebens der Erforschung und Verteidigung von Rosalinds Werk, ihrer Persönlichkeit, ihres Andenkens und ihres Vermächtnisses widmete. Mit ihrer brillanten Biografie *Rosalind Franklin and DNA* hat sie den Grundstein dafür gelegt, dass Rosalind zur Ikone wurde, und damit meine eigene Arbeit beflügelt. Ich kann mich glücklich schätzen, dass Anne nach Beendigung ihrer Biografie sämtliche Briefe, Interviews und Forschungsergebnisse der Bibliothek der American Society for Microbiology überließ, die extra eine spezielle Sammlung für diese unbezahlbaren Dokumente einrichtete, zu der mir der wunderbare Bibliothekar Jeff Karr Zugang verschaffte. Mehr als allen anderen bin ich natürlich Rosalind Franklin selbst zu Dank verpflichtet – für die Inspiration zu diesem Roman und für ihre bahnbrechenden, unschätzbaren Verdienste für die Menschheit.

Zu guter Letzt sind da noch meine drei Jungs – Jim, Jack und Ben. Ihr drei seid sowieso der Grund und meine Triebfeder für all das.

1. Auflage 2024

Titel der Originalausgabe Her Hidden Genius
Copyright © 2022 by Marie Benedict
Published by Arrangement mit Heather Benedict Terrell c/o
LAURA DAIL LITERARY AGENCY INC., 121 West 27th Street,
Suite 1201, NEW YORK, NY 10001 USA.
Dieses Werk wurde vermittelt durch die Literarische Agentur
Thomas Schlück GmbH, 30161 Hannover.

Aus dem Englischen von Kristin Lohmann
© 2024, Verlag Kiepenheuer & Witsch, Köln
Alle Rechte vorbehalten
Die Nutzung unserer Werke für Text- und Data-Mining im
Sinne von §44b UrhG behalten wir uns explizit vor.
Covergestaltung Barbara Thoben, Köln, nach einem Entwurf
von Sandra Chiu für Sourcebooks Landmark
Covermotiv © Joanna Czogala/Arcangel
Gesetzt aus der Goodchild Pro und der Neutra Display
Satz Buch-Werkstatt GmbH, Bad Aibling
Druck und Bindung GGP Media GmbH, Pößneck

ISBN 978-3-462-00320-8

Starke Frauen im Schatten der Weltgeschichte

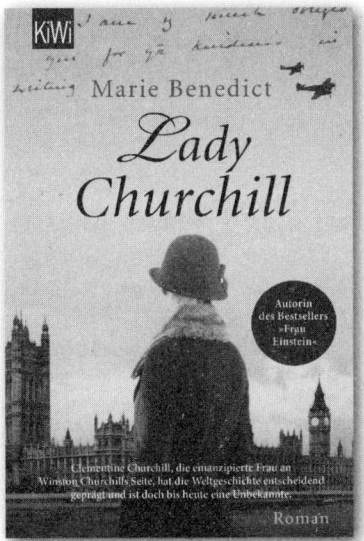

Leseproben und mehr unter www.kiwi-verlag.de